『雨花英烈史料』丛书

雨花英烈近亲属口述史

◎南京市雨花台烈士陵园管理局
雨花台红色文化研究院 编

2

南京出版传媒集团
南京出版社

图书在版编目（CIP）数据

雨花英烈近亲属口述史. 2 / 南京市雨花台烈士陵园管理局, 雨花台红色文化研究院编. -- 南京：南京出版社, 2023.8

ISBN 978-7-5533-4288-7

Ⅰ. ①雨… Ⅱ. ①南… ②雨… Ⅲ. ①革命烈士－生平事迹－中国 Ⅳ. ①K827=6

中国国家版本馆CIP数据核字（2023）第110181号

丛 书 名：“雨花英烈史料”丛书
书　　名：雨花英烈近亲属口述史 · 2
作　　者：南京市雨花台烈士陵园管理局
　　　　　雨花台红色文化研究院
出版发行：南京出版传媒集团
　　　　　南京出版社

社址：南京市太平门街53号　　邮编：210016
网址：http://www.njcbs.cn　　电子信箱：njcbs1988@163.com
联系电话：025-83283893、83283864（营销）　025-83112257（编务）

出 版 人：项晓宁
出 品 人：卢海鸣
责任编辑：金　欣
装帧设计：张　淼
责任印制：杨福彬

排　　版：南京新华丰制版有限公司
印　　刷：南京工大印务有限公司
开　　本：787毫米×1092毫米　1/16
印　　张：21.5
字　　数：210千字
版　　次：2023年8月第1版
印　　次：2023年8月第1次印刷
书　　号：ISBN 978-7-5533-4288-7
定　　价：48.00元

用微信或京东APP扫码购书

用淘宝APP扫码购书

“雨花英烈史料”丛书
编委会

本书工作组人员

选　　编　李　勇

资料整理　唐阿兰

校　　注　赵　瑱　方晓燕　郭　蕊

　　　　　　唐阿兰

统　　筹　闫正伟　徐　彦　向媛华

总　序

雨花台，古称玛瑙岗，是坐落于南京城南的一处美丽山岗，也是自古以来为人吟咏的江南名胜。然而在新民主主义革命时期，这里却沦为阴森可怖的刑场，成为中国共产党人和爱国志士的集中殉难地，在此牺牲的烈士数以万计。

雨花英烈们牺牲时大多很年轻，许多人出身富裕家庭，受过良好教育。当他们救国救民的宏远理想与马克思主义所指引的科学路径、所昭示的光明前景不期而遇，伟大的信仰便在他们心底生根发芽，并在他们勇敢的革命实践中日渐坚固。他们在成长过程中、在革命历程中，曾写下了不少言语文字，包括遥寄思念的书信、记叙生活的日记、抒发情怀的诗词、陈说观点的文章。这些文字穿过腥风血雨、跌宕起伏的革命岁月留存至今，成为我们了解雨花英烈心路历程、提炼雨花英烈革命精神内涵的原始文献资料，虽历经岁月洗礼，更弥足打动人心。

2014年12月，习近平总书记在视察江苏时指出："在雨花台留下姓名的烈士就有1519名。他们的事迹展示了共产党人的崇高理想信念、高尚道德情操、为民牺牲的大无畏精神。要注意用好用活丰富的党史资源，使之成为激励人民不断开拓前进的强大精神力量。"为贯彻落实习近平总书记的重要讲话精神，充分挖掘和利用雨花台丰富的红色资源，大力传承和弘扬雨花英烈革命精神，南京市雨花台烈士陵园管理局组织专门力量，对关于雨花英烈们的原始文献资料进行了系统梳理和认真研究，汇编成了"雨花英烈史料"丛书，并由南京出版社出版发行。丛书包括雨花英烈家书、文集、诗词、日记等册，通过不同形式、不同体裁，还原了革命年代的历史画面和英雄人物的内心世界。丛书内容真实，条理清晰，是雨花英烈革命精神的厚重载体，也是思想政治教育的生动读本。

伟大的事业需要伟大的精神。在中国特色社会主义进入新时代的今天，更加需要我们回望来路，感受革命年代的信仰选择和生死抉择，终身坚守和实践入党时的誓言。雨花台是中国共产党人的精神高地和信仰殿堂，雨花英烈们的英雄事迹则生动诠释了中国共产党人的初心和使命。在新时代传承好、弘扬好雨花英烈革命精神，是我们义不容辞的政治责任。相信“雨花英烈史料”丛书的出版发行，能够不断丰富雨花英烈革命精神的深刻内涵，让红色文化焕发出更强的感召力，激励广大党员干部不忘初心、牢记使命，以更新的精神状态向着建设“强、富、美、高”新南京美好蓝图努力前进，以更大的责任担当为党和人民事业不懈奋斗。

前　言

口述历史，是一种特殊的历史记录方式，它通过口述者个性的语言、独特的视角和对历史的细节描述，还原历史情境，营造出真切的现场感，继而从更细腻的视角来还原历史事件和历史人物的各个侧面，成为对宏大历史叙事的重要补充，实现历史与现实的有机融合。口述历史为我们呈现出个体与社会命运的纵横交错，照亮历史深处的幽微图景。

回望20世纪轰轰烈烈的革命岁月，雨花英烈穷其一生，在追寻国家和民族光明前景的道路上孜孜以求，他们本着为崇高理想和人民福祉的谆谆初心，义无反顾，一往无前，给后继者留下坚实的脚印和坚毅的背影。每位英烈的背后，都遥遥系挂着家族一门的倚闾之望和殷切思念。动荡不安的年代里，异地分隔的亲人们在音讯缥缈的时空藩篱中苦苦等待，有的甚至连烈士牺牲都无法获悉。在滚滚历史洪流中，这些奋进与守望间的离合交织，谱写出一首首悲辛动人的家国史诗。

雨花英烈近亲属用饱含深情的口吻，讲述着他们记忆中的英烈，无论是亲身经历还是耳闻目染，都蕴含着炽热的温度和沉甸甸的分量。他们中大部分是雨花英烈至亲至爱的家人，仅有个别篇章出自与烈士并肩战斗、风雨同舟的战友，往事重提，历历在目。这是一次绵长记忆深处的寻根之旅，雨花英烈近亲属带领我们一起走进革命先辈的精神世界，洞悉那些微小与浩瀚的历史曲折，去感悟他们的生命轨迹和奋斗历程。

《雨花英烈近亲属口述史·2》一书收录了42位雨花英烈近亲属的口述实录，构成了一部生动的教材。习近平总书记强调：

“历史是最好的教科书。对我们共产党人来说，中国革命历史是最好的营养剂。”每当烈士亲属和我们一起重温这些伟大历史的时候，心中就会增加许多正能量，精神上和灵魂上都受到洗礼。烈士亲属们从各个角度讲述了英烈工作、学习、生活的故事，将英烈们立体式地呈现在我们眼前。从烈士亲属们的口述历史中，我们感受到了每一位雨花英烈走上革命道路时的决心与勇气，在革命低潮时的坚守与担当，以及面对牺牲时的从容与镇定。《雨花英烈近亲属口述史·2》集中体现了烈士亲属对英烈的无限缅怀和铭记，以及对当今传承雨花英烈革命精神寄予的厚望。读懂读透这段历史，用好用活这些资源，我们才能真正地感悟“一切向前走，都不能忘记走过的路；走得再远、走到再光辉的未来，也不能忘记走过的过去，不能忘记为什么出发”。

目　录

以最多数人之最大幸福为人生目的

——尤国宏回忆外公侯绍裘烈士

采访背景

时　间：2016 年 7 月 29 日

地　点：北京市朝阳区尤国宏家中

口述人：尤国宏（侯绍裘烈士外孙）

烈士简历

侯绍裘（1896–1927），字墨樵，江苏松江（今属上海）人，中共党员。1918 年考入上海工业专门学校（前身为上海南洋公学，后并入上海交通大学）。1923 年加入中国共产党。1925 年 8 月任国共合作的国民党江苏省党部常务委员，9 月任国民党江苏省党部中共党团书记。1927 年 3 月任上海特别市临时市政府委员。1927 年 4 月 10 日夜参加中共南京地委紧急扩大会议时被捕，数日后牺牲。

口述人简介

尤国宏，侯绍裘烈士外孙。曾任中国大百科全书出版社编辑。2016 年 6 月退休。

◎ 您外公牺牲时，您母亲才八九岁，您是通过哪些途径了解到外公的故事?

我了解外公的事迹主要有两个渠道：一个是外公的学生——范志超，她和我们家的关系很密切，经常来往，从她那儿我听到了关于外公的很多故事；另一个就是母亲告诉我的，外婆晚年和我们一起生活，她想外公的时候，就会和我母亲念叨一些外公的事情。外婆真的很不容易，在外公牺牲后，她独自带着三个幼小的孩子和自己的母亲以及外公年迈的母亲从松江逃难到上海，靠做缝补活计，把三个孩子拉扯大，把两位老人送走。所以只要提起外公，外婆的眼泪就会止不住地流下。

母亲对外公的事迹比较熟悉。在我 10 岁左右的时候，因为经常有长辈从上海来北京家中看望外婆，他们总是会说起外公的事情，我觉得很奇怪。有一次赵祖康伯伯来看望外婆时，母亲告诉我外公是一位革命烈士，这些长辈都是来慰问外婆的。当时因为年纪还小，只是懵懵懂懂的知道外公是一位烈士，并没有去细究。随着年龄的增长，我渐渐理解了烈士的含义，知道了有个保存外公档案的地方叫雨花台。直到 1984 年 9 月我 28 岁时因要去上海出差，才萌生了去南京雨花台看望外公的想法。那是我第一次去雨花台，那天中午我提前在南京

侯绍裘烈士外孙 尤国宏

站下车后即赶往雨花台。到雨花台时，已临近下班时间，雨花台的同志非常热情地接待了我，说我长得很像外公。他们带我参观了纪念馆，我看到了还有很多烈士为了新中国的建立而牺牲，感到非常震撼，当我看到外公陈展的时候，我才算真正地开始了解外公。当时有一幅外公自己画的画，就是那幅小桥流水的画，让我觉得外公真是一个多才的人，他是一个学理工的，却能把画儿画得那么有意境。从那时开始，我便产生了深入了解外公的想法，后来就不断地搜集史料，不断地学习，在这个过程中就越觉得外公伟大。

◎ 您外公年少时就投身革命洪流，您认为哪些因素促使他走上革命道路？

外公 1896 年 6 月 4 日出生在江苏松江县城，他的父亲是清末的秀才，非常重视对他的教育，所以外公 4 岁时便入私塾读书，但他 10 岁时因父亲去世，家道中落，直到 13 岁才进入当地华娄高等小学，他自幼勤奋好学，成绩优异，写得一手好文章。他对绘画、篆刻、丝竹乐器等均有广泛兴趣和爱好，17 岁时考入江苏省立第三中学，23 岁时考入上海著名学府——南洋公学，学习土木工程。

外公是个爱国青年，从小就关心国家大事，他热爱科学，喜欢科学读物，憎恶迷信；他酷爱历史，仰慕爱国英雄人物，尤其对家乡人民的抗清斗争很熟悉。他常常在作文簿的空页上画岳飞、文天祥等民族英雄的画像。在省立三中读书期间，袁世凯政府与日本签订灭亡中国“二十一条”的消息传到学校，外公气愤填膺，起草了“抑制日货”的传单，准备向社会散发，但还没发几张就被校长给扣了，结果第一次爱国行动就失败了。他眼见家乡种种黑暗，与沈联璧、钱江春创办《松江国民日报》，揭露时弊，主持正义，宣传革命思想，因此遭到地方豪绅的仇恨，不久便被迫停刊。

在南洋公学读书一年后，五四运动爆发，外公可以说是全程参与了这场伟大的反帝反封建的爱国运动。他是在从松江回上海的火车上知道消息的，等他回到学校时，学生已经开始组织起来了。5月7日，外公和同学们一起高举“抵制强权”“还我河山”的旗帜，冲在了游行示威队伍的最前列。波澜壮阔的群众爱国热潮，使他原有的朴素的爱国热情日益高涨。他积极参加各种讨论会，在全校学生大会上，激昂慷慨的发言使全场为之动容，大家选他为学生会评议长。他先后参与了南洋公学、上海学联、全国学联的领导工作，并成为学生运动的领导者。他在上海学联担任教育科书记，在全国学联负责文牍工作。他组织学生罢课、游行、演讲，并身先士卒，率先垂范。由于他当时直接面对底层群众，在意识到他们的贫苦后，思想发生了质的转变，不再浮于表面地呼吁爱国救国，而是关注罢市罢工、停止纳税等实际问题。这年暑假，外公因为留校继续从事学生运动而接触到了《新青年》，使他思想上发生了一个“急激的变化”。《新青年》对他思想上、人格上影响巨大，“如同‘拨云见日’，顿时爱不释手”，没有一部别的书能够企及。在《新青年》的影响下，他组织演讲团上街演讲，成立“九人书报推销处”传播进步思想，创办平民夜校提高广大群众的觉悟，向旧传统、旧文化发起进攻。在南洋公学，他向学校提议废除“祀孔大会”和“国文会考”制度，但未获通过，于是带领同学捣毁孔子牌位，与封建礼教彻底决裂。

1920 年暑假，外公回到松江与赵祖康、钱江春等创办了《问题周刊》，反对封建迷信。他们在西城门口和府前大照壁上贴出“不要迎神赛会”的大字标语，当时全城轰动。这一年 8 月底，外公接到学校来信，说他“举动激烈，志不在学”，并以此为理由逼他退学。外公觉得南洋公学与自己心中的革命事业相差甚远，便决意脱离学生生活，走上了追求革命的道路。

外公退学后，到宜兴的彭城中学任教。1921 年夏他回松江度暑假，正赶上松江景贤女子专修学校因为经费困难而即将停办，他与朱季恂等便接办了这所学校，改名景贤女中，他任校务主任。当时外公不仅义务执教，还瞒着家里用田契抵押借钱，甚至变卖田产资助办学。看到学校的女孩儿们迷信，他就带着她们到庙里面看泥菩萨，并把一个菩萨的脑袋揪下来，以实际行动告诉她们世界上并无鬼神。正是在外公等人的感召下，女中成为当时传播革命思想、进行革命活动的先进学校，很多热血青年正是从这里走上革命的道路。景贤女中因此成为共产党和国民党在松江的活动据点，被誉为“反封建的堡垒，革命者的摇篮”。

◎ 您外公是国共合作时期江苏省的重要领导人之一，您了解他在国民党江苏省党部工作时的一些细节么？

1922 年秋在孙中山先生领导的同盟会元老朱季恂的介绍下，外公加入了国民党。后来国共合作，国民党改组，他俩又由邵力子介绍，重新加入国民党，成为松江仅有的两名新国民党员。外公加入国民党后，立即开展国民党的组织工作，他联合各界爱国人士成立了以反帝反封建和声援孙中山为主要宗旨的“松江救国同志会”。没过多久，松江的国民党员就发展到34名，并在景贤女中成立了“三五社”，公开活动，其本质就是国民党的县党部机关。

1923年秋，负责松江、无锡两地党的发展工作的中共上海地执委兼区执委委员长邓中夏多次来到景贤女中，与外公深入交谈，在党的教育下，外公的思想日益进步成熟，经王荷波、邓中夏介绍，正式加入了中国共产党，成为松江第一名共产党员，当时全国共产党员只有400余人。与此同时，外公还与朱季恂等创办了《松江评论》，旨在批评时事，介绍新思想。他在《我们应该做怎样的青年》一文中写道：“要认定一个人不是为一己而生，是为社会，为人类而生，以最多数人之最大幸福为人生的最终目的、最大责任，而以此责任为乐。”

1924年5月，外公陪同毛泽东、罗章龙到松江开展国民党组织建设工作。5月19日，国民党江苏省临时省党部在景贤女中成立。6月，国民党松江县临时县党部成立。外公在负责县党部工作的同时协助临时省党部工作。1925年8月，国民党江苏省党部正式成立，外公当选为常委，随后担任国民党江苏省党部中共党团书记。与此同时，他又应聘担任苏州乐益女子中学校务主任，在苏州工作期间，他秘密建立了苏州第一个中共组织——中共苏州独立支部，还主持建立了苏州学联和妇联等中共党团组织，并直接领导中共苏州独立支部和国民党苏州市党部的工作。从此，在上海、苏州、松江三地，时常能见到他那忙碌的身影。由于外公身兼多职，所以工作异常繁忙，经常忙的连饭都吃不上。

1925 年发生了震惊全国的五卅惨案。五卅惨案发生的当晚，外公便与恽代英等人在上海法租界召开了紧急会议，根据党的指示，他担任了上海学联总指挥。他一方面领导学生们进行反帝爱国斗争，一方面与恽代英共同领导上海和江苏的国民党组织参加。他还和沈雁冰、杨贤江等人发起建立“上海教职员救国同志会”，主动到群众中去宣讲。1927 年，他还参加了上海工人第三次武装起义的有关组织工作，起义胜利后，上海工商学各界举行市民代表会议，选举十九人组成的上海特别市临时市政府，其中共产党员和共青团员十人，外公便是其中之一。

◎ 您外公是在南京四一〇事件中牺牲的，您能说说他牺牲时的具体情况么？

1926 年 1 月，外公与柳亚子、朱季恂等代表江苏省党部出席了在广州召开的国民党第二次全国代表大会。他被选为提案审查委员会委员。会上，他多次发言，揭露西山会议派的种种劣迹，提出了处分西山会议派的提案。在外公等人的强烈要求下，大会开除了谢持等 4 人党籍，给叶楚伧等 10 人书面警告处分，免除了叶楚伧的职务。这次大会在打击国民党右派、坚持反帝反封建、维护三大政策等方面取得了一定胜利,却引起了国民党右派的仇恨,他们欲置其于死地而后快。同年 3 月 12 日，国民党在南京紫金山举行中山陵奠基典礼，外公在仪式结束后返回途中，遇到国民党右派雇用的流氓打手高举棍棒、石块对左派大打出手，见此情景，外公赶紧派人保护柳亚子和女同志下山，自己却挺身而出，同右派说理。反动分子不由分说围住他猛打，他被打得口吐白沫，不省人事。当他在医院醒来后，关心的却是同志们的安危，嘱咐左派同志不要与右派同车返沪，避免再遭袭击。随后，他伤未愈就返回上海，投入到紧张的工作中。到了1927年4月，上海整个氛围已经比较反动了，国民党右派剑拔弩张，斗争十分尖锐、复杂。

当时为加强党对江苏和南京的领导，组织上决定让外公带领国民党江苏省党部工作人员由上海迁往南京。他在4月2日抵达南京后首先就关闭了蒋介石在背后一手支持的南京市伪市党部和劳工总会，改组成立了市总工会、教育协会、妇联会、学生会、商民协会和农民协会。6日，他被推选为江苏省政府筹备委员。当时，经过他们艰苦有效的工作，南京的民众运动日益发展，群众革命情绪高涨。

4月9日，蒋介石在上海阴谋布置了暴力“清党”计划。国民党右派按预谋派流氓打手捣毁国民党江苏省和南京市党部，逮捕30余人。10日上午，外公不惧危险，在南京市民肃清反革命派大会上发表演讲，谴责蒋介石反革命罪行。当时，在会上突然得到有暴徒即将暗杀外公的密报。兵工厂工人要取枪保护他，外公担心伤及群众不同意。后经大家再三劝说，他才离开会场。晚上11时，外公又不顾外婆的劝阻，毅然外出，准备参加在大纱帽巷10号召开的省、市党部及市总工会等团体的中共党员负责干部紧急会议，当时9岁的舅舅拉着外公的衣角哭着喊“爸爸不要走”。外公摸了摸舅舅的头说:“放心，革命一定会胜利的。爸爸很快就回来。”当时开会主要是商量应变措施及反击蒋介石反动派的具体对策，但在凌晨2时，会议却突遭国民党反动派的武装包围，除 1 人越墙脱险外，外公与参加会议的其他几位同志均遭秘密逮捕。

外公被捕后，蒋介石妄想以“江苏省政府主席”的职位诱降，被外公严词拒绝。国民党反动派恼羞成怒，又用各种酷刑折磨外公，但他始终坚贞不屈，誓死不降。蒋介石知道让外公投降是不可能了，在被捕的三、四天后，密令杀死外公。他被国民党反动派活活捅死，然后装入麻袋，为了掩人耳目，他们在南京通济门外的九龙桥把外公的尸体抛进秦淮河中。

◎ 您外公的革命事迹对您家人的生活、工作有怎样的影响？

外公虽然牺牲得早，但我却觉得他离我们很近，他对革命事业无限忠诚，对同志真诚友爱，他谦逊、朴实的作风融进了家风，深深影响着我们。柳亚子先生 1938 年撰写的《朱季恂、侯绍裘合传》中称赞外公道：“君赋性仁爱，平易近情，临大节则毅然不可夺。其为人也，俭于持躬，而厚于遇友，怀才而不伐，负责而不兢，渊渊乎君子人哉！顾反对者流辄深忌之，恒欲得而甘心。”这短短数语，精炼地概括了他老人家高风亮节的革命情操。

外公为中国革命献出了年轻的生命，为中国共产党的发展壮大做出了重大的贡献。从他加入共产党时全国才 400 多名党员到今天全国已有近 9000 万党员，我们会永远牢记那段沧桑沉重的往事，去开拓美好幸福的未来。

外公留给我们最大的财富就是教育我们做一个爱憎分明、正直、坦诚、谦逊、朴实的人，这是外婆教导我母亲和舅舅的，我母亲也是这样教导我们的。也正因为此，我母亲和两个舅舅还有我们这些小辈都在各自的工作中取得了不错的成绩。我母亲侯焕良掌握德语、法语、俄语等语种，与人合译了《马克思传》《恩格斯传》等书籍，为马克思主义在中国的传播做出了贡献，她还有一些其他译作存世。我两个舅舅学的都是土木工程专业，大舅舅还曾是浙江大学的学生运动领袖。我在中国大百科全书出版社工作，参与编辑过《简明不列颠百科全书》和《不列颠百科全书》，我妹妹是美国新泽西州罗格斯大学药学院的终身教授。我们都在不同的岗位上做着平凡的工作。

（张国强　采访；刘志亮　整理）

吃水不忘挖井人

——韩景元回忆表伯朱如红烈士

采访背景

时　间：2018 年 9 月 8 日

地　点：江西省赣州市章贡区韩景元家中

口述人：韩景元（朱如红烈士表侄）

烈士简历

朱如红（1907—1928），江西赣县人，中共党员。1927 年加入中国共产党。1927 年冬在家乡组织农民协会，参与组织领导大埠农民武装斗争。1928 年 7 月由山东返回江西，途经南京时被捕，8 月牺牲。

口述人简介

韩景元，朱如红烈士表侄，中共党员。1942 年 8 月出生于江西赣县大埠乡。1962 年师范毕业，任附小教师、教导主任。1965 年任赣州市京剧团编剧。1970 年任赣州市革委会政治部办事组组长。1973 年任赣州市人民政府（革委会）办公室秘书、副主任、主任。1987 年 5 月任赣州市人民政府副市长、中共赣州市委常委。1993 年任赣州地区体育运动委员会主任、党组书记。1996 年任赣州地区文化局局长、党组书记、赣南客家联谊会副会长兼秘书长。2002 年退休。

◎ 您是从什么时候开始接触到您表伯生平事迹的?

从我懂事的时候开始,父亲就跟我讲过表伯参加共产党、参加革命的一些事迹。父亲常跟我说:“你有一位表伯,他的爸爸和你的奶奶是亲兄妹,是同胞兄妹。在大革命期间,大概是1928年,表伯在南京雨花台被国民党抓捕后杀害了。”他还说,表伯是一个人才,在家里读书的时候成绩很好,后来参加了中国共产党,在大埠组织并领导农民武装暴动,最后不幸在南京被捕牺牲了。当时我就把这件事记在脑子里面。后来我读书了,接触到表伯的生平事迹越来越多。父亲叫他表兄,他叫我父亲表弟,他们从小在一起,经常有来往。表伯在少年时期,读书非常努力,在学校里成绩非常好。他7岁的时候开始读书,读了三年私塾,之后在当地读了五年小学,在15岁的时候,考入了位于赣州的江西省立第二师范学校。

朱如红烈士表侄　韩景元

◎ 作为大埠暴动的主要领导人之一,您表伯具体参与了哪些工作?起到了怎样的作用?

实事求是地说,表伯在这场暴动中起了主要的领导作用。他当时的职务是中共赣县南区区委书记,大埠暴动成功以后，成立了赣南第一个乡级红色政权，叫做赣县南区工农革命委员会，他被选为委员。当时为了打退国民党反动派的反攻，他又组织了一支有70多人参加的常备武装暴动队，这支暴动队在某种意义上可以说是红军的一个雏形，表伯是这支常备武装暴动队的队长。常备武装暴动队是一支有武装的农民并且常备的暴动队伍，应该说相当于是没有正式命名的红军。据我了解和考证，大埠农民常备武装暴动队是当时赣南地区最早的一支农民武装暴动队，所以说表伯在大埠暴动中既是组织者、领导者，又是指挥员、战斗员，他是功不可没的。

1927年4月12日，蒋介石发动反革命政变，屠杀共产党员，当时赣州的共产党员也遭到国民党反动派的屠杀。表伯在赣州白色恐怖下，和赖传珠、谢家禧等主要组织者到万安组建了旅万支部。为了挽救党、挽救革命，中共中央在武汉召开了八七会议，根据八七会议的精神，在中共赣南特委和赣县县委的领导下，表伯和赖传珠等主要领导人又回到赣州组织农民进行武装暴动。因为表伯当时是中共赣县南区区委书记，他主要负责大埠一带的农民发动和组织宣传工作。他跟其他几位同志分工负责，在大埠范围内发展了900多名农会会员，同时发展了党的组织，有100多名共产党员。表伯还亲自兼任了家乡里南村的党支部书记。他在里南村发动群众，向群众宣传革命道理，动员群众参加农民协会，团结群众打到土豪劣绅。

大埠暴动发生在1928年2月18日，农历正月二十七日，当时大埠暴动有两个反动据点要攻打，这两个据点都是地主劣绅、恶霸势力比较集中的村子，一个是赖村，一个是彭屋。

暴动那天，表伯亲自带领一支几百人的队伍，攻打彭屋。他身先士卒，果断指挥，把彭屋这个反动堡垒攻打下来了，其他领导同志带领队伍攻打赖村。当时的战斗持续了两个多小时，把两个反动堡垒攻打下来了，接着成立了赣南第一个乡级红色革命政权——赣县南区工农革命委员会。

大埠暴动成功以后，国民党反动派疯狂反扑，企图扑灭革命的烈火，第三天就从赣州派大部队去攻打大埠。表伯带领农民武装暴动队伍，埋伏在国民党大部队进攻大埠途中的山上，对国民党军队进行阻击。其中有一次，他带领几百个农民武装暴动队员，打退了国民党队伍的进攻并一直追击到离赣州城只有几十里路的地方，吓得国民党队伍回到赣州以后紧关城门,害怕农民武装暴动队伍打进赣州,真是大快人心。在大埠暴动成立革命委员会一个多月以后，表伯为了扩大战果，超越大埠范围，向东边，也就是大田方向发展革命力量。他带领一支500多人的暴动队伍，想联络赣县东区的农民武装来共同夹击国民党的队伍。当时由于对敌情估计不足，再加上送信的通讯员被敌人抓捕了，导致联络东区革命力量的这封信没有被送到东区的农民武装队伍里。在这种情况下，武装暴动队员就在大田乡的杜屋坑被国民党反动派军队包围了。由于敌我力量悬殊很大，国民党军队有现代化武器，如迫击炮、机枪等，而农民武装队伍只有几条步枪，基本是长矛大刀，所以在3月22日这一次进军中，想扩大战果的计划不仅没有实现，反而遭到敌人的包围。农民武装队伍遭到敌人伏击被打散了，几百个暴动队员中有一半以上当场就牺牲了，表伯和其他少量的同志突围出来了，坚持一个多月的大埠农民武装暴动最后失败了。

◎ 大埠暴动被国民党反动派残酷镇压后，您表伯曾和战友一起辗转多地寻找党组织。您能说说他这段寻找党组织的经历么？

大埠暴动失败后，表伯和农民暴动的另一位主要领导人赖传珠一起回到赣州，去寻找党组织，但是一直没有联系上，又不得不回到大埠。当时表伯躲在深山老林里，因为他家背后是一座大山，山高林密，便于躲藏。暴动失败了，国民党在大埠进行了疯狂报复，屠杀革命群众。当时在大埠被屠杀的暴动队员和革命群众有900多人。

在这种形势下，表伯还是坚持斗争，白天躲在深山老林里，晚上挨家挨户发动群众，鼓励群众要坚持斗争。他说失败是暂时的，革命最终会胜利的。他在革命群众的掩护下在山里躲了近一个月。国民党反动派要抓捕的大埠暴动革命领导人，表伯是首当其冲，还有赖传珠、钟正泉、谢家禧、彭学礼等人。国民党知道表伯没有走远，就在大埠一带的山区不停地点火烧山。在严酷的斗争环境下，为了保存革命的有生力量，4月下旬，表伯不得不告别乡亲。他化装潜伏转入南康，与罗贵波、兰广孚、钟正泉、彭学礼等同志汇集到凤岗圩董来达家中。他们改名换姓，化装到井冈山下的遂川，原想前往井冈山参加红军。当时国民党反动派正在围攻井冈山，被阻返回。后来表伯又与罗贵波、兰广孚去吉安、南昌找赣西特委和江西特委，均因接头机关遭破坏无法联系。为了继续寻找党组织，通过党内同志的关系，5月转经南昌去往山东，在郯城国民党第十七军李明阳部工作，暂时以作掩护，但他们仍找不到党组织，于是3人决定返回赣州继续从事革命工作。

在返回赣州的途中，他们在南京火车站下了车，在火车站附近的一个旅店住了下来，想出去买点生活用品，我听父亲说他们是去买牙刷。当时对于国民党反动派来说，他们3个是逃犯，是必须要抓捕的，所以他们3个人警惕性也很高，他们在南京上街的时候都是拉开一定的距离，每个人都相隔十几米以上。然而天有不测风云，表伯在买牙刷的时候，正好碰上了当年在江西省立第二师范学校读书时的同班同学（反动分子）。所以相遇时他的这位同学当即指认表伯是共产党，大喊抓共产党。当时南京也是一片白色恐怖，表伯撒腿就跑，但因为人多，跑不动，没跑十几步就被国民党警察抓到，表伯就这样被逮捕了。

◎ 您曾经编著过《大埠惊雷——纪念大埠农民武装暴动85周年文集》一书，里面收录了许多第一手的资料，您是怎样收集到这些资料的？从中又有哪些新的收获？

这说来有点话长，我编著《大埠惊雷》这本书，资料的收集经历了一个较长时间的过程，同时也得益于几次好的机会。大埠暴动虽然最后失败了，但沉重地打击了赣州的国民党反动派和地主豪绅的反动气焰，进行了武装夺取政权的尝试，为赣县人民开展土地革命乃至创建革命根据地取得了经验，创造了一定的条件。斗争就会有牺牲，在这场震撼赣南乃至江西的农民武装暴动的斗争中，牺牲的革命烈士和遇难的革命群众就有900多人，其中有名有姓且被国家民政部门认定的革命烈士有210人。这场暴动距今有90多年了，由于年代久远等原因，许多人对这场斗争和在斗争中牺牲的英烈们渐渐地淡忘了。我常常想到，今天我们的幸福生活是无数革命先烈抛头颅洒热血换来的，我们不能忘记他们。拿我表伯来说，他牺牲时只有21岁，没有结婚，没有后人。他响应党的号召，参加党的组织，领导武装暴动，为人民的解放事业献出了自己的生命。

从另一个角度来说，我作为大埠出生的一个有近50年党龄的共产党员，我又是做文化工作的，而且又是烈士的近亲属，所以我觉得有义务、有责任把这一段历史记录下来，挖掘出来，也有义务、有责任把这些革命烈士的革命信念和勇于牺牲的革命精神宣传出去，传承下去。因为在工作岗位时，工作比较忙，我没有时间也没有精力去寻找这些资料，当时我暗暗下定决心待退休后来做这件事情。我退休后有了时间，所以就着手编了这一本书。

这本书分了好几个部分，一开始我觉得比较单薄，仅仅一篇文章宣传表伯的革命历程和英勇事迹还不够，要宣传整个大埠暴动整个群体才比较完美。在编这本书的时候碰到了比较好的机遇。上个世纪70年代初，我在赣州市做外事秘书的工作，主要是负责外宾接待、宣传工作。当时外事办要编一本资料，让把我们赣南的革命历史整理出来。有一次地区外事办组织我们到外地参观，包括到韶山毛主席的家乡，到武汉八七会议旧址，到九江，最后又到了南京。到了南京后，我们参观了雨花台烈士纪念馆。当时的纪念馆很简陋，是个木板房，里面只有表伯的名字，没有任何资料，连张照片都没有。因为父亲跟我说过，表伯叫朱如红。当时看到这个名字时，我还不敢认定他是不是我表伯。后来讲解员跟我介绍了一下情况，他问我是哪里人，我说我是江西赣县大埠人，他说朱如红烈士就是赣县大埠的。这样就基本上确定了在雨花台陈列的这位烈士是我的表伯。这位讲解员问我，能不能帮助他们找到朱如红烈士的照片，纪念馆里没有这个资料。回到赣州以后，我跟表伯的亲属说了这件事，根据老人的回忆专门画了一张表伯的头像送到雨花台烈士纪念馆。后来我们来到中国第二历史档案馆参观，正好在第二历史档案馆找到了当年表伯被枪杀时的国民党《民国日报》相关新闻报道，那篇消息就在报纸第一版的左下角，可惜当年我没有照相机，我用手抄下来了。国民党的这份报纸是这样报道的，标题是《赣著匪在京枪决》，“赣”就是江西，“著匪”就是著名土匪，其内容是：“京卫戍部三十日枪决在江西赣县谋乱之朱如红一名，该匪极凶悍，临刑时，沿途大声喊骂，至死不惧……”。我看到“至死不惧”这四个字时内心很激动，连国民党的记者都说他至死不惧，这种精神可嘉。我们共产党为什么能胜利，就是因为有千千万万革命者为了革命事业的胜利不怕牺牲、斗争到底，为了革命信仰连死都不怕。表伯的同狱难友贺瑞麟最后也牺牲了，在牺牲之前对表伯牺牲一事有一段回忆，写得很真切具体，贺瑞麟对表伯的革命精神、革命意志也是高度赞扬的。表伯为了革命事业能如此的至死不惧，我觉得我们应该很好地传承这种精神，应该很好地向他学习，这更让我坚定了编写这本书的决心。

在编写这本书的过程中，也得益于多方面的帮助和支持。编写这本书需要查很多资料，包括赣县民政局、档案馆他们给我提供很多资料。当时我觉得这本书只写表伯的事迹，还是太过于单薄，想让牺牲的有姓名的两百多革命烈士应该都榜上有名，让后人记住他们，纪念他们。于是我找到大埠民政所所长韩福林同志，这位所长很敬业，他翻箱倒柜，把上世纪 80 年代初期乡里的革命烈士的登记资料和原始档案全部找了出来，我如获至宝。后来我又四方寻访，顺利地找到了一些革命烈士的后人，比如同是当年暴动的主要组织者和领导者的钟正泉的孙子钟跃平，谢家禧的孙子谢庆才。因为我要编一本追忆大埠暴动的书，我请他们把长辈牺牲的历程和事迹写成文字，他们都乐意地接受了。事实证明，《大埠惊雷》一书的编辑出版得到很多部门和人士的支持，才使本书内容比较完整。但因为毕竟年代久远，当年暴动的参与者和见证人都已作古，许多细节无法考证，所以说本书也难免有不准确甚至错漏之处。

编写这本书还得益于我的父亲，他活到 99 岁，前几年才去世。当年我编这本书的时候他还在世，里面有些文章的素材是他亲口跟我叙述的。他虽然没有参加大埠暴动，但是他生长在大埠，他了解大埠暴动。他看过大埠暴动以后国民党反动派屠杀革命烈士和革命群众的现场，他看到过大埠暴动时暴动队员打退国民党军队的进攻，缴获了国民党连长的战马。父亲跟我说，当时有几个暴动队员牵着这匹马，打起锣鼓去各村各屋场，说这匹马是国民党连长骑的马，是暴动队缴获的战利品，这是他亲眼所见到的。大埠暴动的时候父亲已经 15 岁了，他印象深刻。当年大埠暴动失败以后，国民党反动派进行了疯狂报复，凡是参加了暴动的人抓到就要被处决。书中有一篇文章《九九老人忆暴动》，就是我父亲口述的。父亲说：当年暴动失败后，国民党反动派屠杀暴动队员和群众的手段非常残忍，他们把抓到的暴动队员和群众先是五花大绑，然后把碗口粗的三、四米长的毛竹对劈开，夹住暴动队员和群众的颈脖子，一夹五、六个人不等，两头用铁丝扎紧，最后牵拉到石拱桥前的河岸边，开枪后连夹竹和人推下河里去水打沙掩，几乎没有人能够活下来。

我们要铭记这些烈士，要传承他们的革命精神。忘记过去就意味着背叛。今年是大埠农民武装暴动90周年，大埠乡党委、政府在上级党委和政府的支持下，已经兴建了大埠农民武装暴动纪念碑、大埠暴动陈列室和烈士英名墙。210位烈士的英名镌刻在光亮的大理石墙上，那里已经成为了缅怀革命烈士，继承烈士遗志，传承红色基因，发扬革命传统的爱国主义教育基地。为此，我感到十分欣慰。

（董元泉　采访、整理）

信仰的力量

——王瑞萱回忆伯父王崇典烈士

采访背景

时　间：2018 年 9 月 27 日

地　点：江苏省南京市鼓楼区王瑞萱家中

口述人：王瑞萱（王崇典烈士侄女）

烈士简历

王崇典（1903—1928），字彝文、逸文，安徽涡阳人，中共党员。1926 年考入东南大学（1927 年 6 月改称第四中山大学）。1927 年加入中国共产党，任第四中山大学党支部书记。1927 年 12 月任中共南京市委委员。1928 年 5 月因参加南京台城秘密会议被捕，9 月牺牲，年仅 25 岁。

口述人简介

王瑞萱，王崇典烈士侄女，中共党员。1944 年出生。大专学历，经济师。现已退休。

◎ 您最初对伯父的印象来自于哪里？

我是王崇典烈士的侄女王瑞萱。90 年前的今天，1928 年 9 月 27 日凌晨，伯父壮烈牺牲在雨花台。90 年间，我们家发生了许多和伯父休戚相关的故事。今天，这些往事点点滴滴都涌上我的心头。我有个与众不同的家，是三位长辈一起含辛茹苦地把我们兄妹 6 人抚养成人。他们是我娘（伯父的妻子），我父亲（伯父唯一的亲弟弟）和我母亲。我们从小是听着他们讲伯父的革命故事长大的。他们眼里的伯父一表人才，一米八五的个头，温文尔雅，待人和气，不轻易发言但言必有中。他才华横溢，有“少年书法家”美称，写剧本做文章，填词谱曲，唱歌指挥，激情演说等样样精通。伯父在游行示威、狱中斗争等革命斗争中身先士卒，直到壮烈牺牲。

王崇典烈士侄女　王瑞萱

我家中一直摆放着伯父的遗像，是伯父牺牲的当天在东南大学的同学那里放大的。90 年了，伯父的遗像一直这样摆放在伯父一家曾用过的衣柜上。我们家从老家涡阳到安徽蚌埠再到南京，记不清搬了多少次家了，这张照片一直跟随着家人，伯父和我们早已成了朝夕相处的一家人。每天，我们兄妹 6 人都会看到伯父身穿一袭长衫，面带儒雅之气站在屋里，而他用炯炯有神的目光注视我们上学，注视我们上班，年年月月陪伴着我们。我感觉伯父从来就没有离开过我们家，一直生活在我们身边。

伯父自幼聪明好学，在涡阳县高等小学读书时就展现出非凡的才华。他写的每篇作文，老师都当范文在课堂朗读。他的书法被同学当成字帖临摹，他写过的扇面和条幅都被同学珍藏。他尊敬老师，对同学热诚友爱，深得老师和同学的喜爱。小学毕业时，全班 40 多位同学都愿意和伯父“兰谱”互答，结成生死之交，可见伯父在同学中威信有多高。

1919 年 5 月 4 日，北京爆发了震惊中外的五四运动。16 岁的伯父已是芜关中学学生自治会会长，也是芜湖学联负责人之一。他和学联其他负责人一起组织芜湖民众和学生成立了“五四运动后援会”，积极开展宣传演讲、示威游行等活动，有力地声援了五四运动。在五四运动的革命精神鼓舞下，他如饥似渴地广泛阅读进步书刊，例如陈独秀主编的《新青年》，毛泽东主编的《湘江评论》等，这些进步书籍激起了伯父强烈的社会责任心。他以忧国忧民的情感创作了《春思》《李家庄》《烈焰》等剧本，相继发表在报纸杂志上，他还利用节假日组织同学排练这些剧本，他既当导演又当演员，在学校和家乡涡阳演出曾轰动一时。

伯父 19 岁时，我奶奶在芜湖生病去世。不久我爷爷在芜湖组成新家，便不再让伯父继续读书，伯父读大学就成了泡影。他中学毕业后，1923 年秋回到老家涡阳县城，在县立第一高等小学当国文老师。他教学认真，讲课内容丰富多彩又很有耐心，深受学生欢迎。在家乡任教两年期间，他耳闻目睹了豪绅官府鱼肉百姓的惨状，无比愤慨，他经常对家人说：“这些虎狼总有一天会被人民打倒！”

1925年五卅惨案的消息传到涡阳，在伯父的领导下，涡阳城里各校师生和社会各界进步人士迅速成立了商学界为主的“沪汉惨案后援会”。7月10日伯父在城中孔庙主持召开有200多人参加的追悼顾正红烈士大会。在追悼会上，伯父发表演讲，述说了顾正红烈士被害经过，强烈谴责日本暴行。会后，他带领到会的200多人进行长达两个多小时的示威游行，沿途高呼反帝口号，张贴标语，并焚烧了查出的日、美、英等国家生产的人丹、肥皂、香烟等商品，吓得在涡阳开的英美烟草公司自行关闭。

◎ 您伯父于1926年考入东南大学，1927年任南京市委委员，他在南京的这段经历您能给我们说说么？

伯父1926年9月考入东南大学，后改称为第四中山大学。1927年2月在学校加入中国共产党，成为家乡涡阳县最早加入共产党的一位同志。在党的领导下，他积极从事革命宣传和党组织的发展工作，很快成为学校党组织的骨干人员。除了担任第四中山大学党支部书记外，他还担任阜阳、蒙城、涡阳、亳县、颍上、太和、霍邱七县学生会会长。

当时国民党安徽省党部方治、邵华、刘真如等人曾是伯父的同学，私交也不错，都知道他才华出众，特邀请他到国民党安徽省党部做官。他以大学未毕业为借口，断然拒绝。四一二反革命政变后，国民党当局实行清党，残杀共产党人。伯父身为大学党支部书记不顾个人安危，仍在宁沪一带积极组织秘密活动，不断发展壮大党组织。汪精卫在武汉发动反革命政变后，和蒋介石联合公开反共，更加疯狂捕杀共产党员。伯父的频繁活动已引起了反动当局的高度重视，他时刻都处在危险之中，但他仍然废寝忘食地奔走在大学校园里以及北极阁、玄武湖、鸡鸣寺、灵谷寺等地，甚至到江北大厂卸甲甸等处秘密召开党团员会议，散发传单，张贴标语，大力宣传马列主义和发展党组织。暑假他组织宣讲团到南通、如皋等地区举行暑期讲习会。在讲习会上，他揭露了反动当局屠杀共产党人的罪行，宣讲了中国共产党的方针政策，启发学生走革命道路和担负国家兴亡的责任。

1927 年 12 月 4 日，中共南京市委召开第一次党代会，在大会上伯父当选为市委委员。根据市委指示，他积极参与并恢复南京地下党组织，通过伯父等同志坚持不懈地工作，南京的党组织得到发展。为了执行上级的指示，伯父返乡发展党组织，在他的帮助下，建立了中共涡阳县第一个党支部，创办了一期《涡上青年》刊物，开展了各种形式宣传工作。伯父在进行革命宣传的同时，积极从事营救爱国民主人士的工作。济南惨案发生后，日本侵略者残暴罪行，激起全国人民愤慨，伯父立即组织学校的党团员和进步青年向国民政府请愿，很快引起暗探和警察的注意。伯父知道自己处境非常危险，他及时通知魏季高、王立仁等党员离开南京，而他仍战斗在革命的第一线。由于党内出现叛徒，1928 年 5 月，伯父在成贤街中央大学宿舍被捕。

◎ 您能和我们谈谈您伯父在狱中的斗争经历吗？

在狱中，敌人对伯父软硬兼施、严刑逼供，伯父宁死不屈。后来，敌人又派南京两位高官劝降，伯父严词拒绝："我就是死，也不会写脱党声明的！"两个高官灰溜溜地走了。我父亲从老家涡阳赶来看望他时，眼前是脱了形的哥哥，遍体鳞伤，骨瘦如柴地躺在铺着稻草的地上。我父亲眼泪夺眶而出，伯父却坚定地说："人总是要死的，只要革命能够成功，我就是死了，还是有意义的，将来一定会有更多的青年投身革命斗争！"我父亲含泪点头说："哥，我不回涡阳了，在你身边好好照顾你。"伯父不知道我父亲辞去了维持全家生活的小学校长工作，向我外公借了两块大洋，撇下全家老小五口人匆匆赶来南京。我父亲找了一份抄写文书的临时工作，虽然工资不高但只要能经常到狱中照顾伯父，他就知足了。

伯父在狱中还得了伤寒病，我父亲非但不怕传染，还倾其所有为伯父送上鸡汤等有营养的补品，幸亏我父亲在伯父身边细心照料，在恶劣环境的狱中，伯父两个月卧地不起的身子终于能坐起来了。之前我看到有书籍记载伯父发病初期表情冷漠，狱友给伯父做思想工作等等……在这里我要为伯父做一个解释，这是伤寒病造成的，现代医学的解释是："面部表情冷漠、冷淡等等是判断伤寒病人独有的重要精神症状，是伤寒杆菌的毒素严重损害病人大脑神经细胞所致。"在狱中，伯父身染重病仍坚持参加狱中斗争，他多次参加绝食斗争甚至昏倒在地。梨子成熟以后，我父亲带了些梨子来看望伯父，伯父不高兴地说："吃梨干嘛，吃梨不就要分离吗？"他是要继续革命，不想牺牲。听父亲说，伯父在监狱里总是孜孜不倦地看书，他一遍遍吟诵千古名句“出师未捷身先死，长使英雄泪满襟”，抒发对革命胜利的期盼和视死如归的决心。伯父临刑前留下一网篮书，我父亲把这些书带回了老家。

◎ 您伯父牺牲之后，他的妻子和女儿都是由您的家人在照顾，您能跟我们分享其中的一些故事吗？

伯父是在1928年农历八月十四日牺牲的，八月十五日是万家团圆的中秋节，却是伯父和家人阴阳永隔的日子。伯父牺牲后，父亲帮伯父重新入殓，当时伯父已经牺牲多时了，脸都是失血的，但是突然一瞬间，父亲看见他的眼睛里就连跌落眼球的眼眶里、鼻孔里、磕掉门牙的嘴里、耳朵全都流出鲜血。我父亲当时就泪流满面说：“哥呀，你干嘛用血浓于水的亲情来看我呀！你的血不会白流，共产主义信仰一定能实现，我们一定追随着你的信仰走下去。哥，你放心，嫂子，我会像对待母亲一样敬重她，侄女，我会像对待女儿一样抚养她。无论再艰难，嫂子和侄女一定和我的一家生活在一起！”伯父大学同学和我父亲一起扶伯父灵柩从雨花台到下关码头，他们再把伯父灵柩装到船上，经长江过淮河再到涡河，把伯父的灵柩运到涡阳，安葬在王氏祖祠里。在以后的岁月里，父亲一直在兑现他的承诺，我娘和堂姐一直和我们生活在一起。

1937年全面抗战爆发了，我父亲带着我娘、堂姐、我母亲、我哥以及我大姐5口人踏上逃难之路。父亲在抗日名将陈明仁部队负责军需财务工作，一直跟随部队阻击日本鬼子。我母亲和我娘带着一家人住在城郊农村，那时生活条件很差，有时在甘蔗田里洗澡，我出生在牛棚里，是我娘给我母亲接生的。因为我前面有个哥哥是我娘用剪刀剪脐带感染了破伤风，我娘就用打碎的碗片割断脐带。有次逃难到桂林七星岩防空洞里，一路上，我大姐拉着5岁的二姐，我哥抱着3岁的三姐，堂姐肺病身体不好，自己能走就行了。那时母亲正怀着我，我娘搀扶我母亲，她俩都是小脚，跑不快。在路上听着刺耳的警报声又看见天上飘着五颜六色气球，都说是汉奸放的给鬼子飞机指路，这时有人大喊鬼子的飞机来了，我娘和我母亲叫我姐她们快跑躲到防空洞去。幸亏鬼子飞机没来，不然后果不堪设想，也就没有我了。我娘、堂姐和我们一家在逃难路上历经7年时间，1945年初逃难到重庆。

我母亲1991年过世，从16岁到83岁，她和我娘生活在一起整整67年。从我记事起，她俩从没有红过一次脸，妯娌俩比亲姐妹还亲。我常常扪心自问：假如我和嫂子或弟媳、我和姐姐在一个锅里吃30年饭，能不拌一次嘴吗？我和常人都做不到，这是伯父给予的力量，超越妯娌亲情。

伯父的女儿非常漂亮，可惜得了肺结核病，那时肺结核是无药可治的，23岁时因吐血没抢救过来而病故了。我父亲用了三两黄金将堂姐灵柩从重庆经过长江天险三峡转淮河到涡河停泊在老家涡阳。父亲一路随行，亲自把堂姐安葬在伯父墓旁。世上能有多少弟弟对哥哥的女儿比自己女儿还亲，这是伯父给予的力量，超越兄弟手足情。

◎ 您伯父的事迹对您的家人产生了哪些影响?

1945 年抗战胜利后，父亲在重庆是身在曹营心在汉，苦于无法追随伯父的信仰，他悄悄订阅了《新华日报》和毛主席的论文刊物。国共内战爆发后，他认清了国民党反动派腐败的丑恶嘴脸，苦于我家人口众多，只有他一人工作，他参加革命了，一大家子怎么生活？ 21 岁的堂姐非常理解我父亲的心思，但还是多次劝我父亲："叔，你走了，我们一家咋办？"

1947 年 I0 月，父亲到国民党上海经理学校任少将军需监。1949 年 3 月该校搬到台湾，我父亲借口需要安置家属没走，他同学劝他说："你哥牺牲 21 年了，他的战友认识你吗？你已经 44 岁，人到中年了，又是国民党少将，共产党怎么用你呀？去台湾，你是少将还能继续升迁，移花接木难呀！"父亲斩钉截铁地说："我哥被国民党反动派惨杀，仇恨的心情时时萦绕心头！我早想投奔共产党，今天终于迎来解放，我哥的信仰实现了。国民党给我再高的官，再多的钱，我也决不去台湾！"

新中国成立后，父亲在中央军委后勤学院任教，1959 年底转业到蚌埠五金化工批发站任计财科科长，他在 1975 年 70 岁时退休。他一生廉洁，连单位的信封他都不用，他宁可糊信封或者买信封给我们写信。他常教育我们，只要是公家的东西，一分钱都不能贪。伯父的才华横溢，对革命的忠贞，对信仰的执着都深深镌刻在我们脑海里，是我们家代代相传的精神财富！我们后辈一直追随着伯父的信仰，后辈中有 13 个是共产党员，有 10 个参加解放军，其中大姐夫参加过解放战争，还得过奖章。大姐的长子参加过中越自卫反击战，立过三等功。我们后辈一定会传承伯父的革命精神，踏着伯父的足迹勇往直前，为实现中国梦作出自己的一份努力。

◎ 您认为当代的青年人应该如何去传承革命烈士的精神?

我觉得现在的青年人要有信仰，继承革命烈士的精神就是坚守信仰的力量。我们要让青年人知道，新中国成立快70年了，人民一直生活在和平宁静的环境里，幸福的生活来之不易，是无数革命先烈用鲜血前仆后继换来的，是一代又一代人不怕苦不怕累，战天斗地干出来的。他们有信仰，决心改变祖国一穷二白的面貌。现在我们出门旅游，可以选择坐高铁、乘飞机、坐轮船，自由自在到祖国各地游玩，非常快乐，非常安全，没有一丝恐惧害怕的感觉。但是世界其他地方并不安宁，有很多国家仍处在战火之中，这些国家的人民正饱受战争带来的痛苦。我们一定要珍惜今天的幸福生话。我希望青年一代要继承革命先烈的遗志，接好革命班，让红色江山代代相传。

（唐阿兰　采访、整理）

发动电信局罢工，为信仰受尽酷刑

——陈世麒回忆父亲陈继昌烈士

采访背景

时　间：2017年9月15日

地　点：江苏省苏州市吴中区陈世麒家中

口述人：陈世麒（陈继昌烈士之女）

烈士简历

陈继昌（1906—1930），江苏吴县人，中共党员。大革命失败后加入中国共产党。南京电报局报务员。1930年7月因参与发动电报局职工举行“反饥饿、反解雇”群众集会被捕，8月牺牲。

口述人简介

陈世麒，小名金陵，陈继昌烈士之女。1928年出生。中华全国总工会会员。长期在苏州纸袋社工作。现已退休。

◎ 您有没有听家人讲过您父亲小时候的故事？

听奶奶讲，我父亲从小读书很努力，非常聪明好学，尤其对那些劫富济贫的故事特别感兴趣。父亲看书经常到夜里，大家都睡了，只有弄堂那头父亲房间的一盏煤油灯还亮着。我家附近有一个叫定公公的人，他每天都很晚回家，但是他每天回家时还发现弄堂那头还有窗户是亮着的，这说明我父亲从小就很爱读书。父亲在吴县上的小学，叶圣陶在这里教过书，现在学校已经改造过了，甪直镇上还有叶圣陶纪念馆，里面有很多介绍。父亲的班主任是叶圣陶，他受到了叶圣陶的进步思想影响。1919 年，父亲 13 岁，正值五四运动爆发，他积极参与游行示威，当时有的人感到很害怕，但父亲是一个很大胆的人，他说他不害怕。后来他到上海浦东中学去上学，因为参加学生运动，被学校开除了，开除以后，他无法再上学了。爷爷奶奶认为，既然不能上学了，就得去找份工作。于是爷爷把他送到南京电报局，父亲到了电报局后就参加了地下党，但是当时家人什么都不知道，他瞒着家人从事革命活动。

陈继昌烈士之女 陈世麒

◎ 对父亲被捕后的情形您还有印象吗？您父亲牺牲时您多大？

父亲被捕之后，我奶奶

非常着急，当时家人做了很多努力，爷爷四处奔走，托人营救，还请了蔡元培出面说情保释。但是这个案子太严重了，蒋介石亲自过问并下令“严加惩处”，没有保释出来。父亲牺牲后，当时家人去了南京为他收殓遗体。我只知道父亲嘱咐母亲将我带好，其他事情母亲什么都没有告诉我。母亲后来改嫁了，一直到新中国成立以后，我们才开始通信。

父亲牺牲的时候我才 3 岁，实岁就 2 岁，太小了，什么都不懂，对父亲被捕后的情形一点印象都没有。我小的时候随爷爷奶奶生活。小时候，奶奶跟我说过父亲的事情。奶奶说，我父亲有时候也跟她讲他给共产党写传单，贴标语。奶奶就跟他说，让他不要去参加这种活动，父亲回答她说不去。父亲有一个藤箱，藤箱里面放了油印机和钢板，寄存在南京琵琶巷 3 号一户人家。父亲出事被捕后，这户人家发现藤箱里面全是革命传单，害怕出事，他们把箱子丢到井里面去了。小的时候我不知道这件事情，等我长大一点儿以后，那家人才重新和我们家来往，我小时候去南京夫子庙时还到他们家玩过。

我叔叔陈克芬和我父亲曾经在南京电报局一起工作，抗战期间，叔叔从南京搬到了重庆，抗战结束后，他去了上海。我听叔叔讲过父亲的一些事情，他说我父亲这个案子非常严重，是蒋介石亲自处理的，处理的时候搞连坐，再一个就是就地正法，父亲在被捕后两个礼拜就牺牲了。听父亲的狱友说，父亲在监狱里遭到了严刑拷打，还上了老虎凳，他被押赴刑场的时候已经遍体鳞伤，两条腿根本没办法走路了，是用两个拐杖拖着去的。

◎ 您能具体说说您父亲在南京电报局的工作情况么？

父亲从1926年开始在南京电报局任职，并加入南京地下党组织，从此投身革命。他和其他革命同志创办了《力社月刊》，向群众宣传革命思想，把红军的胜利捷报告知民众。1930年父亲和几名地下党员一起，根据上级指示，组织全局职工进行集会罢工。他们在电报局内成立了党的外围组织——互济会，发动全局职工召开“反饥饿、反解雇”斗争会议。此外，他们还利用职务之便，千方百计搜集国民党内部军事情报，及时、秘密地送给党组织。

父亲领导电报局职工举行罢工，把当时整个南京的线路都搞瘫痪了，南京和各地无线电联络中断。因为涉及到军事机密，蒋介石对这件事情很冒火，他所有的联络都传不出去了，当时这件事在全国都引起了震动。后来，电报局局长陈伯阳指使特务四处密探，把我父亲的名字列在“黑名单”上，秘密报给了国民党。没过多久，父亲在长生祠电报局宿舍内被逮捕了。在狱中的时候，敌人对他使用了各种酷刑，边打边逼问：“谁为指使者？”他斩钉截铁地回答：“是我，与别人无关。”他们发现从他口中掏不出半点党的秘密，于是下令处死他。父亲双腿都被打折了，肋骨也断了，走不了路，是被两个人硬架着拖上刑场的。1930年8月18日是父亲被判处死刑的日子，他神态自若，缓缓念出《乌衣巷》中“朱雀桥边野草花，乌衣巷口夕阳斜”的诗句。当时我们家就住在南京老城南的琵琶巷，乌衣巷是家人经常去游历的地方。父亲很热爱生活，喜欢写文章，也很有诗意，但是为了信仰，他宁愿放弃这美好的一切，包括生命。

◎ 您于1975年给雨花台烈士陵园写过一封信，是您亲笔写的吗？

这封信不是我写的，是我丈夫代笔的，我不会写字。当时苏州的一些学校和其他单位要在清明的时候祭扫烈士，想让我讲一讲父亲的革命事迹，当时我知道的事情实在是太少了，所以我们写信到南京雨花台烈士陵园想了解一下父亲的情况。父亲在南京的时候，一个人住在夫子庙的长生祠，和家人不在一起生活，我们了解的事情很少。他在南京电报局工作时的几个同事如冯柏六、蒋宗銮、李传夔等都参加了党的外围组织，而且是在同一天在宿舍被捕的，最后都牺牲了。

新中国成立以后，父亲的一个朋友同时也是同乡到我们家里来看望我们，他讲我父亲是他的入党介绍人。他叫王德鹏，在世界知识出版社工作。他曾经给我爷爷陈肖岸写过一封信，信中提到了我父亲。但是，他说他们当时都是单线联系的，所以我父亲的情况他也不是特别清楚，父亲被捕的时候他不在南京。

◎ 您父亲的墓如何被迁到家里的？

父亲的墓碑是1955年立起来的，落款是“吴县角直镇人民政府”。父亲一开始葬在乡下的家族墓地，后来那块地荒凉了。因为担心无人照料，我们就写信到南京民政部门寻求帮助，当时角直还没有烈士陵园，后来有了烈士陵园以后，说那边只能放一块碑。父亲的墓是一个完整的墓冢，经过一步步协商下来，在上世纪70年代我们把父亲的墓冢迁葬到了祖屋的院子里，就是刚才你们一进门看到的那个墓。

◎ 您父亲牺牲后，您的成长岁月里经历了一段怎样的心路历程？

父亲牺牲的时候，我才3岁，对父亲没有什么印象，对母亲的印象也很浅。我3岁的时候母亲就走了，我一直认为母亲是弃我而去的，所以后来她寻亲过来的时候，我也不是很激动，总感觉不亲。我奶奶本来比较胖，我父亲牺牲以后，她一下子瘦了十几斤。奶奶在我父亲牺牲后一直都很伤心，她把家里所有关于父亲的东西都烧掉了。在家里，我们从来不提有关父亲的任何事情，所以，我对父亲的印象其实是很浅的。父亲牺牲以后，一开始是我叔叔婶婶带我在南京生活，他们带了我两年，后来他们有了孩子，也就是我的弟弟，我就跟着爷爷奶奶在汉口生活。当时爷爷在汉口电报局工作。我7岁的时候爷爷退休了，告老还乡，我们回到苏州后一直住在角直——我父亲从小成长的地方。奶奶一直没告诉我母亲改嫁的事。其实母亲是很想带我走的，但是奶奶很喜欢我，加上她的大儿子不在了，她不让母亲带我走。母亲后来给我写信，但是奶奶没给我看。母亲算是大户人家的姑娘，在家里什么事情都不会做，所以奶奶不是很待见她。奶奶对母亲说，孩子不能带走，要留下，这是家里的独苗，是唯一的血脉。后来奶奶也想通了，在我长大后让我和母亲联系。奶奶受重男轻女思想影响，认为女孩子不需要读很多书，所以我只念到小学。后来，我一直在苏州纸袋社工作。

听街上的老人说，父亲的遗体是从南京用船经过河道运回来的，走了十几天的河道，有很多人站在河边看。那时候我知道父亲参加了共产党，但对共产党不是很了解，认为父亲不是一个好人。小的时候，每逢清明，爷爷奶奶都会带我下乡去父亲的坟上扫墓。新中国成立以后，地方政府的同志到我们家里来，追认我父亲是烈士。我才知道父亲是为革命牺牲的，小的时候确实不知道父亲的事迹。

◎ 您父亲的事迹对您后来的人生道路有哪些重要影响？

小的时候，我对父亲没有什么概念，长大了，才渐渐了解一些。因为我手上掌握的史料有限，所以我请我爱人代笔写信给雨花台，查找有没有更详细的资料。父亲为了工人的权益而去和国民党抗争的魄力让我深受感动，当我知道他在狱中受审，最后被打断双腿的时候，我的心情是十分难受的。父亲是一个正直的人，是一个勇敢的人，是一个为了信仰而不怕牺牲的人。我为有这样一位父亲而感到自豪。我有三个女儿，她们小的时候我经常给她们讲外公的故事，三个女儿也深受感动，她们是听外公的故事长大的。父亲的事迹是我们全家人的骄傲,家里的孩子是在这个环境当中成长起来的。我觉得我们都是有正义感的人，看到电视上的抗战片，内心就有一种义愤填膺的感觉。我们家族一直在传承红色基因，我叔叔的两个儿子都参军了，一个是空军，一个是通讯兵。

我们全家对南京很有感情，女儿小的时候，我会经常带她们去南京夫子庙那一带看一看，那里是我父亲曾经生活和战斗过的地方。每年清明节，我经常会被学校请去给孩子们讲我父亲的革命事迹。现在，每到清明节，经常有老师带着学生自发来到我父亲的墓前献花、缅怀。角直镇上很多人都知道我们这个家庭是一个烈士家庭，我觉得很自豪，家里的孩子们也是这么觉得的。现在只要她们工作不忙的时候，她们都会回来看看我，祭拜一下外公，去角直镇上的叶圣陶纪念馆转一转，我想外公的这种精神在无形中感染着她们。她们平时为人都很善良，当别人有困难时，总是很主动的去帮忙，包括她们对自己子女的教育，都包含着这种革命传统和精神在里面。

（陈帅华　采访、整理）

两代英烈传千秋

——董时汉回忆姑父夏雨初烈士

采访背景

时　间：2018 年 5 月 19 日

地　点：云南省昆明市西山区董时汉家中

口述人：董时汉（夏雨初烈士内侄）

烈士简历

夏雨初(1903—1930)，化名张建华、李兴国，安徽郎溪人，中共党员。1925 年考入中国大学。1926 年加入中国共产党。1928 年 4 月领导郎溪农民暴动。1929 年任中共上海沪西区负责人。1930 年任中共中央特派员、中共南京市委常委、南京市行动委员会委员。1930 年 7 月在南京下关召开会议时被捕，8 月牺牲。

口述人简介

董时汉，夏雨初烈士内侄。1936 年出生。原昆明钢铁集团公司退休职工。中国作家协会昆明分会会员。现已退休。

◎ 您小时候最早从哪知道您姑父的革命事迹？

小时候我和姑妈董淑一起住在郎溪，她给我讲了关于姑父的很多故事，所以我在童年时就对姑父的事迹印象很深。姑父最可敬的是有坚定的革命信仰，他家条件那么好，还是不忘初心，坚持革命信仰，十匹马都拉不回来。1930 年姑父在南京被捕和就义的消息，地下党很快通知了姑妈，但是那个时候她不敢哭泣，她也知道姑父从事地下工作。姑父牺牲后，姑妈强忍悲痛，带着孩子回到郎溪。由于姑父牺牲时改了姓名和籍贯，化名李兴国，郎溪的国民党不知道此事，对他的家属也就没有搜捕。

回到郎溪，姑妈失去了与组织的联系，因为那时都是单线联系，她的上级就是我姑父。但她并未暴露共产党员的身份，她变得更坚强了，要继承姑父的遗志。于是她为孩子改了名：大儿子夏道焜改名“夏复仇”，要为父亲复仇；刚生下来的小儿子夏道清改名为“夏效忠”，要永远效忠于中国共产党、效忠于共产主义事业。为了躲避国民党对烈士后代的残害，她把夏道焜寄养在弟弟董小松家，也就是我们家，由我母亲抚养，自己则带着襁褓中的夏道清到乡间各个亲友家去避

夏雨初烈士内侄　董时汉

难，对外则称姑父是患“急病”去世。

◎ 您姑父出身富裕家庭，受过良好教育，您是否了解一些他少年时期的经历？

姑父家中从事雇船运送商品的生意，父母早逝，家中商务由他的大哥夏雨人经营。姑父排行老三，是一个爱读书、善思考、喜欢打抱不平的人，他少年时在宣城读过中学，接受新思潮比较早，经常为当时中国的弱小叹息，立志要救国救民。

他的大哥夏雨人是个精明开通的青年商人，他主持家政和商务后，抓住商机，选择了经营“洋油”（即水火油）为主营，是美孚洋行在郎溪的总代理。由于经营有方，生意红火，很快成为郎溪商界的首富。他没有读过多少书，但见三弟也就是我姑父认真读书，知识面广，颇有见解，因此十分喜爱，着意培养他外出求学读书，凡是姑父提出的正当用款，他都予以支持。

董家和夏家当时都是郎溪城的殷实商户。姑妈和姑父两人是很早相识又相过亲的一对有志青年，两家门当户对。两家也有成全这对有革新思想的青年人的打算，双方交换了看法后，征求了姑妈和姑父的意见，在姑父要到芜湖上学前，把两人的婚事订了下来，言明等姑父学成归来后再完婚。

姑父到了芜湖就读于萃文中学，这是一所教学质量好、学习风尚好、学生思想很活跃的学校，同学大多是皖南各县的人。读书期间他结识了王稼祥、柯庆施、陈原道、李克农等人，大家在一起探讨时局和中国的未来，相处十分融洽。

姑父在萃文中学刚读了一年多就因和同学贴“打倒列强”“打倒军阀”的标语，而被校方“训斥”，待不下去，他想到民主气氛较浓的北平去上学以扩大视野。他把想法写信告诉姑妈后，就办理了退学手续，匆匆北上，考入中国大学就读。在读书中他多次到北京大学听李大钊的演讲，对他启发很大，影响较深，开始读马列主义书籍，订阅了《新青年》《向导》等杂志，开拓了视野。后来姑父回到郎溪后，两家就把他俩的婚事办了。

◎ 您能否向我们讲述一下您姑父在家乡的革命事迹?

姑父与姑妈结婚时正值国内形势动荡，姑父想投身到社会中去做些事，他征求了姑妈的意见。姑妈很支持他，同时希望他带着我父亲董小松出去。就这样姑父与我父亲以及郎溪的很多青年人外出，他们到了芜湖后，分散到各个学校就读。后来上海发生了五卅惨案，全国各地兴起了抵制日货的斗争，芜湖的爱国学生也走上街头，宣传演讲、散发传单。在激烈的斗争中，姑父于1926年加入了中国共产党，成为了郎溪的第一个共产党员。

1926年北伐军攻克武昌后，国民革命军第二军攻克南昌进入安徽，第二军的政治部主任是李富春，经上级党组织安排，姑父等人急速返回郎溪做好迎军准备。北伐军进城后，姑父向李富春汇报了郎溪县的国民党县党部被一批豪绅把持着，不支持北伐军。李富春听后指示道，现在国共合作，共产党员可以以个人身份加入国民党，可以把秘密支部的人全部加入国民党，再以国民党员身份组织一个贯彻孙总理政策的新县党部，就可以公开开展工作了。姑父立即行动，挂牌成立了“中国国民党郎溪县新党部”（西党部），姑父任书记长，北伐军还派人前来祝贺，这样就和原来的县党部（东党部）区分开来。新党部成立后马上开始开展工作，很快就建立了县农会、店员工会、妇女会等，整个郎溪变得气象一新。这时，北伐军粮饷有困难，李富春找到姑父商议，请姑父出面向大哥夏雨人借一笔款项充作军饷，姑父慷慨答应，就和姑妈一起说服了夏雨人，从店里筹措了一笔款项借给北伐军。

1927 年蒋介石发动了四一二反革命政变，进行清党，大肆屠杀共产党人。在郎溪东党部的那些豪绅闻风而动，立即把姑父、我父亲等人抓起来关押，砸烂了“新党部”的牌子，把轰轰烈烈迎北伐的工农革命镇压了下去。后经党组织协助，筹集一些款项打点才将姑父他们放了出来。1927 年 11 月，宜兴秋收暴动失败后，从宜兴逃出来的很多党员都跑到郎溪来了，上级党组织指示一定要保护好这批同志。姑父等人经讨论决定办一所公学——建平公学，以帮助失学儿童入学为名，免费读书，借从外地聘请老师的名义，安置这些党员同志。然而办学校需要经费，这时姑妈毫不犹豫地把自己结婚的几件金饰拿出来充作了办学的经费。

姑父在 1928 年 4 月领导郎溪农民暴动，成功占领了县城，释放被关押的农民，处决了一名恶绅，这一系列举措震惊了国民党，国民党随即派兵来“围剿”。经过几天的战斗，农民部队因为兵力悬殊和装备差，最终失败了，姑父随着暴动队伍撤退到广德鸦山地区。后来姑父来到上海继续参加革命。

◎ 您姑父牺牲后，姑妈带着两个孩子是怎样维持生活的?

1937年11月，侵华日军围攻南京，郎溪也听到了枪炮声，父亲赶回郎溪，准备接家眷西撤，向姑妈征求意见。姑妈决定让10岁的夏道焜跟随我家一起逃往其他地方。因为姑父领导了郎溪暴动，与当地土豪劣绅结下了仇，她自己领着夏道清留在家乡，躲到乡间去。在苦难的日子里，姑妈领着夏道清苦度时光，乡下的学校早已经停办，她亲自教夏道清读书，从识字开始，讲了许多民族英雄的故事给他听，如岳飞、文天祥、戚继光，在夏道清幼小的心灵里播下了革命的种子，她也讲了姑父的牺牲情况，这对夏道清的震撼特别大。夏道清常常一个人到姑父的坟前呆呆坐着，希望自己能快点长大，为父亲报仇。15岁的时候，他看到在郎溪毕桥的新四军战士上操练武，他想要参加新四军。他和我姑妈说了这个想法，姑妈同意了。于是姑妈领着他见到了新四军某团部的政治处主任丁浩，说到：丁主任，这孩子的爸爸就是共产党，已被国民党杀害14年了，如今孩子长大，他叫夏道清，又叫夏效忠，是要为党效忠，他要当新四军，打日本侵略者，要为父报仇。今天我带他来参军，希望你们收下这孩子。丁浩听后非常感动，接收了夏道清。于是，夏道清参军入伍，继承父志，成为一名新四军战士，并当了团部的通讯兵。

1945年8月15日，日本无条件投降，历经十四年的抗日战争终于取得了胜利。日本投降后新四军立马解放了郎溪，后因国共双方签订了《双十协定》，皖南根据地的新四军要北撤渡江，夏道清匆匆回家与母亲道别：“我永远记得我叫夏效忠，哥哥叫复仇，妈，您多保重了。”说完敬了一个军礼，就匆忙赶回部队去了。抗日战争的胜利只获得短暂的宁静，解放战争随即爆发。

1949 年 4 月，郎溪解放了，新生的人民政府百废待兴，姑妈主动站出来帮助民政部门做些民众支前工作。姑妈最关心的是夏道清的下落，自从夏道清随着新四军北撤后，她一直都没有他的消息。她知道解放战争打的很艰难，虽然捷报频传，但夏道清没有带来一点儿消息。年底，姑妈收到一封从毕桥乡政府转来的盖有军用邮戳的信件，是夏道清从山东某医院寄来的。信很短，只写了他在淮海战役受了伤，在山东某野战医院治疗，待伤好出院后，他会回家看望姑妈。姑妈心急如焚，但她只能慢慢等。1950 年冬天，姑妈收到了夏道清从芜湖某医院寄来的信，说他已经转院来到芜湖，伤势已好，但时常会发作，现在在疗养院等待安排。姑妈看完信后特别高兴，准备到芜湖的医院去看望儿子。到了医院后，她见到了十分消瘦的夏道清，问了问这几年的情况。夏道清说自己渡江北上后，一直转战淮北、河南、山东一带。部队流动性大，无法与家中通信，自己早就入了党，在为党效忠，也立了战功，这次的伤是在淮海战役中受的，伤了肺部，比较严重，所以转到山东去医治，伤好一些后他要求转到安徽来，为的是好看望母亲。姑妈在芜湖住了十天后就回来了。

1951 年秋天噩耗传来，夏道清在芜湖的医院中因伤势复发感染成肺炎，不幸去世，年仅 22 岁。他实践了自己的诺言：继承父志，效忠于党。姑妈得知消息后痛不欲生，她希望儿子能回到郎溪安葬。后来一辆军车把夏道清的棺木运到郎溪十字铺，再由民兵把棺木抬到蒋顾村，安葬在姑父墓的后侧方。

一家两代革命烈士就这样安息在蒋顾村。

◎ 您姑父的长子夏道焜后来的境况如何?

姑父遇难后,怕反动派迫害,姑妈就把夏道焜寄养在我家,当董家的“大儿子”,我的亲大哥比他小一岁,当家中“老二”,由我母亲抚养,读小学时还在我家。抗战爆发后,他随我们一家人逃难到西南内地。他后来在四川绵阳读战时流亡青年所在的国立第六中学。

他十分痛恨日本侵略者,立志报国。1944 年初,国民政府发动知识青年从军,他报了名并被录取,到印度接受军事训练,集训结业后分到新一军三十八师教导团搜索连当上士班长,接着参加缅甸北部的反攻作战,穿越野人山,历经八莫、孟拱、密支那等地丛林作战,立有战功,均有记载。一直打到国门畹町,把日寇赶出中国。

抗战胜利后,蒋介石把新一军调到东北打内战,他知道要自己同父亲奋斗过的共产党军队打仗,他坚决不干。于是在 1946 年底,到长春不久,他就冒着被军法处置的危险,穿着便衣从营房出来跑到火车站。历经两个多月辗转奔行,从东北、华北、山东、江苏回到安徽郎溪,见到分别已久的妈妈和我们一家人。他始终记挂着父亲和共产党。

他在家侍奉了姑妈半年多,姑妈给他订了亲,后来结了婚,过了一段平民生活。可惜不久,麻烦事又来了。“东党部”的土豪劣绅知道他是姑父的儿子,商议要去县政府告他是“逃兵”,要抓他。姑妈听到消息后和儿媳商量,决定让他以“送点家乡土产品给舅妈家”为名到了外地。不久后,我父亲调到滇越铁路局工作，于是他随我们一家人来到昆明。到昆明后，他进入中华职业会计学校读书。1949 年 12 月 9 日，云南和平解放，他说终于盼来了共产党，今后有奔头了。

1951 年和 1952 年，夏道清和我姑妈相继去世，令他万分悲痛。1953 年，他在读报时突然发现了柯庆施任南京市委书记的报道，他想起过去在家乡，姑妈曾跟他讲过：父亲在芜湖读书时，有个好同学叫柯庆施，放假期间还来郎溪家中住过。于是他就给柯庆施写了信，询问他父亲牺牲的情况。不久他收到柯庆施的回信，说他父亲的事正在调查中。后来，他收到在郎溪的堂兄寄来的南京《新华日报》刊登的夏雨初烈士英勇就义的报道文章，这令他十分感动。多年以后，我们收到了家乡转来的由毛主席签发的《革命烈士证明书》。后来，夏道焜也加入了中国共产党，之后还担任了调度科的领导工作。在 1979 年的对越自卫反击战中，他主动请缨作战，担任军运副指挥长，到前线运送军火和抢救伤员。他一直在前线调派车辆，不怕危险，战争胜利后，西线战区给了他通令表扬。后来记者采访他时，他只说了一句："我是烈士的后代，不能给父亲、母亲和弟弟丢脸，沿着烈士的足印走！"在之后十几年的工作中，他多有贡献，单位的人都称他是"红后代"。退休后，他还关心调度工作，常去调度室看望年轻同志，勉励他们在改革中好好干，握紧方向盘跟着党走。

（董元泉　采访、整理）

姨母的事迹给了我们全家精神的力量

——王效农、王其秦回忆姨母冯菊芬烈士

采访背景

时　间：2017 年 10 月 26 日

地　点：江苏省连云港市东海县王效农家中

口述人：王效农（冯菊芬烈士外甥）

王其秦（冯菊芬烈士外甥）

烈士简历

冯菊芬（1910—1930），女，又名冯爱萍，江苏东海人，中共党员。1928 年加入中国共产党。1930 年 7 月到南京参与组建市军委机关，8 月因中共南京军委机关遭破坏被捕，9 月牺牲。

口述人简介

王效农，冯菊芬烈士外甥，江苏东海人。年少时在东海师范读书，因反对日伪政权被迫离家出走。由地下党介绍到河北省邢台就读于北方大学（现中国人民大学）。后参加革命，加入解放军第二野战军。在淮海战役中立二等功，在贵州省织金县剿匪运动中立一等功，在上甘岭战役中立三等功并获得朝鲜政府颁发的三级国旗勋章。转业前在云南昆明空军医院任副政委，转业后在江苏省连云港市中医药高等职业技术学校任副书记（曾被评为省劳模）。1986 年退休。

王其秦，冯菊芬烈士外甥，江苏东海人。1952 年师范毕业后参加教育工作，在山东工作 24 年。1975 年回江苏东海教书。1994 年在东海县白塔中学退休。

◎ 您姨母是如何走上革命道路的？[①]

我的外祖父叫冯之缮，是东海县白塔埠人，他的大哥是清末举人，外祖父家在当地是个大户人家。1928 年，中国共产党海属地区第一个党支部在海州中学成立，惠浴宇当时也在那儿读书。姨母在家行五，当时和她堂哥冯硕仁都在白塔埠的石峰市小学读书。这所学校的校长是一位很关心进步青年的民主人士，学校里很多老师都是共产党员。那些老师很多和我外祖母家是亲戚，再加上姨母他们上学的关系，所以经常到外祖母家做客，一来二往就有了感情。茶余饭后，老师们会宣传他们知道的进步思想，所以姨母家老老小小都受到了教育。后来，海州中学党支部在小学成立了白塔支部，姨母和堂哥冯硕仁就入了党。当时外祖母家成为了地下联络站，共产党员们经常在后院里开会。我外祖父一家都很同情革命，我母亲经常做饭给来开会的同志们吃。

◎ 您姨母和您外祖父曾一同被捕入狱，事件的起因和经过如何？

1929 年 5 月，海州中学党支部爆发了一场反对学校当局迫害学生的学潮，当时姨母、冯硕仁，还有我叔伯舅舅都参加了。后来学校将这一事件报告给了警察局，警察局于 6 月 1 日到学校里进行了大逮捕。姨母是地下交通员，当时没有被抓，所以她连夜从学校回到了白塔，立即将有关情况报告白塔支部。

①该部分由王其秦口述。

一天早晨天还没有亮，几个党员正在我外祖母家东堂屋里开会，这时国民党军队来了，他们把家中大门包围起来，开始砸门。姨母当时带着我母亲还有家里十几个人到门口堵着不让国民党军队进来。我外祖母家有个后门，开会的党员们就从后门离开了。后来国民党军队一进屋里看到桌上还有许多东西，知道有人在开会。当时有个人说，既然姨母出面阻止，就先把她抓起来。这时我外祖父出来了，说一个上学的小孩子，你们也要抓？对方说她还有在学校闹事的事，正好就逮捕了。我外祖父就和他们吵起来了，于是把他一起逮捕了，两个人就这样一起被带走了。这是姨母第一次被捕，被关押在海州监狱。当时在学校被抓的都放了，只有姨母和我外祖父没放。国民党认为他俩案情严重，又把他们转押到清江监狱。后来惠浴宇通过联系江苏省中学生联谊会营救姨母出狱，国民党因为找不到姨母是共产党的证据，就把她释放了，外祖父也花钱被保释出来了。可惜没过多久，外祖父就吐血身亡了。

◎ 面对牢狱之灾和亲人离世，您姨母是怎样继续从事革命活动的呢？

姨母被释放以后，当时她堂哥冯硕仁还在外躲避国民党的逮捕。后来他躲到王小埠的二姨母家里，这时接到了党组织的通知，东海县党组织已经遭到破坏了，要求他们赶快回上海。于是他们决定到上海去。我母亲告诉我，姨母是下午坐火车走的，冯硕仁是晚上走的。为什么这样安排呢？主要担心两个人在火车上一起被捕，分开来走更安全。后来他们到南京集合并去了上海。再后来姨母被组织上派到南京搞军事暴动，被叛徒出卖后在雨花台被国民党杀害。她牺牲得很惨烈，当时头颅都被打烂了。姨母的堂哥冯硕仁最后也不幸牺牲了，他组织领导的东海县牛山暴动在我们当地也是很有名的，当时声势十分浩大。

姨母牺牲的时候，我还没有出生。她是 1930 年牺牲的，我是 1933 年出生的，我哥哥比我大 8 岁，当时他也小，所以很多事情记的不是很清楚，关于姨母的很多事情都是我母亲亲口告诉我们的。我还见过我母亲保存的一张姨母的照片，照的非常好，是姨母上中学时候照的。那是一张典型的上世纪三十年代女性照片,姨母剪着短头发,穿着阔袖褂子和裙子，非常年轻，显得很精神。可惜这张照片后来弄丢了。雨花台烈士纪念馆也好几次到我们家想要找到这张照片，可是实在是找不到了。所以当时就想了一个办法，说按照姨母的样子给我母亲化化妆然后照一张,还给我儿子化化妆也照了一张，带回去做参考。后来雨花台展出的那张照片是从惠浴宇家里找到的一张集体照里面抠出来的。

◎ 您姨母牺牲后，你们是通过何种方式来纪念她的呢？

1931 年，我们老家的人到雨花台把姨母的遗体迁回了连云港东海县。关于姨母的遗体，当时老百姓还有一些胡乱的猜测和说法。有人说里面的遗体不是姨母的，还有说里面是动物的尸体，这些说法都是站在反对立场上说的。他们认为在那个时代男人干革命就算了，一个女人干什么不好，所以用这种方式表达了一种否定的态度。

文革时期姨母的墓被破坏了。后来，政府以白塔埠镇人民代表大会的名义重新给姨母修了墓，竖起了纪念碑，上面刻着“冯菊芬烈士之墓”。土地承包的时候，因为姨母墓边还有些空地，当时群众为了多种地，就在墓地边上开荒。我原先是在山东工作，后来回到了东海县，我哥哥也从部队上转业到了连云港。我们俩觉得姨母墓地周边的环境太不好了，商量想办法把姨母的坟迁走。经过多方申请，政府同意由连云港市相关部门出钱，将她的墓迁到东海县安峰山烈士陵园。

安峰山烈士陵园在东海县城西南的安峰山上，它是为纪念安峰山事件中死难的烈士而建的。当时在这里牺牲了很多烈士，是我们这里的一个烈士纪念地，将姨母的坟墓安葬在这里，我们都感到很欣慰。最初建好之后有关部门认为修的太简陋了，于是又重建。在墓上立了碑，上面盖了一个亭子。2016年政府又用汉白玉把坟墓重修了一遍。现在除了姨母的坟墓，还有一个纪念堂，里面也有一些资料。现在政府对烈士的事情是越来越重视，像连云港市革命纪念馆、白塔中学，这些地方都在纪念姨母，都有姨母的塑像。东海县还有个诗词协会，每年到了清明节、烈士纪念日这些重要的日子都会写诗来纪念姨母和牺牲的烈士们，学校里也经常宣传姨母的革命事迹，连云港的一些书刊杂志上也会有相关的报道，姨母的革命事迹能够这么为人所知我们感到很欣慰。

对于姨母的祭奠，在我们家一直是一件非常重要的事情。母亲逢年过节都要烧纸钱，我哥哥去部队当兵了，所以我很小的时候就跟着母亲一起祭拜姨母。我还记得很清楚，当时我母亲骑着一只小毛驴，我手里面提着那些祭拜的东西。后来我慢慢地长大了，母亲也渐渐老了，没办法和我一起去了，所以就剩下我一个人去祭拜姨母。之后我去山东工作了，每次回老家都要去祭拜姨母。母亲临终的时候和我说，你姨母家里面没有人了，你就给冯家烧纸钱吧！我答应了母亲，年年清明节和过年我都要去给外祖父外祖母上坟和祭拜姨母，七十多年了，我一直坚持到现在，我还会继续坚持下去。

◎ 您姨母的事迹对于您家人的工作和生活有哪些影响?

我们家是没有烈士证的，姨母没有后代，照理说我外祖母应该有烈士证。但是我外祖母在抗日战争的时候就去世了，所以新中国成立后姨母就没有直系亲属了，这也是我们一直感到很遗憾的地方。我们全家都受到了姨母事迹的启发，立志向她学习。我们家里姊妹六个，我哥哥、弟弟还有妹妹都是党员。我是一名中学语文老师，之前在山东临沂工作了 24 年，后来我回到了东海县，继续在白塔中学当老师，直至 1994 年退休。

我哥哥参加革命活动也是受到了姨母的影响。因为我哥哥上小学的时候一直生活在外祖母家，从小受到了姨母的革命精神的影响。他后来参军了，参加过很多著名的战役，如淮海战役、上甘岭战役，还获得了很多的荣誉。

◎ 您姨母的革命事迹对您的成长产生了哪些重要的影响？②

我从小就在外祖母家生活，姨母的革命经历、革命精神

② 自该部分起，相关内容由王效农口述。

一直是我成长过程中的导航灯。当时我上学的学校原来有一个老校长，后来日本人派了一个新校长过来。新校长和日本人走的近，我和一个同学因为思想比较进步，所以和新校长之间产生了矛盾，他说要处理我们。当时我俩有点害怕，就跑到老校长家把这件事情和他说了。老校长说他的一个外甥到山东去参加八路军了,打仗还立了功,他建议我们也去山东，去八路军办的学校里面上学、参军，不要再在现在的学校上学了。于是我就给家里写了一封信，说不愿意在日本人的统治下待下去，决不能当亡国奴。

不过我们还是没能逃过新校长的处罚。我记得当时我和同学两个人一人手心被打了三十板子，手都被打肿了，罚跪了整整一天。而且我们给家里面写的那封信也被翻出来了，新校长就拿去给日本人看。后来日本人来家里把我给抓了，我家里面花了不少钱到处找关系，说小孩子不懂事，最后才放了我，前提是家里和乡里都要写保证，保证我们两个人不会去山东当八路军。保证虽然写了，但我后来还是走了。

冯菊芬烈士外甥　王效农

我们先是去了南京，后来也是一路波折，最后到了河北邢台。抗日战争胜利后，政府在这里建了北方大学。我们拿着党组织给我们的介绍信，就在这所大学里念书了。蒋介石发动内战后，我从学校里面参军了，那时我22岁。我随着所在的陈赓部队一路打过黄河，打过长江，打到了南京城，又继续往云贵、四川打过去。

在北方大学时，我被评为劳动模范，不久加入了新民主主义青年团，也就是现在的共青团。到部队后，我参加了共产党的通讯处，处里有党支部，虽然平常的战斗任务很重，条件也很艰苦，但是无论再苦再累，每次支部开会学习我都主动报名参加，积极参与。1947年底的时候党支部就开始讨论我入党的问题，但是因为我是地主家庭出身的，所以入党也是经过了很多的考验，一直到1949年才正式批准我加入中国共产党。

我曾经在抗美援朝中立下战功，获得了朝鲜政府颁发的三级国旗勋章，西南剿匪的时候得过一等人民功臣。参加了那么长时间的革命，打了那么多场仗，其中最让我记忆犹新的、最危险的一场战役是上甘岭战役。《上甘岭》这部电影大家都很熟悉，里面的战斗很激烈。但是事实上，现实中的上甘岭战役比电影中的还要更加严酷和危险。当时，我身边的战友一个接一个的牺牲了，要说心里一点害怕没有，那是假的。不过这场战役的持续时间之长大大超过了预期，时间久了，那点害怕也就没有了，都锻炼出来了。可能我也是运气比较好，有一次我前后的战友都不幸中弹牺牲了，就我活下来了。现在想来，当时心中那股不怕死的精神，正是因为想到自己是一名共产党员，更要继承姨母的遗志，做一个像她一样的人。

（徐惠　采访、整理）

舍小家为大家，无怨无悔干革命

——邓桂兰回忆父亲邓定海烈士

采访背景

时　间：2018 年 6 月 26 日

地　点：江苏省南京市鼓楼区邓桂兰家中

口述人：邓桂兰（邓定海烈士之女）

烈士简历

邓定海（1903—1931），湖北黄陂人，中共党员。1925 年加入中国共产党。1929 年 6 月任中共南京市委委员。1930 年初任中共和记洋行支部书记，同年 4 月在领导和记洋行工人罢工后被通缉，9 月在汉口被捕，解来南京，次年 1 月牺牲。

口述人简介

邓桂兰，邓定海烈士之女。1929 年出生。1963 年入党。新中国成立后，在上海铁路局南京分局工作。后在南京毛纺织厂工作，多次获得先进工作者称号。现已退休。

◎ 您认为是什么原因促使您父亲走上革命道路的？

我父亲1922年参加革命，1925年入党。他是为劳苦大众、为成立新中国参加革命的，这个是能理解的。父亲为提高工人的工资，改善工人的生活，进行了很多斗争。那个时候工人生活不如猪，米都发霉了，还烧给工人吃，人活的都不如畜生。父亲为什么参加革命呢？我想这与他的成长经历有很大关系。他12岁就进工厂了，他懂英文，很会交谈。当时外国人骂我们中国人，用100条狗能换100个人，我们一个人还不如一条狗吗？父亲拿起凳子就去砸外国人，结果双方打起来了。后来一气之下，他跑到上海，参加了上海地下党，以后再从上海到南京开始干革命了，搞地下斗争。那时候他们干革命是没有钱的，都是自己掏腰包。他经常上街贴标语，宣传革命道理。

邓定海烈士之女　邓桂兰

◎ 您父亲主要在南京和记洋行领导工人罢工，您去过和记洋行旧址吗？

我父亲革命活动地点不光在上海、南京，其他地方也有。关于他领导工人罢工，我了解一点。第一次罢工是在工厂里，为提高工人工资，具体不知道提高多少钱；第二次罢工也是在工厂里；最后一次是在1930年4月3日，南京市进行大罢工、大游行，工人罢工、学生罢课、商人罢市。当时罢工队伍规模很大，有很多人参与。父亲住的房子里有两个门，有人来搜查的时候，他就朝外头跑。他一到晚上就出去，跟我母亲两个人在大街上贴标语，一直贴到半夜才回来。

1930年4月3日，父亲领导和记工人斗争遭英国资本家勾结反动当局血腥镇压，我们被迫转移至汉口。当时我才3岁，我哥哥大一点，他叫京陵，南京的京。父亲到汉口改姓了，姓孔，叫孔金海。国民党军警搜查共产党时，他们把我们扒光，将马桶掀开后把我们放在里面，我们差点被冻死了。后来我哥哥发烧，父亲把我们送到一个农村的小队里，因为找不到医生治疗，所以我哥哥死了。我们住在一个叫桃花渡小队里头，当时就算有亲人也不敢认。当时我还小，我不知道这是个什么地方。父亲牺牲以后，国民党当局下令要杀掉我们全家，最后党组织将我母亲送过江去，我被送给胡姓的一家人收养，所以我还有一个名字叫胡小草。后来随着形势不断恶化，我们原来住的地方不能待了，不得不搬到其他地方生活。小时候我并不知道这些细节，到新中国快成立的时候，我母亲才对我讲父亲的事情，在这之前，家里人对他的事情都是封口的。

◎ 您3岁时候父亲就牺牲了，后来您是如何生活的？

父亲牺牲的时候，我们先在一个会馆里住了一段时间。后来会馆的人说，不能天天住在这里，让我们赶快想办法搬走。母亲出去找人，不久把我送到一个地方，记忆中那个地方后面有柴房，有茅厕，有棚子。我晚上住在那间柴房里面，没有被子，那个日子真不好过啊。后来没有办法，母亲把我送到了戴家，是我姨妈的姑老太家。我们在最困难的时候，什么吃的都没有，每天只能找一些枯菜叶吃，后来也吃习惯了。到我12岁的时候，实在过不下去了，姨妈把我带回来了。姨妈的腿曾被外国人打残，走路不方便。我平时帮她买米，二斗米有二三十斤，走四五里路将米扛回来，有时候从中华门扛回来，有时候过江扛回来，平时还帮着姨妈做些小生意。当时不是我们一家人穷，许多家庭都穷，所以也就慢慢地适应了这样的生活。

我长大了以后，姨妈开始给我介绍人家。1956年我进厂工作，我没有多少文化，完全靠自学，坚持上课学技术，我最后考99分。我干了28年半的工作，从19个人管到160个人。我觉得现在的新社会真的幸福。父亲为了革命，牺牲了我们一家人的幸福，当然我们不埋怨他，母亲也没有怨言。她说父亲是为了人民、为了国家而选择牺牲的。我也是这样想的，为革命牺牲的人实在太多了。

◎ 您长大以后，您对父亲献身革命有何认识？作为烈士后代，您是否对自己和子女要求更高些？

我小时候经常和我大舅一家住一起，大舅经常跟我讲国民党怎么怎么坏。那个时候我不懂共产党具体是干什么的，只知道共产党是为人民、为劳苦大众推翻三座大山。长大之后我对父亲充满了敬意，为革命总要牺牲的。新中国成立以后，我们没有跟国家伸手要过一分钱。那个时候我的五个小孩都在读书，有亲友对我说，你们应该去民政部门申请补助当学费。

我说不要，现在生活虽然不富裕，但我们还能过得去，我能安排好。所以我的孩子们上学的时候，我给他们一个一个交书本费和学费。大儿子读中学，中学学费要13块钱，我一下都给交上了。我有什么困难也没想过找国家。下关区民政部门的同志问我需不需要帮助，我说不要，国家也处在困难当中。为什么我这样讲呢？我觉得比我困难的人还有很多，我对他们说，你们帮助那些更困难的人，我能过得去。

后来大儿子下放，三女儿和小儿子也相继下放。女儿对我讲，妈妈你可以跟上级领导提出要求。我对他们说，这个要求不好提，国家这么多人口，国家有国家的打算。我还有一个儿子，现在还留用在一个厂里当厂长。我们从来不跟领导提出要求，我进毛纺厂工作的时候，我尽自己一切力量为国家做出贡献。

◎ 从您女儿5岁开始，您每年都会和女儿一起来到雨花台，您为什么要这么做？是怎么考虑的？

新中国成立的时候，女儿还很小，我母亲经常带着她们来雨花台。后来，我也经常带她们来雨花台，这里是先辈牺牲的地方，我们必须要去祭奠。我老讲，只要我活着都要去雨花台看看。这两年，我因为关节痛，不能爬高了，但还是坚持让女儿带我去雨花台。我们家已经四代人了，四代人的大家庭有一百多人，我曾带着孙子辈去过雨花台。我今年已经90岁了，我感觉我能活到现在真的是福气。今年我摔了一跤，跌得不能起来，睡在床上，子女来照顾我。现在是大女儿买菜，做好送给我吃。二女儿给我打扫卫生，不要我动，他们都很孝顺。他们要带我上医院，我说不要去，他们问为什么，我说不能上医院，我这个病看不好，有多少钱也看不好，医生早就给我下了结论了，活到六七十岁，但我现在已经90岁了。我让儿子买了一点艾草做的膏药，这个天不能贴，贴了会起泡，冬天能贴。我一下买了四盒，摆在家里，我需要的时候就贴。自从贴了这个以后，爬起来走路就好多了。

◎ 您对雨花台红色事业发展以及创新弘扬雨花英烈革命精神有何看法和建议？

雨花台有这么好的教育资源，雨花台红色事业应该创新发展。雨花台干部学院办得好，而且应该办。现在某些党员干部失职，因为他不了解过去，不是他的钱他也敢要。我觉得这些人应该坚持学习，应该提高觉悟。我跟我女儿讲，雨花台干部学院办得不错，让党员干部接受教育，让他们了解过去的那种苦难，了解千千万万的英烈是怎么流血牺牲的，我们应该支持雨花台干部学院。有些干部确实需要好好地学习，特别是年轻的党员干部更要学，看看革命时期那一辈人是怎么做的，像我父亲参加革命的时候没有钱，我们家人都拥护他，我母亲把做工的钱拿给他干革命。他散传单、买需要用的东西，都是家里掏钱。

雨花英烈革命精神要代代传下去，不能丢了。现在的年轻人吃得好，玩得好，更要让他们了解雨花英烈革命精神。我觉得雨花英烈革命精神不仅仅要传给干部，还要对学校里的学生进行教育。我今年身体不好，居委会没有组织小学生来听我讲革命故事，以前每年我都要跟他们面对面讲革命故事，传承革命精神，他们有的是六年级学生，还有的是三四年级的学生。我们现在的日子好过了，但不能忘记过去苦难的日子。过去一年到头看不到荤菜，现在天天都有，不是肉就是鱼，现在的生活已经达到小康水平。当然还有困难的人，最困难的人也有。每年到清明的时候我都跟女儿讲，要买一束鲜花去雨花台。我最近爬不到高处去了，但只要不死我肯定要去，抬我都要去。我常嘱咐我的子女和他们的下一代，要常去雨花台祭奠英烈。

现在国家非常重视红色文化事业的发展，我们坚决拥护党和国家的方针政策。我跟女儿讲，每一个美国总统上来都要想办法与中国“打一架”。因为他们国家的总统是资本家，他不打仗他的东西卖给谁？如果其他的国家强大了，美国怎么敢打？所以我们一定要把人民军队建设好，守卫好我们的国家。我经常早上看中央电视台一套新闻节目，晚上我要看看新闻联播，其他节目看不看无所谓。我也不能说是学习，就是想通过看电视提高自己的政治觉悟，始终保持自己的革命精神。

（徐霞翔　采访、整理）

有这样的堂兄是非常值得自豪的

——恽圻苍回忆堂哥恽代英烈士

采访背景

时　间：2018 年 4 月 27 日

地　点：广东省广州市海珠区新安大厦

口述人：恽圻苍（恽代英烈士堂弟）

烈士简历

恽代英（1895—1931），字子毅，化名王作霖，祖籍江苏武进，出生于湖北武昌。中国共产党创建时期的重要领导人，著名的政治活动家、理论家、青年运动的领袖。1915 年考入武昌中华大学。1921 年加入中国共产党。1923 年当选为中国社会主义青年团中央执行委员会候补委员兼宣传部长。1924 年国共合作时期任国民党上海执行部宣传部秘书。1926 年在国民党二大上当选为国民党中央执行委员，同年任黄埔军校政治主任教官兼中共党团干事。1927 年 1 月任黄埔军校武汉分校政治总教官，5 月在党的五大上当选为中央委员。1928 年 6 月任中共中央宣传部秘书长。1929 年任中共中央组织部秘书长。1930 年任中共沪中、沪东区委书记。1930 年 5 月在上海前往老怡和纱厂联系工作时被捕，1931 年 2 月解来南京，4 月牺牲。

口述人简介

恽圻苍，恽代英烈士堂弟，江苏武进人。1932 年出生。1963 年毕业于中央美术学院油画研究班。1981 年被评为高级职称。曾任广州美术学院油画系主任。广州美术学院教授。广东美协历史画创作顾问。中国美术家协会会员。油画《洪湖黎明》《夜深》等作品被国家级博物馆、纪念馆收藏。现已离休。

◎ 恽家在常州是名门望族，您能介绍一下恽氏家族的历史渊源么？

我的父亲和恽代英的父亲是亲兄弟，他父亲排行老二，我父亲排行老四，所以我们两人是堂兄弟。恽姓源于江苏常州，我们祖籍在武进小河石桥湾恽家村，是当地的名门望族。恽氏书画传家历经数代，八世祖恽南田是清初著名的山水花卉画家，其曾孙女恽冰亦工花卉。四世祖恽敬是清乾隆年间有名的散文家。我们祖父恽元复壮年时从武进迁居湖北武昌，任湖广总督张之洞高级幕僚，他精通医术和绘画。祖父墓地迁移的时候，我和哥哥恽耀苍一起去的，这是我第一次接触到祖父。1924 年中华书局曾刊印《莲瑞老人花鸟画册》，通过祖父的作品，我更进一步看到了恽南田作品的灵魂。代英父亲恽宗培古文功底深厚，好学不倦，对代英影响很大，他母亲也很有文化和智慧，引导他写日记，所以他很早就能文采飞扬，因为有家塾教学的基础，他上高等小学校时的作文常被老师以整句、整段连圈朱批，被称之为“奇男子”。恽氏祖代都不太注重仕途，以学识为重，恽家矜尚名节、淡泊名利的家风对代英品格、操守的濡化作用

恽代英烈士堂弟　恽圻苍

也是不可低估的。他在日记中清楚地表露了自己的心迹：“余自幼以世家故受人敬爱，亦因缅怀祖德，用以自发其志气，不敢自暴弃。今见此语，心怦怦动。观南田先生父子之节操，亦感极欲涕……亦须自己发奋，为后世子孙做一课好功课。”

◎ 您从什么时候开始了解恽代英烈士的革命事迹？

我在代英牺牲后第二年出生的。在我读小学四、五年级的时候，曾与来武汉做地下工作的毛达恂在一起生活了一年左右，他对外的公开身份是中英药房和商务印书馆的董事。我跟他住在一起的时候，他非常赞扬我抵制奴化教育的勇敢，教我团结同学，认识日本帝国主义铁蹄下苦难的中国，给我们讲解放区的故事。当时经常有些年轻人去他那里做客，他会和他们讲《大众哲学》，特别跟我说了一些关于代英的事情，这时即使在家里提到恽代英这个名字都是有所忌讳的。这一年来，作为一个少年，我开始对社会是非有了明确的认识，为我的成长打下了很好的基础。

新中国成立以后，我先与子强哥见了面，从他那里对我的家庭、对代英的事迹有了清晰的了解，子强哥还介绍了二嫂沈葆英给我认识。尤其是1960年我到北京中央美术学院油画研究班学习时，与葆英二嫂和子强哥接触多了，进一步了解了关于代英的很多事迹。葆英二嫂告诉我，代英一向对自己要求非常严格，很早就具有革命的雄心壮志，不愿享受家庭的优裕生活。他的起居服食都很俭朴，十分注重自身修养，严于律己，乐于助人，一直严格地探索人生，追求真理，切实履行个人的社会责任，胸怀祖国，心忧天下，为“伺候国家”“伺候社会”不惜付出个人的一切。当然代英的革命事迹还包括被捕牺牲的经历以及崇高精神，我对他的了解也逐渐丰富起来。

代英曾得到过许多老一辈无产阶级革命家的崇高评价，许多人多年后回忆自己如何走上革命道路时，都对启蒙者恽代英难以忘怀。在短短的一生中，他做过许多革命工作，他知识丰富，思想先进，从18岁到36岁留下了几百万字的资料。现在通过对《恽代英思想研究》《恽代英全集》的学习，我对他的思想比过去有更深的认识。我觉得他的思想是很超前的，比如他较早关注到农民问题，很赞同党深入到农民群众中去的做法。早在1922年，代英就提出了“纸老虎”和“真老虎”的概念，他曾对经济体制和经济政策提出一系列科学构想，特别强调在产业落后的中国建设社会主义必须“开发富源”“利用外资”。他的这些极富前瞻性的观点为我们党的理论建设作出了很大的贡献，我觉得有这样的堂兄是非常值得自豪的。

◎ 您从二嫂沈葆英那里了解到恽代英烈士哪些较为细节性的事迹？

我在北京读书期间就拿到了代英的日记，我每次阅读时都爱不释手。每逢礼拜天的时候，葆英二嫂都让我去她家吃饭，我也喜欢吃她做的饭菜。每次到她家，我就在那里读代英的日记。当时正赶上中国革命历史博物馆要征集代英的日记，我奉葆英二嫂之命，亲手将这套日记送到中国革命历史博物馆。博物馆也特别制作了一套日记影印本赠送给葆英二嫂作纪念。1963 年下半年我毕业返穗时，她主动将这套珍贵的日记影印本借给我带回广州学习，直到后来中国青年出版社的张羽要写《恽代英传》时才取走。我对张羽说，你用完就直接还给葆英二嫂。《恽代英传》出版以后，他还寄给了我几本，是很好的学习材料。

葆英二嫂跟我谈代英的过程中，我感觉她也有一个很为难的心理，她真正跟代英在一起生活的时间其实不是很长，她特别讲到了周总理跟邓颖超同志对代英的关心以及党组织如何营救代英。代英被捕后英勇机智斗争的过程以及最后被顾顺章出卖等许多细节她都讲到了。后来我也看了一些资料，代英因为反对李立三的“左”倾错误，李立三把他送到工人里面，他认为自己能够接触到工人是一件高兴的事。但是这样一来，代英被置于不受保护的境地，因为近视眼，所以他不幸被捕，而且他身上正好有传单。后来，尽管李立三为此作了检讨，但却造成了无可挽回的巨大损失。葆英二嫂还讲到代英对她姐姐那种忠贞不渝的深厚感情让她很感动，代英像当年关心她姐姐一样关心她的成长，她不仅被打动并滋生了爱情才嫁给了他，这些她都跟我讲了。

◎ 恽代英烈士被捕以及牺牲的情况您了解么？

代英是一位豪情满怀的革命斗士，也是一位敌人切齿痛恨的共产党员。早在黄埔军校，他已经被蒋介石认为是“黄埔四凶”之一，因此把他作为重点搜捕对象。1930 年 5 月 6 日，代英在上海不幸被捕，被捕时，他机智地抓破自己的脸，坚称自己叫“王作霖”，是武昌来上海的失业工人，身份没有暴露，最后敌人以“工人擅自开会有罪”为名，判其有期徒刑5年，转押至南京中央军人监狱服刑。这一年的8月中旬，周恩来从苏联回国到上海，得悉代英被捕入狱的情况后，焦急万分，向党中央提出要利用一切手段、不惜任何代价救出代英，并责成顾顺章具体执行。在中央特科的努力下，代英的徒刑最终减为几个月，到1931年5月即可取保获释。当时党组织还特意通过互济会，安排葆英二嫂作为“王作霖”的妻子前去探监，探监时告诉代英准备下个月出狱。不料1931年4月下旬顾顺章被捕叛变，他很快就向国民党特务机关出卖了代英。

◎ 您能说说创作并捐赠的恽代英烈士铜像的过程么？

1986年，雨花台烈士纪念馆邀请我创作代英在五卅运动时期演讲的油画。为此，我走访了南京、上海、武汉等多位参加过五卅运动、甚至曾听过代英演讲的前辈。我离休以后，一个念头越来越强烈地召唤我——创作一幅能够表现代英崇高精神境界的作品来纪念他。当时我考虑了多种方案，最后决定画一幅表现他就义前吟诵《狱中诗》的油画，在上海龙华烈士陵园建恽代英衣冠冢时，我答应为他们画这幅画，因为这是他舍生就义时最壮美、最感人的一幕。在构思草图的过程中，代英有限的历史照片由于正面平光且模糊不清，很难直接从中参考来塑造烈士昂首吟诗的神情，于是我想到做一尊泥塑，再参照泥塑来选取油画所需的角度，以完成理想中的油画创作。当时雨花台烈士纪念馆得知我的创作计划后，希望我能做成全身作品后给他们一件陈列。为此，我做了个头像雕塑，寄赠给代英的儿子恽希仲和其他亲属征求意见，他们认为挺像。后来我进一步构思，选取雕塑以监狱墙面为背景，再刻上周恩来誊写的《狱中诗》手迹，主体人物应塑造出烈士靠在墙边，目光稍仰看向铁窗外面的远方，这样的高大的肢体造型和睿智的目光，以利于表现烈士在远大理想指引下那种潇洒豪迈的高大形象和情怀。经一年多的塑造，作品最终在 2005 年清明前完成并浇铸了铜像，并在当年的 4 月 5 日捐赠给了雨花台烈士纪念馆。

◎ 恽代英烈士的事迹和精神对您求学以及从事艺术创作产生了哪些影响？

我刚进武昌艺专的时候，就有毕业班的大同学要我代他画他的毕业习作。原来这所学校除了一小部分真正热爱艺术的同学，多是些为混个文凭而来，如考不上大学的学生以及一些军职人员等等。当时是 1947 年尾，国民党的贪污腐化已经深入膏肓，国民党的部队正在全国溃败，社会生活十分混乱，物资匮乏，民怨极度沸腾。学校一些比较年长成熟的进步同学成立了共产党的党团组织，以及“木刻社”“民歌社”等进步团体。武汉大学、武昌艺专等学校之间串联起来，不断举行游行示威，并且声势越来越大。我当时比较年轻，跟着他们自然卷进运动的行列中。没过多久，我被吸收加入了“新民主主义青年联盟”。

校内那些年轻军官，有的甚至佩带手枪，实际也有专为监视进步活动的反动特务，所以校内的对立斗争有时也会浮出水面。印象最深的一次是国民党的“黄色警备堡垒”呼啸着警声闯进校园，仅因为头天学校的墙上出现了一版墙报，发表了几篇带鼓动性的文章，介绍国内政治形势，号召大家为迎接解放做好准备等等。警车上跳下来几个穿着打扮非常典型的人，他们头戴黑边白色礼帽，身穿黑色唐装，束起腰带和裤脚，戴上一副墨镜，一进来就东张西望，然后走到墙报处狠狠撕下上面的文章，大声吆喝要找学生会主席。这位学生会主席只是思想倾向进步，属于并未参加组织的灰色人士。这次事件吓得他赶紧跑回老家再也不敢回校。当时，我们组织传阅《新民主主义论》《论联合政府》等毛边纸的小册子，并机智地将这些册子藏进敲开的红砖墙里。特务走时，只带走几张撕下的文章，其实并无所获。

我为人和对我的艺术从来都采取低调的态度，绝不炒作。所以过去很长一段时间，我没有和任何人提我和代英的关系。有的记者知道了我们的关系以后，他们来采访我时，我要求他们不要提这层关系，我对他们说，我跟恽代英的关系与你们跟恽代英的关系是一样的，都是革命前辈和后辈的关系，因为他头一年去世，我第二年才出生。后来恽家颁布家谱的时候，因为我的辈分比较高，所以家族的人要我讲话，其中我讲到恽代英也是革命前辈时，听众哄堂大笑。他的父亲排行老二，我的父亲排行老四，我又是父亲最小的儿子，就连我亲生父母的大姐的儿子也比我大半岁，我们年龄差别太大。不过，后来雨花台烈士陵园树立了代英的雕像，甫铭发表的文章里面写了我与代英的关系以后，我也就没有特别地拒绝媒体采访我时提到我和代英之间的关系。

《恽代英日记》中有许多能够打动我、激励我的文字和思想，有几点一直直接影响着我。如“代英之习惯，每好计划以后半年一年之事。足下有暇亦可如此预计，则再来校时，一切进行皆胸有成竹矣”，这点早已成为我生活中的习惯，我常将计划中必做的事情一一列一字条，做好一件划掉一件，从不间断，确实每日都很充实，达到胸有成竹的效果。又如“惟每日能作有恒之事，初虽觉苦，稍久则自觉清明在躬，志气如神矣。人劳则善心生，亦惟劳乃乐也”，我不断尝试这样顽强做事的生活经验，在长期艰难的创作或工作中，正是自己自信心和意志力增长的过程。代英的这些话一直成为我面对困难和挫折时的座右铭和力量源泉。

在中央美院油画研究班期间，我也开始学写日记，虽远没有代英记日记严谨丰富与高瞻远瞩的见地，但我每年可以大体总结我今年做成些什么事，尚未如愿的事该如何继续努力，克服了生活中的许多盲目性。写日记还可以记录一些特别有感的心得和问题，某些文章摘要或导师讲授的笔记也可以及时记录下来。我至今仍在坚持，一直以来对我的帮助是很大的。

（张国强　采访、整理）

母亲说："守着这土，就像守着你父亲"

——马丽佳回忆父亲马克昌烈士

采访背景

时　间：2018 年 5 月 19 日

地　点：云南省昆明市盘龙区马丽佳家中

口述人：马丽佳（马克昌烈士之女）

烈士简历

马克昌（1906—1931），云南河西人，中共党员。1929 年在云南省立第一师范学校读书期间加入中国共产主义青年团。1930 年加入中国共产党，任中共上海江湾区委书记，同年 12 月在上海筹备游行示威活动时被捕，解来南京，1931 年 4 月牺牲。

口述人简介

马丽佳，马克昌烈士之女。1929 年出生于云南省昆明市。出生后不久随母亲回到家乡通海县。1945 年考入云南省立昆华女子中学。1949 年 4 月，被吸收加入了地下党的外围组织"民青"，同年，受团组织介绍参加了滇桂黔边纵队滇中独立团，不久被编入中国人民解放军云南省玉溪军分区。转业后回家乡河西中学任教。现已离休。

◎ 您父亲离开家乡时，您还不满百天，长大后有没有听您母亲说过当时的情况？

我对父亲的认识是从父亲还健在的且我能找到的亲朋好友那里获得的。父亲为了革命离开了家，后来就再也没有回家过。他跟亲朋好友合影后告别家乡，没穿鞋、光着脚板离家了。他经过许多州、县，到了湖南境内，身上的钱用完了，没有路费，开始一路打工，给部队当过伙夫，给小学生当过代课老师，在火车站上干过苦力活等等，反正只要能干的事他都干。那时打短工的挣钱不多，一天也就每人几个铜板，连肚子都填不满。在当时那种恶劣的条件下，父亲长了一身癞疮，全身出脓，没有钱医治，他被人单独抬进一间柴房里等死，有人去看了一眼，捂着鼻子走了，还有人还说抬出去埋了算了。幸运的是，父亲生病的消息让在昆明的叔叔知道后，叔叔立刻筹钱买药，给他内服外用。父亲把病治好后，继续出发，历尽艰辛，走了将近半年到达上海。到了上海以后，他给家里寄了一封信和一张照片，信的大意是让我叔叔和婶婶帮他照顾好我母亲和我，照片上是我父亲、刘希雨、陈仲模三人的合影，背后写着八句话，母亲还记得两句："我们过着又寒又冷的冬天，我们的生命永远向前！"

马克昌烈士之女　马丽佳

父亲参加革命工作时，一直往外跑不回家，祖父以为他是闲游浪荡，说他不守本份。因为他是家里的长子，希望他能够继承家里的经商事业，但是他从心理上就不愿意接受这种送往迎来的生意的规矩。祖父为了拴住他，逼他在16岁的时候回老家结婚。婚后，他还是天天在外面活动，祖父很生气，扬言让他滚出家门，不要回来。父亲就真的借这个机会跑出去了，行李还是二叔后来悄悄送给他的。他出去后回来过，但没有进家门，借住在朋友代培元家里。他还和湖南的一位朋友一齐回到汉邑村老家，他俩下田帮助割谷子、挑稻草。中秋节到了，他在墙上写下了“中秋青年同乐会”几个空心大字，并邀请了近二十个青年来聚会，他怀抱一把四弦琴教大家唱《大路歌》，雄壮的歌声激励着大家的热情，活跃了气氛，会唱的唱、会跳的跳、会弹琴的弹琴，非常开心、快乐。父亲的小学同学张民问回忆说：“我们过了一个非常愉快的中秋佳节，会后我们几个凑了点钱给他们做路费。过了不久，还收到马克昌的来信说：你们的钱我两个一直省着用到湖南了，感谢大家。”父亲就是这样，无论何时何地，都抓住一切时机，不忘联系群众，宣传革命道理。

随后他们还去了四街我外婆家，告诉外婆他要出门去了，请外婆一定要接纳和关心我们娘俩，还在外婆家住了一晚。曾到河西去接我父亲以及他同学的堂舅回忆说：“我这个妹夫很奇怪，一路上，有船不坐，两个人都脱了衣服，游着水跟着船走，说要练游泳；下船后，有鞋子不穿，光着脚走路，说要练一双铁脚板；回到家，晚上铺床，他们又有床不睡，拿一捆稻草铺在地上，又垫又盖，睡地铺，说是要练筋骨；但是在家里，他有被子不盖，他们其实是无时无刻不在想着锻炼自己，以备不时之需。可是，家乡的人不理解，还说他们两个是'疯子'。"父亲这样坚持不懈的锻炼，为他后来克服遇到的艰难困苦打下了坚实的基础。

◎ 您认为是什么原因让您父亲走上革命道路并始终如一呢？

父亲在家乡汉邑村读的私塾小学，后来随我祖父到昆明求学，1924 年考入昆明私立成德中学。成德中学在五四运动时期深受反帝反封建思潮的影响，是昆明学生运动发展较快、具有先进思想的学校之一，学校的气氛活跃，师生的思想普遍进步。父亲在这样的环境中学习，思想逐渐觉悟，应该说这是对他最早的启蒙。

父亲初中毕业后，考入云南省立第一师范学校，经同学张淑良介绍参加了"青年读书会"。"青年读书会"本来只是一个文化团体，艾思奇、雷同、聂耳、马子华等党团骨干参与后，在社团里起了宣传、引导作用，才使读书会成为当时研究和传播马克思主义的先进学生组织。在省立第一师范学校期间，父亲阅读和研究了大量马克思主义著作，思想上更先进，并负有远大抱负。在读书会里，父亲很少跟大家谈笑，总是坐在灯光下阅览各种报纸，其中最喜欢看的是《向导》。他除了认真学习，深入思考以外，开始积极参加党组织外围组织的活动，于 1929 年加入了中国共产主义青年团。假期回家后，他整天和村里的青年在一起，跟他们讲革命道理，告诉他们穷人为什么穷，为什么全家老小都在辛辛苦苦工作，却都吃不饱穿不暖，而有些富人却可以不劳而获，吃穿不愁，这些不公平将来都要变成公平，变成人人都有饭吃、有衣穿的社会，以此来启发他们的革命觉悟，还把自己的衣服等东西送给他们。

1929年7月11日，由于云南地方军阀的相互倾轧，发生了昆明北门街火药库大爆炸事故，父亲参与了救护工作。当时火药库的爆炸波及面很大，连着三条街，死伤居民九百多人，灾民一万二千多人，造成了昆明历史上罕见的大灾难，使人民生命财产受到巨大损失。惨祸发生后，昆明市地下党立即以党的外围组织“互济会”的名义成立了由父亲等党团员和进步青年组成的“青年救济团”参加救灾工作。父亲等人到了现场，立马投入到了救护工作中，为了尽可能救出幸存者，他们一直在废墟中挖刨，没有工具就用手刨，每天回家都是满手鲜血，满身灰土。父亲看到受波及居民的惨状后，心情非常沉重，他向祖父要了些钱，同时把家里的东西拿出去卖了换成钱来救灾。他当时还带了两个小姑娘回家，说她们的父亲被炸死，母亲炸重伤送医院后也死了，很可怜，让我母亲照管，他还亲自去联系孤儿院，十多天后，才放心地送走她们。

父亲认真研究马列主义精髓，在参加“火药爆炸事件”从头至尾的实际斗争中，培养了对劳苦大众的深厚感情。从一个平凡的农村孩子走上革命道路，不断成长为一个光荣的共产党员，他对党始终如一、对敌斗争不屈不挠的革命精神是一笔宝贵的财富。

◎ 您对父亲在狱中斗争的过程了解多少？

1930年12月父亲在上海筹备游行示威活动时被捕，先是被军警押往淞沪警备司令部看守所。由于和他一起被捕的人很多，又是青年学生，还被搜查到许多革命传单、书刊，所以反动当局认定此案是严重的大案。父亲等人在受押了 20 天后，又被作为"组织暴动案"首要分子，从上海押解到南京小营陆军监狱，后又被敌人押到国民党中央军人监狱。

在南京陆军监狱和中央军人监狱中，父亲和难友们怀着"对于革命者，坐牢就是最好的学习和休息"的革命乐观主义的精神。他抓紧一切时间进行学习，天天坚持锻炼身体，准备出狱后继续为党工作。他时时处处关心同监难友，给难友们讲授革命道理，启发他们的革命觉悟，鼓励和帮助他们树立对党和革命事业必胜的信心，为共产主义理想奋斗到底的决心。在生活上，针对饭里都是老鼠屎、谷子、霉米、小石头、砂子的实情，父亲组织狱友团结一致，进行抗争，要求国民党改善伙食。国民党对此恨之入骨，在审讯过程中，上电刑、坐"老虎凳"等种种酷刑全都用在父亲等人身上，但他们始终坚贞不屈，严守党的机密。为了减少党的损失，保护同案的战友，争取他们能被轻判和无罪释放，父亲自己承担了全部的责任，承认军警在寓所中搜出的革命传单和革命书刊都是他自己的，与其他人无关。

1931 年 4 月 29 日，凶残的敌人以所谓的"危害民国紧急治罪"宣判父亲等三人死刑。宣判后，当敌人问他们还有什么要求和交待时，三人镇静自若、从容不迫地整理自己的东西，父亲将自己最心爱的英语歌片《太阳颂》《革命进行曲》以及身上仅有的钱、衣物、药品等一一分送给同监难友，并在英勇就义前写下了充满悲壮而深情的绝命书："姐姐弟弟妹妹，永别了，我虽然跟你们今日是永别了，但是我永远跟你们生活在一起。”后来我听家人说，父亲的这封绝命书传到家里后，一家人都沉浸在悲痛中，唯独对远在老家的母亲和我封锁了消息。当时家里还有一双父亲穿过的鞋，这双鞋是云南河西人独爱的剪子口布鞋，但后来不见了。父亲留下的遗物还有一件只穿过几次的白大衫，是我母亲保存着的唯一宝贝，新中国成立后雨花台烈士陵园向我们征集烈士遗物时，母亲依依不舍地赠给了雨花台。

临刑前，他们三人拖着沉重的脚镣走过各监房，向难友们一一点头诀别。难友们都被他们为革命临难不惧、视死如归的精神流下了眼泪。父亲看到同案难友刘辉炜哭泣，他仍以镇静而坚定的语言对他说：“哭什么，刑满出狱后继续干革命！”陈坦同志回忆说：“马克昌等三位同志面对敌人的屠刀毫不畏惧，视死如归。临刑前，他们从容地给家属写了遗书，把个人的钱物分送给狱中难友，刘西雨同志送给我一副手套。他们写了一些纸条作传单，一路散发，英勇地走向刑场。密集的枪声传来了，我们大家都十分悲愤。后来听看守人员说，马克昌等三同志牺牲得非常壮烈，就义时高呼：‘打倒蒋介石、国民党！’‘中国共产党万岁！’马克昌同志连中数弹，嘴巴被打烂了，但手还在挥动。三烈士为革命事业慷慨就义的大无畏精神给了我巨大的教育和鼓舞。”

◎ 您记得您第一次听说父亲牺牲的消息是什么时候吗？

我之前并不知道父亲牺牲的消息。父亲离家出走后，我母亲曾经四处打听父亲的消息，但都没有结果。我们得到最多的回答是：他去了很远的地方了，到外国去了。那个时候，我和母亲一直在家里盼着父亲回来，那是我整个童年时期和少年时期的期盼，也是我和母亲的唯一希望。

1945 年，我到昆明读高中，我的班主任张淑良老师经多方了解知道我父亲是河西县的马克昌，张老师告诉我，我父亲早已被国民党杀害，早在十多年前就牺牲了。当我知道这个消息后，连忙回家问二叔，才知道因为当时处于白色恐怖中，祖父怕影响整个家庭，嘱咐把消息封锁。祖父还安排当时我在湖南当兵的舅舅和在南京无线电学校读书的三叔到刑场把父亲、刘希雨、陈仲模三人的遗体埋葬了，就埋在南京中央军人监狱大门对面插有木牌的土堆里。1972 年我们去南京时，我还和我的两个儿子曾经去找过父亲的坟地。原来的中央军人监狱已变成一个空军部队的营地，周围的壕沟、原牢房、刑场、刑具都还保留着作为后人接受教育的爱国主义教育基地，我们还一一拍了照片。

在我心情平复后，就去请张老师讲关于父亲的故事，但那时还没有解放，局势仍处于紧张中，张老师也没敢多讲，只是要我好好读书，争取做一个像父亲一样的人。遗憾的是，那时候我并不知道张老师不仅是父亲的同学，还是推荐父亲参加“青年读书会”的人，可以说张老师是父亲的革命战友和参加革命的引路人，他对我父亲的情况应该特别了解，而等我知道时，他已经去世了。

正因为这个遗憾，我一方面继续仔细寻找父亲生前直接或间接接触的同学和老乡，收集有关父亲的点滴资料；另一方面我利用空余时间，开始不断地学习有关共产党的理论与知识，学习其他革命先辈和所有我能找到的有关革命的故事，作为烈士的后代，我要学习父亲对革命的忠诚，对群众的紧密联系，对自己的严格要求，对受苦受难的劳苦大众的热爱等精神，在实际工作中，把自己的工作干好、干出色！

我知道父亲牺牲的消息时，正是我人生历程的关键时期，可以说，父亲的事迹影响了我的一生。虽然父亲牺牲时我才2岁，但是我16岁上高中知道父亲牺牲的消息后，我在张老师的启发下建立了走上寻求革命理想的初衷，立志做一个像父亲一样的人。我积极投入到学生运动的革命浪潮中，在昆明一二·一运动中，我亲眼看到四位烈士英勇壮烈牺牲的场景，使我联想到了父亲英勇牺牲的情景。路，要靠自己走，不能躺在父辈的光荣薄上沾光，只有切实的行动才是真正的继承。我很早就下定决心，一定要用实际行动继承父亲的遗志，一定要做一个像父亲一样的人。

◎ 您母亲等了您父亲一辈子，您认为是什么一直支撑着她？

母亲跟我父亲是包办婚姻，但是父亲对既是小脚、又只上过两年初小的母亲从来没有歧视过，他认为，既然有缘走到一起，小脚可以放开，识字不多也可以学，所以父亲每到放假回家，看到母亲每天都要早起服侍四个老人，从早忙到晚一刻不停，他就很生气地对我祖父说："你们叫我结婚，其实就是要买个丫鬟来服侍你们。"他非常心疼我母亲，一面帮着她做家务，一面对她讲述许多妇女翻身解放的道理。过了三年，父亲得到祖父的同意，将母亲接到昆明，便让母亲解掉裹脚布。他还让母亲去上学，但因客观条件限制没有去成，他就在市场上买回《三字经》当做识字课本，教母亲识字，还买了本《字典》教母亲学着查，并手把手教母亲抄写。他们结婚六年后，我出生了，只要父亲在家，都会帮着母亲替我洗澡、洗尿片、洗衣服，一回家就忙得不可开交。他还买了本《育儿一般》，要母亲照书上讲的内容来抚养我，我满月时父亲特意买了一块漂亮的花布回来，自己动手剪裁好后，让母亲缝给我穿。

父亲总是把母亲放在一个非常平等的角度上去对待她、爱护她，并且无时无刻不在默默地关心她和帮助她。虽然他们结婚六年，但严格说起来，他们仅仅只有三年的幸福生活，却铸成了母亲一辈子的精神支柱。哪怕知道噩耗后，母亲仍然觉得父亲还活在世上。也许，父亲是在哪个遥远的城市忙着他的革命工作，无法抽身回来看望。他们真是六年的深情，换来了一辈子的厮守。

说实话，我非常同情我的母亲，她守了我父亲一辈子。我曾经问我叔叔为什么要瞒着我母亲，他说，一是当时的白色恐怖，让别人知道了，连累家人；二是担心你母亲改嫁之后，被别人说三道四。其实，母亲知道我父亲走了以后，根本就没有改嫁的想法，她常说要守我父亲一辈子。我们第一次去雨花台扫墓的时候，她在我父亲的遗像下面非常伤心地哭起来了，她的心情我是非常理解的，我们是旧社会过来的孤儿寡母，过的是什么日子，大家也应该是能理解的。我母亲就是在这样的环境下，守了80个春秋，她早已把一辈子都献给我父亲了！

母亲知道父亲牺牲的消息是我告诉她的。当时我去参加边纵，留了一封信给母亲，我说我知道父亲早已经牺牲了，我现在要继承他的遗志干革命去了，请她不要悲伤。我到了新平，参加滇桂黔边纵队滇中独立团工作后，才意识到我这么做很对不住母亲。当时母亲已经盼了近20年了，突然知道父亲没了，而这个时候唯一的亲人——我还走了。后来，我随部队到玉溪整编，母亲就追到玉溪，瞒着我找到部队首长，诉说了家庭情况，并请求首长让我回家乡工作，经首长同意，为我办了转业手续调到河西中学任教。

后来母亲年纪越来越大了，开始想着自己的后事，她想和我父亲埋在一起，可我父亲的墓已经找不到了，她觉得雨花台的土染过父亲的鲜血，跟那一捧黄土埋在一起，就等于跟父亲埋在了一起，这样两个人也终于可以团圆了。当时我就赶紧写信给雨花台，请雨花台的同志帮忙寄一捧雨花台的土给我。雨花台的同志收到我的来信后，马上把一袋混着松针和雨花石的“雨花土”寄到了昆明，并在信中说：我选择了最能代表雨花台特殊意义的含有雨花石的泥土给您寄去，愿这份见证过先烈们慷慨就义英雄壮举的泥土，能聊以慰藉您那眷恋爱人一生的母亲的心灵，同时，也带去雨花台人对这位百岁老人深深的祝福！母亲见到那袋泥土后，非常高兴，让我一定要好好感谢雨花台的同志。我母亲去世后，就和那袋土葬在一起，走之前，她一直念叨着“守着这土，就像守着你父亲”。

（陆军　采访、整理）

“做农民也要有宏大的理想和抱负”

——杨金福回忆爷爷杨峻德烈士

采访背景

时　间：2018年9月10日

地　点：福建省南平市建瓯市杨金福家中

口述人：杨金福（杨峻德烈士之孙）

烈士简历

杨峻德（1900—1931），又名杨实，福建建瓯人，中共党员。1921年考入中国大学法律系。1926年加入中国共产党，同年任中共建瓯支部委员。1928年任中共福州市委书记。1930年1月任中共闽北特委书记，11月任中共福建省委常委、秘书长兼组织部长。1931年3月在前往厦门郊区出席厦门市委常委会途中被捕，解来南京，5月牺牲。

口述人简介

杨金福，杨峻德烈士之孙，中共党员。1952年3月出生。1965年就读于建瓯市第一中学。1968年毕业后回家务农。2002年当选建瓯市吉阳镇吉阳村村委会主任。2005年任建瓯市吉阳镇吉阳村老人协会会长。现已退休。

◎ 五四运动时期，您爷爷将自己的名字改为杨峻德，您能说说他改名背后的故事么？

爷爷少年的时候，家人把他送进私塾读书，私塾里面的陈老先生对爷爷影响很大。爷爷深得陈老先生的赏识，在他的教导下，爷爷立志走读书致仕道路。1914 年，在陈老先生的再三敦促下，家里面节衣缩食，送爷爷到建瓯县城梨山小学报考高年级。爷爷在报名时将自己的名字填写成杨占魁。在学校的时候，他好学上进，每次考试他都能够“独占魁首”。

1915 年，建瓯掀起了反对袁世凯与日本帝国主义签订二十一条卖国条约、复辟帝制的浪潮，爷爷和全校师生一起，投入到反袁与抵制日货的斗争。在斗争过程中，爷爷读书致仕的思想受到了冲击，他觉得在当前的政治形势下，即使读书能够致仕，能够改变自己的穷困处境，但对国家与人民的帮助也是有限的。他认为，一个人立身于社会，首先在于立德，正如古书上说的，能够“克明峻德”，不然与贪官污吏何异？为使自己不再陷入为个人奋斗的迷途，他决意将自己改名“峻德”，并时刻以此自勉。

杨峻德烈士之孙　杨金福

1919年五四运动爆发，消息传到建瓯后，以福建省立第五中学为主体的“建瓯县学生联合会”很快成立，爷爷被推为县学联会长，领导学生开展反帝反封建斗争。爷爷和其他同学一起高举“外争国权，内除国贼”的旗帜，上街示威游行，沿途高呼口号，并散发“打倒日本帝国主义”“反对二十一条卖国条约”的传单。他还带头上街演讲，痛斥北洋政府的卖国罪行，揭露奸商勾结日本帝国主义分子摧残民族工业的卑劣行径，使听众为之慷慨激昂，把建瓯反帝反封建爱国学生运动推向高潮。

◎ 您了解您爷爷在北京大学法律系读书期间的一些故事么？

1921 年，爷爷在省立第五中学毕业后，他决心到北京求学，以优异成绩考取了北京大学法律系，继续寻求救国救民真理。亲友们对他去北京求学十分支持，纷纷帮忙凑集路费。在北大学习期间，爷爷在李大钊等老师指导与启迪下，逐步接受了马克思主义。京汉铁路大罢工爆发以后，爷爷非常关注罢工情况及进展，他利用暑假往返京沪汉间，串连闽北留外学生组织“建属六县国内外留学同志会”，发表宣言，反对军阀擅政。爷爷以李大钊组织的“马克思学说研究会”为榜样，开展马克思主义研究。他还经常将《响导》《觉悟》等进步刊物寄给建瓯同学阅读。1924 年 5 月，爷爷在北京与同乡同学合办《建声周刊》，传播革命思想，扩大闽北学生在北京学生运动中的影响。在马克思主义不断熏陶下，爷爷逐步成长，并更加坚定对马克思主义的信仰，他在 1926 年加入了中国共产党。

◎ 您爷爷在北伐时期带领建瓯群众进行一系列斗争的过程您了解么?

1926年夏,爷爷联系在外地求学的共产党员回建瓯,着手组建闽北第一个党组织——中共建瓯支部,爷爷任宣传委员。为配合北伐军顺利进军建瓯,爷爷带领共产党员杨则仕赴驻军司令部,对驻军头目何麓昆开展政治攻心,争取何麓昆归顺北伐军。爷爷这一举动为北伐军第二军第六师由赣入闽进驻建瓯扫除了一大障碍,从而孤立了军阀县长谭国政。爷爷与北伐军师部联系,代表建瓯工农群众,向六师政治部揭露军阀县长谭国政横征暴敛的罪行,提出减免苛捐杂税、严惩首恶等要求。师党代表兼政治部主任肖劲光顺应民心,宣布废除一切苛捐杂税、没收帝国主义财产,逮捕谭国政并交由人民审判等重大决定。建瓯的老百姓对他们的举措拍手称快,党组织在群众中的威望迅速提高。

1927年国民党建瓯县党部成立,爷爷以个人身份加入国民党,先后任委员会委员、筹备处主任等职务,并以双重身份参与领导和发动建瓯工农群众运动。他紧紧抓住宣传舆论工作,到工农群众中去宣讲“组织起来就有力量”的道理,同时组织学生上街宣传,营造革命舆论。许多工农群众明白了这些道理,一时间要求报名参加工会的各行业店员工人增到一千多人,农民也自行组织起来,向土豪劣绅开展斗争。爷爷把一批革命立场坚定、斗争勇敢的青年如杨则仕、张沐、翁树年、方文治等人介绍入党,加强了党对群众团体的领导。为加强农村工作,爷爷还到吉阳、上屯、水吉等地,发展农会会员,健全与扩大农会组织,培养农会骨干,开展农民运动。

大革命的烈火迅速由城镇发展到农村。

◎ 大革命失败以后，您爷爷带领建瓯支部采取了哪些措施应对局势突变？

1927 年 4 月 3 日，福州国民党右派抢先发动政变，搜捕并屠杀共产党人及爱国群众。建瓯的国民党右派在当地驻军头目的支持下，于 4 月 18 日召开“拥蒋护党”大会，举起反革命黑旗。爷爷积极采取相应对策，争取将损失降低到最低。5 月 1 日，为揭露国民党右派反革命面目，鼓励群众斗志，中共建瓯支部决定以国民党建瓯县党部筹备处的名义，在黄华山大校场召开纪念国际劳动节群众大会。到会群众达万人，革命情绪十分高昂，当爷爷宣读了以大会名义声讨国民党右派叛变革命的“快邮代电”后，全场高呼口号，气氛异常激烈。会后进行游行，县总工会还公开打出“镰刀斧头”红旗向反动派示威。这次运动在福建省乃至全国产生了重要的影响。

四一二反革命政变以后，建瓯和全国其他地方一样处在白色恐怖笼罩下，爷爷愤慨万分，书写“牺牲奋斗”四字赠与杨则仕、翁树年、方文治等共产党员和革命志士，爷爷通过“牺牲奋斗”向战友们表达出把革命进行到底的决心，并要求战友们分散转移隐蔽。他回到家里与当时怀孕六个月的奶奶交代说：“你我两家都是穷苦人，祖祖辈辈没过上一天好日子。我现在去为穷人打天下，将来孩子大了，他们就不再受苦了……孩子出生以后，若是男的，可取名‘宏农’，做农民也要有宏大的理想和抱负。要是女的，也应好好养大，告诉她父辈的苦楚。”1927 年 5 月中旬，国民党福建省党部派人到建瓯“清党”，通缉共产党人，下令罢免爷爷县党部筹备处主任职务，对爷爷发展的200多名国民党员不予承认，爷爷在没有与家人和怀孕六个月的奶奶告别的情况下，带着他的堂弟被迫离开建瓯和家人，转入地下工作。他决定外出寻找上级，请示行动方向。怀孕的奶奶孤身一人在建瓯生活一个月，端午节过后由家人接回吉阳，此后爷爷再也没有回过家。

◎ 您爷爷在福州和厦门留下了哪些革命足迹?

1927年8月，中共闽北临时委员会根据中央指示，决定恢复和发展闽北工农群众运动，组织革命武装，以暴动形式夺取政权。爷爷受党组织派遣，回到闽北崇安，和共产党员徐履峻一起在崇安发动农民群众，重建工农组织，策划武装暴动。爷爷吸取大革命失败的教训，认真领会中央关于武装夺取政权的指示精神。他不辞劳苦，奔波于穷乡僻壤之间，宣传党的指示，组织农民抗租抗捐，积极为武装暴动创造条件。到年底，崇安的党员由40多人发展到100多人，爷爷活动地区的上梅也建立了党的支部。

1928年1月，中共福州市委成立，爷爷调任福州市委书记，领导福州地区革命斗争。他刚到福州的时候，福州党组织已经遭到严重破坏，党、团员由100多人锐减至20人，加之经费短缺，连吃饭住宿都成了问题。为了打开福州工作新局面，重新点燃这一地区的革命烈火，爷爷和市委其他领导经常饿着肚子，徒步跋涉于市郊之间，困了在树下稍事休息，饿了买两块光饼，要一杯开水充饥，逐渐把一些失去联系的党、团员串联起来。通过爷爷与市委成员黄孝敏、郑乃之的努力，建立起了南台帮州、仓山、泛船浦等工人活动据点，福州革命形势逐步好转。罢工、加薪与合法的经济斗争，此起彼伏，学生运动也开始活跃起来，党在福州白区的工作出现了可喜的新局面。同时，爷爷主持举办3期革命思想培训班，培养了大批信念坚定的革命活动家，并将他们选派到建阳、浦城、古田、长乐等地建立地方党支部，发展革命力量。

中共福建省委正式成立之后，爷爷当选为省委候补委员。1929年9月，爷爷调任福建省委秘书长，参与省委领导。他到省委机关后，往往兼领导和工作人员于一身，夜以继日，勤奋工作，处理各地汇集到省委的情况，书拟指示文稿，为省委制定斗争策略尽心尽职，使秘书处的工作真正发挥政治部、参谋部的作用。1930年2月，福建省第二次党代会在中共中央代表恽代英的指导下，制定了福建党的政治路线和各种工作方针，通过了政治、组织、农运、苏维埃等十项决定，确定了“建立闽北特委，指导延平、建瓯、崇安的斗争，造成闽北广大范围的地方暴动”等任务。爷爷参与了这次大会的筹备与文件起草工作，被选为省委执委，会后调任闽北特委书记。在任期间，他为创建闽北革命根据地，开展土地革命，做了大量富有成效的工作。

1931年3月25日，设在厦门鼓浪屿的福建省委秘书处和宣传部被敌人破坏，爷爷和宣传部长李国珍等人被捕。爷爷被捕后，敌人知道了他的身份，他们认为只要设法撬开这位共产党福建省委领导的嘴，便能瓦解全省的共产党地下组织，他们对爷爷进行轮番审讯。面对凶残的敌人，爷爷从容镇定，丝毫不掩饰自己的政治观点和目的。他说：“近鉴我国政治不良，失业人多，故决加入共产党，领导贫民作共产奋斗。”敌人要他供出福建省委组织与地下党员名单，他都不肯吐露半点机密，以视死如归、坚贞不屈的精神，表现了一个共产党人为党为人民的崇高品质。

然而，国民党反动派并不死心，他们秘密把爷爷押解到南京，施展种种威逼利诱的手段，逼迫他就范。金钱、高官、刑具在爷爷面前统统失去了作用。1931 年 5 月 23 日，恼羞成怒的刽子手们将爷爷押到雨花台刑场。爷爷一生为着共产主义而奋斗，用自己宝贵的生命保护了同志，保护了党，实践了他“牺牲奋斗”的崇高诺言。

◎ 您爷爷在闽北红军创建和发展过程中担任哪些重要角色?

1928 年 9 月，中共崇安县委组织领导第一次暴动，但是没过多久就失败了，县委书记徐履峻牺牲，共产党领导的革命力量受到很大损失，白色恐怖弥漫在闽北和崇安。在险恶的环境下，时任福州市委书记的爷爷以省委特派员的身份来到崇安，毅然挑起组织失联党员和进步群众的重担。他勇敢坚毅的革命热情，感染失联党员和进步群众，抹去了人们因大革命失败而造成的悲观情绪，恢复共产党组织，重新建立以陈耿为书记的新的崇安县委。爷爷和同志们继续发动群众，于 1929 年 1 月举行崇安县第二次暴动，这次暴动取得了成功。在暴动中，爷爷亲自与徐元福一起带队抓捕恶贯满盈的反动土豪杨锡良，奠定了创建闽北根据地以及闽北红军的基础。同时，他亲自制定《红军之组织》《红军之意义》等纲领性文件和组织编制闽北红军，安排杨则仕、伍弟奴、陈顺昌等同志到政和、松溪、建阳等地领导闽北各县的苏维埃政权建设。爷爷深入上梅、白水进行土地改革调查，探索没收地主土地以及土地再分配的方法，制定适合闽北的土地政策，这一系列措施促进了闽北根据地和红军的发展壮大，在此基础上建立了中国工农红军第五十五团。闽北红军鼎盛时期人数达到两千人。

◎ 您爷爷被捕后，家人有哪些应对措施？大概什么时候知道他已经牺牲了？

1927年6月，爷爷带着他的堂弟被迫离开建瓯，转入地下工作，从此之后，他再也没有回家。这一年10月我父亲出生，他和奶奶两人相依为命，我父亲一辈子没见过我爷爷，当时家人不知道爷爷在外革命活动以及被捕就义。1949年5月，建瓯解放后，曾祖母曾经到建瓯县委打听爷爷的下落，县委经多方调查也不知道爷爷下落。直到1957年，家人才知道爷爷在厦门被捕，但他的具体下落仍然不详。1979年，南京相关部门在整理资料过程中，发现有个福建籍的杨峻德于1931年5月23日在南京雨花台英勇就义，家里才知道爷爷已经牺牲了，民政部门于1983年9月30日为家里颁发革命烈士证书。

◎ 作为烈士后人，您爷爷的事迹、精神对家人的工作和生活有着怎样的影响？

我父亲于1949年7月在建瓯参加解放军，在二十七军八十师二三八团三连任排长，参加过解放战争和剿匪战斗。

1950年10月，父亲随二十七军入朝作战，参加抗美援朝第二次战役中最艰苦卓绝的长津湖之战以及三、四、五次战役。第五次战役后，父亲随第二十七军回国，部队驻防无锡。由于精兵简政，再加上父亲没有多少文化，他后来转业回乡务农。在组织的关怀下，他于1980年被安排在吉阳镇政府工作。父亲无论是参军，还是在家当农民，一直兢兢业业，老实本分。他对爷爷参加革命的事迹也是知之甚少，真正了解爷爷革命事迹是在爷爷被定为革命烈士之后。父亲经常给我们讲自己参加解放战争和剿匪战斗以及抗美援朝战争的故事，奶奶如何支持父亲参军等感人事迹。父亲对我们讲，革命是艰苦的，战争是惨烈的，今天幸福生活是巨大的牺牲换来的。他告诫我们，作为烈士后人，一定要低调行事，不要因为是烈士后代就感到与众不同，要凭自己的劳动去工作和生活。由于父亲体质差、多病，他在1987年因病去逝。

作为革命烈士后人，我们为有这样的爷爷感到自豪！作为长孙，我夫妻两人在家务农，弟弟及妹妹在事业单位工作，儿子在镇中心小学教书，我们后辈现在都做着普通的工作，感谢生活在这个伟大的时代。

（李勇　采访、整理）

做一个有益社会的人

——冷启中回忆爷爷冷少农烈士

采访背景

时　间：2016年9月21日

地　点：雨花台烈士纪念馆

口述人：冷启中（冷少农烈士之孙）

烈士简历

冷少农（1900—1932），原名冷肇隆，贵州瓮安人，中共党员。1923年毕业于贵州法政专门学校法律本科。1925年赴广州参加革命，在黄埔军校政治部工作，期间秘密加入中国共产党，任中共两广区委军事部秘书。1928年先后打入南京国民政府训练总监部、军政部任秘书。1932年3月因叛徒出卖潜伏身份暴露在南京被捕，6月牺牲。

口述人简介

冷启中，冷少农烈士之孙。1946年出生。贵州省黔南州关工委副主任，思想道德教育特聘专家。退休前在贵州从事教育教研和教师培训工作，业绩入编《中国专家人名词典》《全国优秀教师词典》。曾到北京人民大会堂领奖。现已退休。

◎ 您最早从哪里了解到您爷爷的事迹呢？

我最早是听我奶奶和父亲讲述的，而他们了解到爷爷参加革命工作是在20世纪二十年代，但是爷爷具体担任什么职务、做什么工作，当时还不清楚。1951年，来自南京的两位同志到我们家乡收集爷爷的遗物、书信和幼年、少年的故事，村里干部敲锣打鼓给家里送来“光荣之家”的牌子。那时我们才知道爷爷为国家做出过贡献并牺牲在南京雨花台，但是对具体情况还不了解，也没有多问。1952年10月，我们家拿到了经毛主席签发的烈士证书，我们感到光荣和自豪。直到1982年，我们第一次来到雨花台，在档案室看到爷爷的同学和同事写的一些证明材料，才知道爷爷是一位杰出的隐蔽战线先驱，是为党和国家做出过贡献的老前辈。1984年，县里成立了党史办，我向县委提出，趁着了解情况的老同志还健在，收集一下爷爷的资料。于是县委派了县党史办的两位同志到爷爷曾经工作过的广州、上海、武汉、南京等地收集资料。

时任贵州政协副主席李侠公回忆说，他、陈赓和冷少农三人曾经一起在中共两广区委给周恩来同志当技术书记即军事秘书。当时爷爷所做的工作很辛苦，成绩非常卓著。梅重光是爷爷在贵州法政专门学校读书时的同学，后来他们共同在南

冷少农烈士之孙　冷启中

京工作。梅重光说：冷少农是何应钦的秘书，能接触到一些军事情报。当时国民党“围剿”红军的情报，特别是前三次“围剿”红军的情报是由爷爷传出来的。曾任南京市委组织部长的吴越是爷爷发展加入中国共产党的。爷爷在中央大学的一个凉亭内与吴越谈话，启发他加入中国共产党，参加中国革命。他们从中国历史谈到中国前途和世界革命形势，因此爷爷成为吴越革命生涯深受尊敬的老前辈。上个世纪三十年代初，吴越参加工作以后就加入了中国共产党，他在任南京市委组织部部长时被捕入狱，和我爷爷关在同一个监狱，但是不在同一个号子中。由于狱中禁止交谈，所以他们只能通过眼神来交流。1932 年 6 月 9 日，也就是过了端午节的第二天清晨，敌人以换房为借口，把爷爷等 9 位同志带到雨花台枪杀。他们走出去的时候高呼“共产党万岁”，而且一路唱着国际歌。

通过上述老前辈的讲述，我开始了解到爷爷的一些事迹，之后通过党史部门出版的《革命烈士》这本书，2011 年 6 月 22 日中国共产党新闻网发布：纪念建党 90 周年最新党史研究成果《冷少农烈士与“钱情报”》，我对爷爷的认识更进一步了。直到后来由贵州省委党史研究室编写、贵州教育出版社出版了《冷少农传略》，江苏省委党史工办编写、江苏人民出版社出版了《雨花台烈士传丛书·冷少农传》，我对爷爷的革命经历有了全面的了解。

◎ 您爷爷从小接受了良好的教育，您对他青少年时期的学习成长过程了解吗？

爷爷出生在一个清寒的农民家庭，从小接触到社会底层的劳动人民。因为他看到了社会的黑暗和人民的疾苦，由此立志长大后要寻求解除民众疾苦的道路。爷爷小时候认识到有读书机会不容易，于是刻苦学习，成绩非常优秀，他总是第一个到学校，坐在学校的石梯上背书。私塾老师看到他既聪明又好学，就建议他去五六里外的县城高等学堂去读书。在高等学堂里，爷爷学到了更多的知识，除了《三字经》《百家姓》《论语》等传统著作以外，还学到计算、几何等自然科学，他的成绩也是名列前茅。他对课文中范仲淹的处世济民思想十分向往，曾对老师说：我要好好学习，长大后做先天下之忧而忧，后天下之乐而乐的人。同时爷爷对身边贫困受苦的学生非常同情，经常给予他们关心和帮助，对有钱有势的富家子弟欺负穷人家的孩子非常愤恨，常打抱不平。

有一次，爷爷在放学的路上看到了一个放牛娃掉到河里去了，他奋不顾身地跳下去把人救上来。学习之余，他回到家里做一些诸如砍柴、放牛、割草等力所能及的家务事。星期天他把柴或菜拿到街上去卖，卖来的钱如数交给他的母亲和奶奶，所以家里人也很喜欢他。家人有时看他穿的朴素又单薄，要给他做新衣裳，他都拒绝了。他觉得自己的衣服可以将就着穿，他说："新三年，旧三年，缝缝补补还可穿三年。"长大些后，爷爷学会了编草鞋，编草鞋的程序很复杂，要锤草、炼草、编草，而他能够很快熟练掌握，他把草鞋编好后拿到街上卖钱，用来补贴家用。所以说爷爷从小就具备了良好的品质。

◎ 您爷爷在大学期间更改了自己的名字，您认为他改名的初衷是什么？

爷爷出生于1900年1月，家人希望他的到来使家庭富裕兴旺起来，于是给他起名冷肇隆。爷爷想通过学法律来解除民众的痛苦，但是家里很穷，他在老家冷家堡的亲人资助下进入贵州法政专门学校第三期法律本科班。在校期间，他在图书馆接触到《中国青年》《少年中国》等进步书刊，这些书刊中的进步思想对他启发很大。他在学校组织了一批青年学生积极参加爱国活动，在五四运动期间，他还组织学生上街游行，声援北京的学生运动，成为青年学生运动的骨干。他还在课余时间和同学到乡下做社会调查，了解劳苦大众的生活状况，并记录在他的笔记本《可则录》上，这本笔记本现在收藏在贵州省博物馆。后来受到十月革命的影响，爷爷更深刻地认清了中国革命的前途，他决心毕业后投身革命，为国家做些贡献。于是他把自己的名字改成冷少农，摆脱封建思想的影响，立志要为劳苦大众翻身解放贡献自己的一生，从那以后就沿用了这个名字。

爷爷大学毕业后在贵阳市的《民意日报》做编辑，报纸上宣传的内容都是围绕当时统治阶级如何剥削人民的，这与他的理想是相违背的。也正是这份工作让他更真切地看到当时劳苦大众的苦难生活，所以这份工作没做多久他就辞职了，之后在同学的介绍下，他到贵州省筹饷局任职，主要做收税的工作，想找机会减轻人民的苛捐杂税。爷爷一开始在紫云县的少数民族聚集地收税。他是学法律出身的，法律是用来保护劳动人民的，而不是为封建军阀搜刮民脂民膏的，所以这份工作也不是很理想。收税的任务总是完不成，他被调到贵阳附近的开阳县收印花税，有一次爷爷和他的组长一起到一户粉坊家收税，进门后看见这家老板的母亲睡在床上病入膏肓，老板正在给母亲熬药。组长告诉老板在限定的时间内把所欠的税款交上，否则就要罚款。爷爷见状就帮助老板跟组长求情并说，他母亲生病了，我们过几天再来催税吧，别逼他了。组长听了便训斥他说，你是来催税的，不是要你来帮对方说情的。这件事情触动了爷爷，学了法律却不能帮助水深火热中的老百姓。一气之下，他就拍桌子说我不干了，这样他辞掉了第二份工作。经历了两份工作后，爷爷看到了社会的黑暗，为自己学了法律不能拯救广大劳动人民而内疚，于是 1924 年他回到了老家，一边帮助家里干活，一边收集革命信息，准备投身革命事业。

◎ 您爷爷告别家人，背井离乡来到广州、南京、上海等地从事革命。作为后人，您能理解他当时的选择吗？

爷爷离家参加革命，从来没有回家。因为工作的特殊性又不能跟家里直说，家人难免产生误会。我们读了他写给亲人的信后，理解了他的选择是正确的，读懂了他的思想，全家很感动，也很敬佩，深受教育和鼓舞。爷爷在读书时就立志以后要为国家和人民做一些有意义的事情，之后他也一直为自己的理想而努力。1925 年 2 月我父亲冷德苍出生了，爷爷很高兴。在我父亲 5 个月大的时候，经过激烈的思想斗争，爷爷决定要实现救国济民的理想，前往广州从事革命工作。离家时，他的心情非常沉重，由于他父亲去世的早，现在家里只留下年迈的母亲、妻子和 5 个月大的儿子。家里的男女老少都因为爷爷的离开而潸然落泪，而他当时已经下定决心投身革命，只能与家人依依不舍的分别。那一年是大旱年，到处都是挨饿要饭的人，家人怕他在路上挨饿，给他搜罗一挑饼子和香肠等食物。由当时住冷家堡的爷爷的族弟冷开伦送他，从瓮安到贵阳走了整整四天时间，这说明当时家人是赞同他的想法的。途中到贵阳后，爷爷怕她母亲不放心，给家里写了一封信请家人理解他的选择，信中说道："母亲，儿子远游只有广州一处……此去目的，完全尽忠革命，为国家为人民尽应尽之能力。"到了广州以后，他听说黄埔军校里有孙中山等进步人士和王若飞、周逸群等贵州老乡，特别是自己在贵州法政专门学校的老师何应钦也在，于是爷爷在周逸群介绍下，凭着他的法律本科文凭进入了黄埔军校，并且在周逸群的引荐之下见到了何应钦。何应钦见他才干出众又有着先进的思想，就推荐他到了黄埔军校政治部工作。当时黄埔军校政治部主任是周恩来同志，他听说我爷爷是法律系的高材生，便安排他作了政治部主任办公室的秘书。在这里爷爷接触到周恩来、王若飞、聂荣臻、周逸群等许多老一辈革命家，深受他们的启发和影响，经周恩来、周逸群介绍秘密加入了中国共产党。后来他跟随周恩来参加了第二次东征，讨伐陈炯明。东征胜利后，周恩来在中共两广区委军事部工作，当时爷爷与陈赓、李狭公一起给周恩来当技术书记，也就是军事秘书。

1934年10月，红军第五次反"围剿"失败以后开始长征。途中经过瓮安猴场镇时，中共中央政治局召开猴场会议。工作之余，周恩来派了两个贵州籍的红军战士扮作"商人"去冷家堡看望我们家。在爷爷的族弟冷开伦的引领下，两位红军战士在高庄见到了我的太奶奶，他们送了十块银元和两封点心慰问。提到爷爷时太奶奶老泪盈眶，激动万分，她让奶奶泡了家里在桐木自种的茶给两位战士喝。桐木细茶是明代出名的贡茶，味道很好。老人家作为感谢，给两位“商人”一包茶叶并嘱咐带回去。猴场会议时，周恩来把茶叶分给参会的领导喝，大家都对茶叶的口感赞不绝口，剩余的茶带到遵义会议去喝。

◎ 您爷爷曾给您父亲写过一封感人的信，您父亲和您提到过这封信吗？

提到过，并且这封信对我们家庭教育的影响是很深的。在信中，爷爷对我父亲给予了很大的希望。这封信大概意思是这样的：希望你好好努力、锻炼身体，以期不负家庭、不负社会，将来担负起国家和时代赋予你的使命，做一个有益社会的人。社会的星光在照耀着你，希望你猛进。这封信不光是对我父亲的期望和教育，对我们家世代都起了很大的作用，让我们认认真真做事、诚诚恳恳待人。父亲 5 个月大的时候爷爷就离开了家，父亲一直和奶奶相依为命。奶奶用爷爷信中的精神教育我父亲，潜移默化地感化了他。在奶奶的严格要求下，父亲努力学习而且成绩一直很好。同时父亲对老人也很孝顺，好吃的先给老人吃，给老人端茶端水等等，这些都是我亲眼所见。父亲在贵阳读高中时，由于家里经济困难，只能辍学回到家乡瓮安，在县城内雍阳中心小学教书，是一名教师，23 岁就成为学校校长。《我们最年轻的校长》这篇文章写的就是我父亲，当时正值新中国成立初期，父亲带领老师们上街用文艺节目形式宣传党的方针政策，这正是对爷爷革命事业的继承。当时人民政府刚刚成立，父亲任县政府第一任督学，瓮安周边的土匪残余势力还在活动。有一天一个乡下的亲戚跟父亲说不要到县政府去上班了，但是具体原因没有讲清楚。在父亲的再三追问下，他了解到县城周边的土匪不甘心灭亡，于是勾结起来要攻打县城，报复新政府。父亲冒着生命危险把这一情况报告给了当时的县委书记。书记听后大为震惊，立即核实情况。趁着土匪还没打来，他们主动出击，将土匪彻底剿灭，捍卫了新生的人民政权。父亲在工作上取得了不少成绩，并且受到了县政府的嘉奖。由于工作繁忙，父亲一天工作长达十多个小时，从一次感冒发展成肺炎又转为肺结核。当时医疗条件差又无特效药，父亲在 1954 年病情恶化去世了，只有 29 岁。

◎ 您爷爷的事迹对您一家产生哪些重要影响?

我于 1963 年高中毕业，由于家庭经济困难没考大学，被政府安排到家乡附近当老师。几十年如一日，爷爷的精神激励着我兢兢业业、勤勤恳恳的工作。我先是在茅坡小学任教七年，然后在茅坡中学任教了七年，期间始终如一，踏实工作，每年都能荣获优秀教师称号，还被评为了县教育工作标兵。1977 年，瓮安县委组织部长衡存生同志在参观雨花台的时候了解到我爷爷的事迹，回来后找到我，了解并关心我的工作和全家生活情况，决定把我调到县教育局工作。1985 年我被县委选去北京中央民族学院进修，学习与教育相关的管理知识，回来后我投入到县里的教师培训工作中。1997 年我被评为贵州省优秀教师。我曾深入各校开展课题研究，不断深化教学改革，加强教育创新，撰写了50多篇国家级论文并获奖，获得全国教研骨干、全国优秀教师等荣誉称号，于2006年7月26日到北京人民大会堂领奖，我的业绩有幸入编《全国优秀教师词典》《中国专家人名词典》等。退休之后，我依然关心教育事业，由我撰写主编、吉林大学出版社出版的《教师必备的十大职业精神》成为全国教师提高素质培训的必备学习资料之一。爷爷的故居被列为贵州省爱国主义教育基地以来，我一直致力于爷爷的资料收集和宣讲，为广大青少年、青年干部的成长发挥余热，为传承红色基因、弘扬革命文化做一点贡献。

爷爷的精神一代一代地在传承下去。我的大儿子是贵州省公路局下属的都匀公路管理局瓮安管理段段长，他参加工作20多年，受到了省、州、县十余次的表彰。2015年被遴选邀请作为全国雨花台烈士家属代表，参加南京市举办的大型党课，他听了之后很受教育，回去之后干劲更足了。2016年，他分别被贵州省交通运输厅、贵州省公路局评为“十佳”优秀共产党员并受到表彰。

2016年我被中共南京市委组织部、雨花台烈士陵园管理局聘为烈士亲属宣讲团成员，在传承红色基因中积极工作。

（郭琦　采访、整理）

姐弟五人皆革命

——黄宗英回忆母亲姜辉麟烈士

采访背景

时　间：2018 年 6 月 8 日

地　点：上海市松江区黄宗英家中

口述人：黄宗英（姜辉麟烈士之女）

烈士简历

姜辉麟（1897—1932），女，化名姜石贤，江苏松江（今属上海）人，中共党员。1927 年加入中国共产党。1928 年任中共淞浦特委内部交通。1932 年调中共江苏省委工作，同年冬返回上海途中在镇江被捕，解来南京，年底牺牲。

口述人简介

黄宗英，姜辉麟烈士之女。1925 年出生。1952 年 9 月进入中国人民大学就读。毕业后，先后在山东省商业厅、水产厅等部门工作。现已退休。

◎ 您对母亲的印象如何？

我对母亲印象挺好的。我是她的大女儿，她生了四个孩子，我是第三个，家里有一个妹妹，上面还有两个哥哥。因为母亲喜欢中间两个孩子，所以她出去走亲戚也好，工作也好，都是带着我去。我记得国共合作时期，有次她带我到国民党和共产党一起工作的党部，那时母亲的思想已经倾向共产党。党部位于松江城内袜子弄，里面有个两层的小白楼，分布着一间间办公室。那时我只有6岁，什么也不懂，只知道去玩，听他们讲这个那个，我对这次外出印象很深。

◎ 您母亲的家庭背景如何？

姜辉麟烈士之女　黄宗英

我外公是个私塾老师，外公的父亲也是，收几个小孩在家教书。外婆会小儿科推拿，母亲和姨母也会。可能那时外婆收费不贵，给多少就收多少，反正都是认识的，给小孩推推，这样子家里有一点收入。家里经济条件一般，马马虎虎，不算宽裕，也不算困难。但是母亲喜欢学习，她有时旁听，外公有时也教她。

母亲有四个兄弟姐妹，老大叫姜兆麟，母亲是老四，中间夭折了两个（老二、老三），老五是我大舅舅姜长麟（姜长林），老六叫姜还麟，老七叫姜余麟。外公去世的很早，外婆养五个孩子不容易，外婆的父亲也经常帮忙。这五个孩子很争气，都是共产党员。大舅舅姜长林从黄埔军校毕业之后就一直跟着周总理，南昌起义等活动都在一起；老六、老七去了莫斯科中山大学读书，姜还麟回来了，姜余麟在第二次世界大战时牺牲在苏联战场上，没有回来。后来上海氛围紧张，一部分革命同志留在上海，一部分到江西瑞金去了。姨母姜兆麟去了江西，母亲留下了。大舅舅因为当时同周总理在上海，也没有去江西，后来周总理去了江西，大舅舅留在上海，因找不到组织，没有工作，他就去教书。新中国成立后，他要求继续加入中国共产党，组织上要求重新写申请，他在 1949 年重新找到了组织关系，重新加入了中国共产党。

◎ 您父母是如何步入婚姻的？您能介绍下您父亲的家庭背景和相关情况么？

我曾祖父是个大商人，做大买卖，开始在安徽歙县附近，后来到松江来经商，生意做得挺大，据我姑姑说，开了好几间大店。曾祖父年纪大了，祖父上京赶考，没有学做生意，房子留下来了，但店没有传下来。

母亲 19 岁同父亲结婚，他们是经人介绍的，婚姻算门当户对。婚后，他们刚开始住在奶奶家的松江老宅，母亲参加革命后，她就住到外婆家，外婆家成为一个革命据点。

父亲没有正式工作。因为我家属于一个大家庭，奶奶是大地主出身，所以父亲不用出去工作。他字写得挺好的，人家店里写大字写招牌，可以帮人家写写弄弄，结婚之后在家看孩子，母亲也挺放心。母亲工作方面我舅舅可以帮助，家务事父亲在这边主持，有时外婆还帮助。母亲想我们了，父亲就带我们去看她。母亲没有什么牵挂，一心一意扑在工作上。

◎ 您母亲是如何走上革命道路的？

我听外婆说，母亲喜欢上学，家里索性送她到景贤女校。景贤女校校长姓丁，叫丁老师，思想挺开通，她看到母亲挺积极，毕业之后，就把她留下来，既当教师又当职工。丁老师与侯绍裘认识，见过孙中山，她思想挺进步，属于国民党左派。那时孙中山主张“联俄、联共、扶助农工”，母亲对这方面表现积极，进步也快。她三个弟弟都在从事革命工作，所以她跟着一起工作。刚开始搞革命活动时，共产党的什么活动她都参加，后来正式参加革命工作，在奉贤曙光中学陈云领导的松浦特委工作。那时搞地下工作，斗地主、恶霸、提倡“天足”、剪头发等活动她都参加了。不单是社会活动，她也动员家里的婶母剪头发。

母亲参加革命时，因为她周围都是进步人士，而且和舅舅他们在一块工作，父亲也放心。但母亲希望父亲出去工作，父亲不声不响是个滥好人，不说话。有一次他们吵得厉害，母亲说一个大男人在家里面算什么呀，光吃饭。父亲也生气了，说你叫我工作，我不是不会工作，我也能写，但是两个人出去之后，家里孩子谁管，老人谁管，都出去了丢给谁？母亲一听也有道理，就不吵了，再也不叫我父亲出去了。

◎ 您参加过您母亲的革命工作么？见过和您母亲一起从事革命工作的同事吗？

1928年，曙光中学被国民党查封，不久母亲调上海工作。母亲负责联系地下工作，她在岳州路创办了立中小学，白天教工人子弟，晚上教女工，教识字，教文化，讲革命道理。母亲有时忙，舅舅也给她代课。那时外婆、我、小哥哥和母亲在一起生活，但是时间不长。1932年母亲接到命令调至南京，这边学校都撤了，外婆把我和小哥哥带出来，送到松江老家由父亲照看，自此我就同母亲再也没见过面了。

母亲走的时候我只有8岁，有时她带我去学校，地下工作者常来那里，看到她们在开会，我没有接近，哥哥们也没有，那时上学要紧，他们都在上学。她的同事我见过，但我很自觉，不去打扰他们工作。我记得6岁的时候，第一次到上海，那时没有办公室，都是在人家家里面办公。他们开会时，我一个人坐在床铺上不声不响地看他们，不吵不闹，不影响他们。

◎ 您还了解您母亲其他的一些革命事迹？

1927年，蒋介石叛变革命，母亲要参加共产党，好几个领导同志都说，小姜，参加共产党要杀头的啊。她说，我不怕，杀头就杀头吧，反正准备要牺牲的。这一年，母亲由曙光中学校长李主一和我舅舅两个人介绍入党。那时她已经30岁，有四个孩子，所以领导、同志都比母亲小。他们叫我姨母姜兆麟为大姜，叫母亲小姜，不是说她年龄小，是因为职责要分清人名。

母亲什么都干，不管份内份外。她把领导分配的工作干完了，也乐于帮助同志。有个同志家里出了事情，没有路费，母亲拿她当医生挣的钱给他做路费。一个同志患了皮肤病，那时地下工作者没有工资，母亲就想尽办法帮助他，帮他弄药。还有一个同志，孩子没有衣服穿，她也想办法给他们弄。下雨天同志出去工作，回来淋湿了，母亲送姜汤给他们，喝了发发汗，预防生病。母亲年纪比他们都大，关心的事情自然多一点。她既做好自己的工作，又关心同志，跟同志之间关系也处得很好，领导都信任她。

她在松浦特委工作时，领导是陈云同志，一起工作的还有刘晓、吴仲超，新中国成立以后吴仲超任故宫博物院院长。我姨母于 1957 年五一劳动节到北京去观礼时，他们老同志还碰到过。母亲牺牲之后，纪念碑碑文是陈云同志写的。

那时由于工作条件困难，需要自己制造武器，母亲就自告奋勇去运送。她把炸弹包好后，化装成一个普通家庭妇女，根据领导交代好的路线、关卡，避过检查，将炸弹顺利送到目的地。母亲在遇到困难时，都是自告奋勇，领导也挺信任她，所以从 1927 年她参加革命工作到 1932 年调到南京，这段时间工作没有出过问题。她到南京时间不长，因为叛徒出卖，不然不会被捕牺牲，因为她做事挺小心，各个方面挺警惕。

母亲牺牲后，地下工作者送信给我大舅舅姜长林，说姜辉麟牺牲了，被叛徒出卖后秘密杀害。那时我小，只有 8 岁，也不知道这个消息。到后来稍微大一点，外婆跟我说母亲已经牺牲了。

◎ 您母亲的家人对她从事革命工作是什么样的态度?

我听到过母亲同父亲说过工作上的事，父亲知道，但是保密不说。父亲知道母亲是共产党，但那个时候不好说，他在背后支持母亲的工作。我记得有一次父亲买了东西送到母亲住的地方，不声不响就走了。舅舅没看到我父亲，母亲也没看到。平时母亲回来，父亲都会问她需要什么，母亲说办公用品，父亲买好了以后叫她带走。母亲有时在上海病了，外婆把她送回来给父亲照顾，她养好了病以后又出去工作。

外婆也支持母亲、舅舅、姨母的工作。他们五姐弟全部从事革命工作，但都不在一块，母亲同我姨母是有来往的，但母亲不知道姨母住在哪，都是保密的。雨花台现在有母亲的一些遗物，像她以前刺绣的荷包之类的，是我姨母送去的。母亲没有留下其他东西，因为那时要求高，相片不许留，所以母亲一共只有两张相片。

◎ 您母亲牺牲之后，你们的成长历程如何?

抗战时，家里没有收入，那时挺苦的，但也挺过来了。我大哥很刻苦，母亲在工作时每天和他说要好好学习，做一个有用的人。大哥记在心里，所以他学习挺刻苦的，母亲牺牲之后，大舅照顾他，他自己学，上高中、大学，经常学到夜里 12 点、凌晨 1 点。因为生活困难，父亲生病没有钱看，生活又不好，所以他去世挺早，大概是 1942 年，母亲是 1932 年牺牲的，两人正好隔了 10 年。

我一直要求上学，零零碎碎在这里上初中，那里上高中，反正有什么学习我都参加。新中国成立以后，我被调到上海黄浦区文教科工作，组织上推荐我到北京的中国人民大学学习，毕业后分配到山东工作。

◎ 您母亲的事迹对您的成长历程有怎样的影响？

应该说我的条件挺好。舅舅的亲密战友有陈云、刘晓、陈丕显、曹荻秋、潘汉年、邓颖超等领导同志。上海解放以后邓颖超第一次来上海时，舅舅去拜访她，她第一句就问："辉麟现在在哪里？"舅舅说："1932 年在南京牺牲了。"邓颖超问："四个孩子怎么办？"舅舅说："都大了，工作了。"她说："哦，好好好，放心啦。"母亲的同事、亲密战友很多，杨之华是瞿秋白的夫人，邓颖超是周总理的夫人，还有宋庆龄，她们都有联系，我还穿过宋庆龄送的小衣服。我一心一意要把老一辈光荣的革命传统传下来。大学毕业后，我被分配到山东最苦的鲁西南地区。我从来没有叫苦，没有还价，在那里同当地人同吃同住，吃高粱，困难的时候吃草种，吃得脸肿，也没有要求调回上海。我一共在济南待了 50 年，工作 31 年，没有提出过要求，再困难也是自己克服。红军爬雪山过草地，那么艰苦都过来了，所以我自己的事情，只要我能解决的我就自己解决，我一直要求自己艰苦奋斗、自力更生。

（赵瑱　采访、整理）

爷爷对我们一家产生深远影响

——李兰勇回忆爷爷李治邦烈士

采访背景

时　间：2018 年 5 月 21 日

地　点：贵州省六盘水市六枝特区李兰勇家中

口述人：李兰勇（李治邦烈士之孙）

烈士简历

李治邦（1907—1933），又名李伯平，贵州郎岱人，中共党员。1926 年考入贵阳省立师范学校。1929 年考入省立贵州大学。1931 年考入上海法科大学，同年加入中国共产主义青年团。1932 年转为中共党员，历任共青团法南区委军委秘书、团江苏省委军委秘书、团中央军委负责人等职。1932 年冬因国民党当局检查信件时暴露身份，在上海海格路海格里被捕，解来南京，1933 年 3 月牺牲。

口述人简介

李兰勇，李治邦烈士之孙。1966 年出生。1986 年 7 月毕业于六盘水市财政学校企业与财务管理专业。1986 年 8 月起在六枝特区中寨财政所工作，历任六枝特区洒志乡、郎岱镇财政所所长。1994 年 12 月入党。现任六盘水市郎岱农业产业园区财政局局长。

◎ 您能说说您爷爷在贵州读书时的一些故事吗?

我爷爷去贵阳求学之前，在郎岱上的高等学堂，这个高等学堂就是以前的私塾。当时郎岱一些进步人士在外面接受一些新思想以后，他们把这些进步思想带回郎岱。爷爷在郎岱高等学堂毕业后，和几个同学一起去贵阳求学，其中有一个同学叫曹克勤，曹克勤参加过长征，后来在新疆被军阀杀害，也是一名革命烈士。他们先考取贵阳省立师范学校，后来又考取了贵州大学，当时的贵州大学是由军阀临时创办的，主要是阻止贵州学生外出，师资、设备都很差。当时从郎岱去贵阳求学的都是先进分子和进步青年，他们在一起探讨真理。后来，爷爷的一个同学林辰回忆：“伯平忠厚耿直，在学校里功课很好。”在贵阳求学过程中，爷爷不断接受新思想，对外界也产生了浓厚的兴趣，他把目光瞄向了上海。

李治邦烈士之孙　李兰勇

爷爷生活的那个年代，我们家的家境还算不错。他的父亲那一辈在郎岱是做生意的，把贵州的特产贩卖到广西和云南那边去。爷爷在家里面排行老大，下面还有两个妹妹和一个弟弟。太爷爷当时希望他在家里继承家业，把家里的生意打点好。但是他并没有选择继承家业这条路，他想走出去看看外面的世界。爷爷从小就爱打抱不平，从小就好强，属于正义感相当强的一个人，这一点在郎岱还健在的八九十岁老人口中还能了解到。还有一件印象比较深刻的事，当时的女孩子都要裹脚，爷爷倡导不要给女孩裹脚，他不让家人给他的二妹裹脚，后来他的二妹没有裹脚了。他经常看到社会黑暗的一面，并试图通过自己的努力去改变一些。而且他在贵阳上学的时候，学习到不少进步思想，这对他后来的人生道路产生了重要的影响。

◎ 您爷爷从贵阳选择到上海，这个过程您了解多少？

当时爷爷从郎岱到贵阳求学之后，他和郎岱的几个同学包括我刚才提到的曹克勤，他们想去上海。因为在贵阳的时候，当时的形势比较紧张，社会上的种种现实，特别是贵州当时民不聊生，对他刺激比较大。上海是进步青年的集结地，所以他萌生了到上海去的想法。当时要去上海的话，条件是非常艰难的，而且贵州的军阀对贵州实行封锁，省内的人想外出特别困难，对青年学生的控制就更加严格了，军阀害怕进步思想传到贵州以后，对他们的反动统治产生不利。后来，爷爷绕道湖南长沙，从长沙坐火车到上海，历经一个多月的时间。当时家里面只知道他去上海是求学，对于其他方面也没有多想。曹克勤当时没有去上海，他留在贵阳继续从事革命活动。爷爷的另一个同学刘雪苇在爷爷的后面去的上海。爷爷在上海法科大学求学期间加入了团组织，不久转为中共党员。爷爷在上海的时候，他和郎岱的同学之间有书信往来，所以后来刘雪苇他们也到了上海。这些细节刘雪苇后来在他的回忆录里也提到。虽然他们都是进步青年，大家在思想上都在进步，但是在加入共产党这件事上大家没有互相沟通。后来，国民党贵州政府来家里搜查。当时家里不知道爷爷在外面做什么，他在上海的具体情况，家里人都不掌握。到了上世纪七八十年代，一些老同志离休以后，来我家探望，才说了爷爷在上海的一些革命事迹。他从郎岱的高等学堂到贵阳上大学，后来又到上海去读大学，我觉得他在学习上应该算是一个精英分子。他的视野在不断开阔，作为一个热血青年，他没有选择在家里面过安逸的生活。爷爷去贵阳读书的时候，我父亲刚出生，他牺牲的时候我父亲7岁，我叔叔才4岁。他在贵阳求学期间，是我奶奶带的父亲和叔叔。现在回过头来看爷爷这一代人的事迹，他们为了革命，真是甘愿放弃自己的一切。

◎ 您爷爷在上海从事革命活动的时候留下哪些让人印象深刻的事迹？

爷爷的一个战友叫刘鸣，也是郎岱人，他在上世纪八十年代回忆了一些和我爷爷一起革命的情况。刘鸣是由爷爷介绍加入共青团的，当时爷爷在共青团江苏省委工作。刘鸣后来在“共舞台事件”中被捕并被判了刑，关押在苏州军人监狱。1932年10月左右，爷爷冒充刘鸣的表兄，去苏州军人监狱探望了刘鸣，给他送去了过冬的棉衣。刘鸣对这件事一直没有忘记，他说，我爷爷到监狱去看望他不仅是给了他物质上的援助，更重要的是爷爷给了他精神上的巨大鼓励。

1932年，党组织在上海南市体育场召开会议，这次会议主要是要求抗日的，爷爷也参加了这次会议。他当时坐在电车里，发现后面有特务跟踪。他沉着冷静，始终保持沉默，不与同行的同志说话。等电车运行到相对安全的地方，他提前下车将特务甩掉了。其他同志知道这件事以后，都纷纷称赞他注意斗争策略。这一年的冬天，他和其他革命者准备搞一个集会，他们在布置任务的时候，被国民党特务发现了，爷爷为了掩护其他同志，让其他同志赶快先走。爷爷自己一直被特务跟踪在后面，后来特务检查他身上带着的东西，查到了一些信件，所以他被捕了。

◎ 您爷爷牺牲的消息家人什么时候知道的？

爷爷牺牲的时候家里面并不知道这个消息。但是，当时的政府来我们家抄过好几次家。家里人感觉情况不对，而且家里面再也没收到爷爷写回来的信，认为肯定是出事了。当时他是否已经牺牲了，家里面不知道。关于他确切的牺牲消息是在新中国成立后才知道的，刘雪苇回到郎岱把这个消息告诉我们家的。我奶奶听到爷爷已经牺牲的消息后，精神上受到了非常大的刺激，很长一段时间都没有振作过来。我想，可能是过去的十几年里，奶奶一直盼望着爷爷回来，但是没想到最后等来的是噩耗，所以对奶奶的打击非常大。奶奶当时还受到另外一个打击，我叔叔在安顺紫云县粮管所工作期间，因为粮仓失火，他去救火，不幸牺牲了。当时叔叔年纪也不大，也就三十几岁。

爷爷在上海被捕以后，不久就被转押到南京的监狱。据他后来的狱友回忆，他在狱中表现坚强，从没有对革命信仰产生动摇。他在就义前，将自己的衣服送给了同狱难友，还将自己的皮鞋脱下送给一个难友，将难友的一双破鞋穿到脚上，然后走向刑场。

郎岱解放以后，县委为爷爷召开了追悼大会，当时连他的一张照片都没有，用了他的一些衣服和信件入殓。我们家里面这张照片还是雨花台提供给我们的。爷爷的遗物和郎岱"三三暴动"牺牲的烈士都被放在郎岱的烈士陵园安葬。后来政府有一些纪念活动，都会邀请我们参加。

◎ 您大概什么时候有意识地了解您爷爷的事迹并开始收集一些资料？

我父亲在法院工作，由于他的工作性质，他很少和我们说爷爷的事情。爷爷牺牲的时候，父亲才 7 岁，我奶奶了解的也比较少，而且她在 1966 年就去世了。所以我们对爷爷的了解也是通过后人的一些回忆文章和研究人员获得一些线索的。改革开放以后，我们开始有意识地收集一些关于爷爷的资料。记得 1998 年的时候，雨花台烈士纪念馆两位工作人员还专门来到我家，了解爷爷的一些革命事迹。我叔叔家有两个小孩，一男一女，我堂哥之前去过南京雨花台，正是他去过之后，才知道爷爷是雨花台烈士，一开始我们也不知道爷爷是雨花台烈士。根据现在的一些资料显示，说我叔叔是遗腹子，这种说法是不准确的。叔叔 1929 年出生的时候，爷爷在贵阳上学，他是 1933 年牺牲的，所以叔叔那时候已经三四岁了。爷爷是 1931 年去的上海，然后就再也没有回来了。

爷爷的故居和我们现在住的房子连在一起。这个老房子已经有100多年历史了，它是在我太爷爷的父亲手上建起来的，到了太爷爷这一辈人，又将房子修葺了一下，我爷爷就出生在这间屋子里。爷爷的故居现在已经作为六盘水市文物保护单位。

◎ 您家人有没有去过雨花台凭吊您爷爷？

我父亲在世的时候，一直想去雨花台看看，但当时家里面只有父亲在工作，家里负担重，所以直到2000年父亲去世他也没有去过雨花台，这是一个遗憾。以前我叔叔家的堂哥去过雨花台。后来到了2007年，家里条件稍微有点好转，而且那一年也是爷爷诞辰100周年，我们一家人去了雨花台凭吊爷爷，有着特殊的意义。当时南京那边的报纸也做了专门报道，这张报纸我一直留在家里面。到了雨花台，站在爷爷的遗像下面和在家里面看爷爷照片的感受大不一样，虽然两张照片是一样的，但是给人心里的触动是不一样的。在雨花台看到爷爷的照片，我们全家人都有一种悲痛感，而且烈士陵园给人一种庄严肃穆的感觉。我想，不光是我爷爷牺牲在这里，其他所有牺牲在这里的烈士都值得我们去怀念。我母亲当时身体还不太好，在南京就生病了，但是母亲看到爷爷的照片时也忍不住地流泪了。最近几年，每年清明的时候，雨花台都邀请我们参加凭吊活动。但是我母亲的身体一直不好，要走这么远的路，我们也不放心。只要有机会，我们还会去雨花台的，去凭吊爷爷以及其他的烈士。我女儿他们去年到南京旅游，还专门去了雨花台。

◎ 您作为烈士的后人，您爷爷的精神对您产生哪些影响？

爷爷为革命流血牺牲的精神对我们整个家族影响深远。我父亲和叔叔作为爷爷的两个儿子，爷爷的精神对他们影响要比我们深远。父亲和叔叔都参加了1949年的郎岱“三三暴动”。1949年3月3日，在郎岱地下党组织的领导下，郎岱人民发起了反对国民党反动统治的斗争。至于爷爷对我的影响，属于间接影响了。我父亲有5个小孩。我二姐和我是党员，我母亲也是一名老党员了，我爱人和我女儿都是党员。从这点来看，我们是深受爷爷的影响，在工作中严格要求自己，因为爷爷有这么一段光荣的历史在这里，我们要传承下去。

我在工作中也获得过不少荣誉证书，我长期在农村基层工作，尤其是现在的脱贫攻坚，我都是主动参与到其中，能为老百姓解决一件生活上的困难就努力去把这件事做好。我们贵州山多，交通不是很方便，前几年我们下村靠的都是两条腿，最远的一个村子走路要四个半小时，当天去这个村子的话，肯定回不来，我们就住在村子里的老百姓家或者村干部家，将几张桌子拼在一起，晚上就睡在桌子上。我印象最深的一次，就是去我刚才说的那个村，我们走了四个多小时，刚走到那个地方坐下来，我就接到通知，要赶回来开一个紧急会议，而且当时的天气相当恶劣。天刚下过雨，路面非常滑。我想赶近路，我就找个老百姓给我带路，最后那个老百姓都迷路了，因为雾相当大根本看不到路，这是我记忆最深的一次。现在有了村村通，交通改善了不少。

（李勇　采访、整理）

韶山儿女多壮志

——毛建辉回忆爷爷毛福轩烈士

采访背景

时　间：2018 年 9 月 21 日

地　点：湖南省长沙市芙蓉区毛建辉家中

口述人：毛建辉（毛福轩烈士孙女）

烈士简历

毛福轩（1897—1933），号恩梅，化名毛恩灏，湖南湘潭人，中共党员。1921 年在中共湖南支部创办的湖南自修大学半工半读。1922 年到安源路矿从事工人运动，年底加入中国共产党。1925 年任中共韶山特别支部首任书记。1926 年任中共湖南区委特派员兼农运特派员。1927 年任中共湘潭县委书记、湖南省委委员。1928 年春转移上海进行地下革命斗争，后打入国民党金山县公安局从事情报工作。1933 年 2 月因中共江苏省委遭破坏而暴露身份被捕，解来南京，5 月牺牲。毛福轩是毛泽东在建党伊始，亲自培养的农民革命家。

口述人简介

毛建辉，毛福轩烈士孙女。1956 年 1 月出生于湖南省湘潭县韶山乡韶源村，中共党员。高中毕业后回乡务农。1978 年毕业于清华大学。1978 年起，先后就职于中国人民解放军国防科学技术大学、国防科工委卫星测控基地、湖南省人民政府经济研究信息中心、湖南省人民政府发展研究中心等单位。2016 年 4 月退休。

◎ 您爷爷在怎样的一种家庭环境中成长起来的？

我爷爷出生在湘潭韶山冲一个农民家庭，当时家里很穷，属于最贫穷的雇农阶层，基本没有田地也没有其他劳动工具，全家依靠我的太公（毛福轩的父亲）做短工、长工来维持生计。太公曾被清政府抓去当兵，在一次战斗中耳朵被震聋，眼睛被熏瞎。爷爷不得不过早地肩负起全家的生活重担，很小的时候就受雇给人放牛，没怎么上过学。后来我的太婆（毛福轩的母亲）眼睛也不好了，可能是在我爷爷牺牲以后，她伤心流泪太多导致的。

爷爷时常思索富人不劳而获、穷人劳而不获的问题，百思不得其解，便经常到毛主席那儿寻求答案。爷爷是毛主席的族祖父，毛主席家在韶山冲上屋场，与我们家大概相隔一两公里。1922 年，爷爷经毛主席介绍到湖南自修大学附设补习学校当校工，同时学些文化。他原本识字不多，但是他勤恳工作，奋发求学，文化水平和政治觉悟迅速提高，得到全校师生称赞。之后他和毛泽民一起受党组织派遣到安源煤矿从事工人运动，并在安源加入中国共产党。1924 年底，爷爷受党组织委派，从安源回到韶山开展革命工作。可

毛福轩烈士孙女　毛建辉

以说，爷爷是跟随着毛主席走上革命道路的。

◎ 您爷爷先在安源从事工人运动，后来回到韶山开展农民运动，在他这一段经历中有哪些让您印象深刻的故事？

1922 年，爷爷跟毛泽民一起，到江西安源参加工人运动。这期间，他机智勇敢，冲锋在前，经过了很多考验。同年，经毛主席介绍，爷爷加入了中国共产党。1924 年底，爷爷根据党的指示回到了韶山，次年 2 月，毛主席也回到韶山，他在毛主席的领导下开展农民运动，成为了毛主席的得力助手。他跟农民群众建立了广泛的联系，团结他们一起参与斗争。当时毛主席在家乡开办了农民夜校，鼓励农民学习文化知识，秘密宣传革命道理。爷爷还动员了我奶奶贺菊英上夜校学习。1925 年 6 月，在毛主席家的书房，毛主席亲自主持召开韶山党支部成立大会，宣布我爷爷担任党支部书记。

记得有这么一件事，我印象特别深刻。1925 年，韶山遇到大旱，地主趁机囤积谷米，抬高粮价，有些开米店的地主还悄悄把粮食运到外地卖高价，到处闹饥荒，老百姓很可怜。爷爷开展调查，组织了几百个农民将地主豪绅准备偷运往外地的谷米扣留了下来，迫使他们拿出一部分谷米平粜给农民，帮助农民渡过了灾荒。当然这也引起了地主豪绅对韶山党支部的痛恨，他们想尽各种办法来打压革命同志。

◎ 您爷爷在韶山支部开展了哪些具体革命活动？

韶山党支部建立时只有 5 位党员，很短时间内就发展到

100多名党员。因为毛主席亲自领导和培养爷爷，他的工作才能很快提高，成为家乡农民拥护的农运工作领导人。随后，他又担任了中共湖南区委特派员兼农运特派员的职务，负责湘潭、湘乡、宁乡县边区党的工作和农民运动。

1927年，毛主席回到湖南考察农民运动，爷爷全程陪同，一共去了湘潭、湘乡、长沙等5个县。毛主席每到一个地方都会作报告，跟农民讲解革命道理。有些人正是听了毛主席的报告参加革命的，比如彭绍辉就是在毛主席影响下参加革命的。彭绍辉也是韶山人，我去过他家，他跟我说，当年他在田里犁田，正好毛主席来作报告，他听了报告后深受启发，没跟家里人说就收拾了两件衣服去长沙找毛主席要求参加革命。考察结束后，毛主席写出了著名的《湖南农民运动考察报告》一文。四一二反革命政变后，反动派疯狂搜捕和杀害共产党员，韶山处在严重的白色恐怖之下，爷爷和其他革命者过着十分艰苦的生活。他不得不白天隐蔽在韶峰下的大石洞里，晚上出来联络同志，几个月过着“青草为席，石洞而眠”的艰难危险生活。

◎ 您爷爷后来被调往上海继续开展地下斗争，您能说说他在上海的革命活动么？

1928年，爷爷被党组织调往上海，他先在一个印刷厂工作，后来经上海地下党介绍，他化名毛恩灏，打入了金山县公安局当警察。在金山县公安局，爷爷工作出色，能力很强，而且多次立功，后来还被任命为公安分局局长。他当上分局局长后，利用这个身份，为党的工作搜集了很多重要情报，设法保护和营救革命同志。爷爷坚持地下工作5年，后来由于叛徒出卖，他的身份暴露了，1933年被捕牺牲。上个世纪八十年代有部电影叫《特殊身份的警官》，主人公就是以我爷爷为原型的。他为了党的工作，不怕吃苦，不怕艰劳，心中装着的都是为穷苦人民谋解放，这种坚定的革命意志确实给我们很大的鼓舞。

◎ 1959年，毛主席回到故乡韶山，接见了您奶奶贺菊英，能介绍下当时的细节么？

1938年，毛主席得悉我爷爷为党捐躯的消息，曾感慨地说："一个农民出身的同志，学习和工作那样努力，一直到担任党的省委委员的工作，是很不容易的。"1959年毛主席回韶山时，我当时只有3岁，印象不是很深了。我听奶奶说过，毛主席当天先去的韶山水库游泳，游完泳以后才到我家。我们当地老百姓听说毛主席来了，还没等毛主席进我家门，门口就已经人山人海、水泄不通了。我奶奶、父母带着我赶紧到坪里迎接毛主席。奶奶见到毛主席时心情非常激动，她走上前跟毛主席握了手，然后眼泪就掉下来了。毛主席对她说："毛福轩同志为革命牺牲是光荣的。"后来，毛主席请韶山的地下党员还有烈士家属在韶山宾馆吃饭，饭后他们还合影留念了。在那张照片中，我奶奶就坐在毛主席的右手边。

◎ 您爷爷的事迹和精神对您的家人有着怎样的影响？

1928年以后，爷爷先后在长沙、上海参加革命工作，直到1933年牺牲。他在家里的时间很少，我奶奶对此从来没有过怨言，他们没有吵过架，这些都是奶奶后来告诉我的。爷爷牺牲以后，家里生活更加困难，太婆带着姑姑去要饭，奶奶到长沙做女佣，父亲给人放牛。爷爷牺牲时，我父亲只有8岁。他曾跟我说过，家庭那么困难，而他作为家里的男子汉，觉得自己应该支撑起这个家，所以他在13岁时就是家里的顶梁柱了。

爷爷对我们的影响用我父亲的话来说，一是做人要诚实，二是要讲奉献。我们的前辈奉献了自己的一切，包括宝贵的生命。作为后辈，我们要发奋图强，不能给前人抹黑，要继承前人的遗志，尽自己最大的努力为这个国家做出自己的一份贡献。每当听他们说过去的事情，我都非常感动。包括我爷爷在内的无数革命者心里装着的是中国的老百姓，他们为广大劳苦大众求解放。不管多么艰难困苦，他们革命意志坚定不移，把生死置之度外。他们顾不上家庭，上不能赡养老人，下不能抚养小孩。所以我认为，从某种意义上来说，烈士的上一辈和下一辈都间接地为革命做出了奉献。

◎ 您能介绍一下您的工作和生活经历么？作为烈士后人，有没有一些感悟能跟我们分享？

高中毕业后，我回到农村劳动了三年，这几年很辛苦，既要参加民兵营的训练，同时在兴修水利期间要一起去干农活，这期间我很努力地劳动。1974年，当时有政策推荐工农兵上学，我被推荐到了清华大学，跟我一批的还有毛新梅烈士的孙子。1978年毕业以后，我被分配到长沙工学院，也就是后来的中国人民解放军国防科学技术大学。我们穿上军装后由农民变成部队院校的一员了。1981 年我被调到卫星测控基地，在通讯中队收信分队任技师，后任政治处干事。我在部队期间执行过几次卫星测控任务，参与了“尖兵”卫星、导弹、地球同步卫星的测控。当卫星发射，升空到达一定的高度后，在太空中运行，就全靠我们测控基地测控。我们站是活动站，在固定站测控不到的运行段，就由我们活动站外出建立临时测控点执行测控任务。我在部队时曾几次到福建厦门、甘肃安西戈壁滩执行任务，每次外出需要将所有设备物资装卸，到达目的地后再安装，这一系列工作需要付出的辛劳真是难以言喻。有媒体曾报道过，称我们活动站为“追星赶箭的大篷车队”，我作为“追星赶箭”的航天人中的一员，见证了我国航天事业的一段发展进程，并为此贡献了自己的青春和一份力量，对此我感到很骄傲。1988 年我转业到了地方，在湖南省政府发展研究中心工作，一直到 2016 年退休。

我只是个平凡的人，清清白白做人，踏踏实实做事，认认真真做好自己的本职工作，我一直是这么要求自己的。我深受祖辈父辈教育影响，觉得自己要发奋努力，要继承先烈的遗志，要有为这个社会添砖加瓦的心境。新中国成立以后，在共产党的领导下，人民的生活变得越来越好了，这跟前人的努力和奋斗是分不开的。我认为日子虽然过好了，但不能忘记为打下今天江山而牺牲的先烈们，他们的奉献精神需要我们传承下去。可现在有的共产党员忘记了这些，党内出现了贪腐等违法违纪现象，这跟革命先烈的精神是背道而驰的。作为一名烈士后代，作为一名共产党员，我将继承革命先烈优良传统，为社会主义建设发挥自己的一份光和热。

（岳静　采访、整理）

父亲（爷爷）的历史是精神财富，不是炫耀资本

——罗伟民、罗超回忆罗登贤烈士

采访背景

时　间：2018 年 4 月 28 日

地　点：广东省省广州市东山区罗伟民家中

口述人：罗伟民（罗登贤烈士之子）

　　　　罗　超（罗登贤烈士之孙）

烈士简历

罗登贤（1905—1933），原名罗举，化名达平等，广东南海人，中共党员。1925 年加入中国共产党，参与组织领导省港大罢工。1928 年 5 月任第五届中央临时政治局委员、常委，6 月在党的六大上当选为中央委员、中央政治局候补委员，后递补为中央政治局委员。1929 年 1 月任中共江苏省委书记，8 月任中共中央组织部副部长。1930 年任中共广东省委书记、中华全国总工会党团主任、中共中央南方局书记。1931 年 2 月任中共中央驻满洲省委代表，12 月任中共满洲省委书记兼组织部长。1932 年 12 月任中华全国总工会上海执行局党团书记。1933 年 3 月在上海出席全国海员工人会议时被捕，4 月解来南京，8 月牺牲。

口述人简介

罗伟民，罗登贤烈士之子。1932 年出生于哈尔滨，出生几个月后，由母亲周秀珠带回香港交由姑姑抚养，后就读于香港培侨中学。新中国成立前夕，随在港的大批爱国民主人士一道回到祖国怀抱，就读于北京华北中学（现北京市一零一中学）。1951 年参军，在空军预总学习，

后分配到空军战略轰炸机大队——空军独立四团服役，期间荣立三等功三次。1979年进入广东省委八办工作，后被派至新华社香港分社工作。现已退休。

罗超，罗登贤烈士之孙。1964年出生。1984年毕业于暨南大学经济学院会计系，后进入广东粤海进出口公司财务部工作。现已自主创业。

◎ 您能谈谈您小时候的成长经历么？

我父亲在南京雨花台牺牲时，我还未满周岁。我父母1929年在南京结婚。当时，父亲任中共江苏省委书记，母亲周秀珠任中共中央妇委委员。1932年10月27日，母亲在哈尔滨生下了我。当时父亲因为抵制王明的“左”倾错误已经被撤掉中共满洲省委书记职务，但他仍然执着地奔忙于东北各地组建党领导下的抗日武装，指导抗日统一战线的实践，坚持和东北人民同生死、共患难。父母亲严格遵守党的秘密及工作纪律，毫不忽略地下工作的任何细节，同父亲在一起工作的冯仲云和薛雯夫妻都不知道母亲生下了我。同年底，母亲以虚弱的身体抱着两个月大的我跟随父亲到达上海，此时父亲担任中华全国总工会上海执行局党团书记。为了不影响党的工作，在我还不满三个月时，母亲独自一人忍痛将我送到香港的姑姑家抚养。此后我们母子俩和父亲再也没有见过面。

罗登贤烈士之子罗伟民（前）、之孙罗超（后）

我自小跟姑妈一家生活，姑妈为了保护我，她从不肯向外人透露我的身世，外人问起只说是捡回来的孩子，我连名字都没有。1942年日本侵略香港，姑妈被迫逃往日本，我回到乡下的叔叔家。1945年抗日战争胜利，我又辗转回到姑妈身边。重返香港后，我开始到夜校上学，过起早上在湾仔街市当小贩卖芽菜、晚间读小学学写字的生活。随后，姑妈将我送入知名的爱国学校培侨中学,我到爱国学校读书肯定是得到了香港地下党的帮助。我后来才知道母亲一直和香港的地下党有联系。“伟民”这个名字是培侨中学的班主任朱慕湛替我起的。我当时从三年级读起，是学校里为数不多的“大学生”（大龄学生），半工半读，上课之余要负责打扫卫生和打上课铃。1949 年春夏之交的某天，我在组织的安排下，登上一艘开往韩国仁川的客货船踏上回程。临行之时，姑妈郑重地将父母留在世上的唯一合照交到我的手上。

◎ 您与母亲再次相见时的情景您还记得么？

1955 年，我到南京雨花台烈士陵园凭吊父亲时，将父母亲这张照片捐赠给雨花台烈士纪念馆。来到北京后，廖承志伯伯和连贯叔叔告诉了我母亲的地址。母亲还在，这对我是个很震撼的消息，因为过去那些年，一家人都以为我父母已经在革命中都牺牲了。我父亲牺牲时，我母亲年仅 23 岁，她把悲痛和思念深藏心底，继续革命。1934 年秋上海地下党组织遭到破坏，母亲被捕，受到严刑拷打。几经辗转，她在武汉找到了周恩来，同去了延安。我当即按连贯提供的地址给母亲写了封信，很简短，大致内容是：妈妈，我是你的儿子伟民，我回来了，现在北京华北中学读书。没过多久，我见到了日思夜想的母亲。母亲向我讲述了父亲的情况，父亲的坚强勇敢、战斗到生命最后一刻的英雄气概引起我心灵上的强烈震撼，我的内心掀起了巨大的波澜，成为我一生取之不竭的精神财富。

◎ 您父亲的革命精神对您后来的成长经历有哪些重要影响？

1950年抗美援朝战争爆发，我想起我的父母一生从事革命，于是我决定参军，穿上戎装，最终成为一名航校军人。航校毕业后，第一次分配工作时我就被分配到了南京大校场机场，我就在那个时候第一次去了雨花台。我虽然和父母没能生活在一起，对他们没留下什么印象，但是他们在我的心中是伟大的。长大以后，我越来越了解他们，越来越理解他们，越来越思念他们。我为他们感到自豪和骄傲，我很敬爱他们。我虽然只是一个普通人，但我要学习他们的革命品质，我不能给父母亲抹黑。文革期间，我从武汉军区空军工程部下放到广州第二电器厂，从一名立了三次功的军队干部摇身一变成了工厂学徒工，妻子从部队军医下放为工厂工人。我在下放工厂期间，一次作业时从四五米高的房顶摔下来，结果将股骨颈、盆骨摔成粉碎性骨折，不过我并不后悔。那时候，吃大锅饭，谁都可以偷懒，但是我觉得越是在逆境中，越要守好一个共产党员的本分。

改革开放之后，我到广东省委八办工作，我和家人从不在别人面前提起自己的烈属身份，甚至连妻子的家人对此事都不甚了解。父亲的历史是精神财富，不是炫耀资本。多年来，我一直很遗憾，没能在父亲面前叫过一声“爸爸”，父亲直到牺牲也没听到儿子的一声呼唤。如今，我思考得最多的就是如何将父亲一辈为革命不惜牺牲的崇高精神传递下去，我要求两个儿子要好好学习爷爷的精神，在我们家，爱国、听党的话是最根本的。

◎ 您从什么时候开始了解爷爷的革命事迹？①

我在武汉出生，记得小时候家里有一本关于雨花台烈士的小册子，上面写了几行字，说我爷爷是为革命牺牲的烈士。后来我回到广州，父母没有特别地跟我讲爷爷的故事。文革结束以后，我开始读初中，在初中的课本上我读到陶铸的女儿陶斯亮写的纪念她父亲的文章，文章中描写她父亲在南京中央军人监狱怎么和国民党斗争，当时陶铸写了一首诗，我记得就是最后一句“漫凭热泪哭施罗”，那一页下面有一个注解“施”就是邓中夏，当时化名是施义，“罗”就是罗登贤。父亲就跟我讲，“罗”就是我的爷爷罗登贤。后来，我自己从书上了解到爷爷的更多事迹，也开始有意识地收集爷爷的事迹材料。

爷爷从一个旧社会的童工一步步成长为中国共产党早期领导人。他很小的时候父母双亡，生活非常艰辛，11岁就跟着姐夫到香港太古船厂当学徒，在中国共产党成立之前，就积极参加工人运动。1922年初，作为党领导的第一次工人运动高潮起点的香港海员大罢工爆发，工会积极分子联合香港金属业工人成立了香港金属业工会，爷爷被推举为领导人之一。中共广东区委派杨殷、陈日祥同志到香港开展工

①自该部分起，相关内容由罗超口述。

作。在这些共产党人的影响下，爷爷开始接受马克思主义，于1925年春加入中国共产党，随之担任中共香港支部成员。在省港大罢工结束后，他被选为中共香港市委委员、常委，继续领导工运工作，成为著名的工人运动领袖。省港大罢工的时候，爷爷比较年轻，没有留下多少材料，现在关于爷爷的材料大多是1927年四一二反革命政变之后的。他读书不是很多，但是他学习很刻苦，当时我们党很多的高级干部都是大知识分子，而爷爷是靠自己刻苦自学。我父亲有个表姐比我爷爷稍大一点，是我姑婆的养女，她说我爷爷当时在香港从来都没有带她出去玩过，他自己在阁楼看书，一回来就看书学习。

◎ 您爷爷先后参与领导广州起义、东北人民抗日，您了解他在这些革命斗争中的一些细节么？

四一二反革命政变之后，爷爷作为中共广东省委委员参与了广州起义的领导工作。他冒着极大危险往返于香港和广州之间，进行起义前的各项准备工作。他和周文雍等同志将工人自救队、工人利益维持队等广州工人武装改编为统一的工人赤卫队，按行业编为7个联队。他参加了赤卫队总指挥部的领导工作，并兼任第一联队队长。广州起义的枪声打响后，他带领第一联队负责攻打公安局和保安队。广州起义3天就结束了，战斗还是比较惨烈的。起义失败后，爷爷和黄平一起代表广东省委向周恩来汇报了广州起义的情况。1928年4月底至5月初，周恩来等前往莫斯科参加党的六大。同时，中央决定由李维汉、任弼时、罗登贤三人组成中央临时常委会，邓小平为留守中央秘书长，主持国内工作。于是爷爷由香港来到上海，担负起中央所委托的重任，后又相继担任中共江苏省委书记、中共广东省委书记、中共中央南方局书记、中华全国总工会党团主任、中共中央军事部书记等重要领导职务。

1931 年九一八事变前夕，党中央派爷爷任中共中央驻东北代表，到东北指导中共满洲省委工作。这一年 12 月，爷爷任中共满洲省委书记，领导东北人民抵抗日本侵略者，成为党在东北发动抗日斗争的领导者。据冯仲云回忆，1931 年秋，罗登贤同志召集北满中共高级干部在哈尔滨冯仲云同志家里开会，罗登贤说："蒋介石国民党以不抵抗政策出卖东北同胞，我们中国共产党人一定与东北人民同患难共生死，争取东北人民的解放……党内不许任何人提出离开东北的要求，谁如果要提出这样的要求，那就是恐惧动摇分子，谁就不是中国共产党员。"当时东北的党组织基础比较薄弱，我看到一些材料上记录，在爷爷等人的努力下，杨靖宇、赵尚志、饶漱石、赵毅敏等 20 多位同志先后被营救出来。经过培训，这些干部被派往各地，为领导广大民众开展抗日斗争作出贡献。中共满洲省委先后派遣 200 多名优秀党、团员到各部义勇军中参加领导工作，派李兆麟等到辽阳一带，派周保中、李延禄等去吉东地区开展抗日救国军工作，派杨靖宇到磐石整顿和发展游击队，派冯仲云去汤原创建游击队，中国共产党直接领导的多支抗日游击队在东北相继建立，逐渐成为东北抗战的中坚力量，次年 12 月爷爷离开东北。

◎ 您爷爷被捕以及牺牲的情况您了解么？

1933年3月，由于叛徒告密，爷爷在上海公共租界被国民党勾结英国巡捕所逮捕。在法庭上，爷爷的义正辞严批驳得法官无言以对，狼狈不堪地中止了“审讯”。他把敌人的法庭变成了审判敌人的法庭。在狱中他遭受了非人的折磨，当时腿都被压断了，这对整个身体的摧残是非常严重的。他浑身伤痕累累、血迹斑斑，肌肉成块腐烂，但他始终宁死不屈。敌人还派大叛徒胡均鹤来监狱劝降，被爷爷和难友们痛打一顿，以后再也没有叛徒敢来劝降。

敌人狼狈不堪，迅即把爷爷转押到南京宪兵司令部牢房。党组织通过各种关系营救他，宋庆龄曾到狱中探望，并亲自到南京要求释放他，但遭到蒋介石拒绝。国民党反动派在对红军第五次“围剿”前夕，加强了对革命力量的镇压。他们最终要对爷爷下毒手了。1933年8月29日，敌人问爷爷有哪些遗言，他说：“我个人死不足惜，全国人民未解放，责任未了，才是千古遗憾！”他壮烈牺牲在雨花台刑场，年仅28岁。

◎ 您爷爷的精神使您秉持着怎样的一种家风？

爷爷牺牲以后，上海《中国论坛》杂志发表了《在中国革命运动史中罗登贤的名字将永远是光辉灿烂的》一文，表达了人民对他的哀思。1933年冬，中华苏维埃共和国临时中央政府为了悼念他，将江西的会昌、寻邬、于都三县边区划出来，建立了登贤县。1934年6月26日，中华苏维埃共和国临时中央政府的机关报《红色中华》发表了《纪念罗登贤同志》一文，指出："罗登贤同志为了中国广大群众的解放，在国民党统治下进行长期的艰苦的斗争，献身革命的精神，是我们每一个革命者的光荣的模范。"组织上给予了爷爷很高的评价，他在我们全家人心中是一位顶天立地的英雄。

爷爷牺牲时没有给家人留下什么物质财富，然而却给子孙后代留下一笔精神财富。他的精神在我父亲身上得到很好的传承，父亲后来参加过抗美援朝，立过功，复员后就默默地在广州生活着，并时常提醒我们："不能活在父辈的光环下，一定不要给他们抹黑，要谨记无论如何都要做一个正直的人，一个为社会有贡献的人！"我也一直这样要求自己，感觉到有一种荣誉感、一种正气的价值观在激励着我，脑海中一直有一个自我约束的概念，一定要正直做人，认真做事。

（张国强　采访、整理）

一位刚烈的巾帼英雄

——陈鹄回忆母亲徐全直烈士

采访背景

时　间：2018 年 8 月 9 日

地　点：北京市国谊宾馆

口述人：陈　鹄（徐全直烈士之子）

烈士简历

徐全直（1902—1934），女，又名徐虔知，湖北沔阳人，中共党员。1918 年考入湖北省立女子师范学校。1922 年加入中国社会主义青年团。1923 年转为中共党员。1925 年与陈潭秋结婚。1927 年 3 月任湖北省妇女协会执行委员，大革命失败后，随陈潭秋辗转江西、上海、东北等地从事党的地下工作。1933 年 6 月因党的秘密联络点被破坏在上海被捕，解来南京，1934 年 2 月牺牲。

口述人简介

陈鹄，徐全直烈士之子。1928 年出生。1950 年 4 月毕业于重庆西南工业专科学校。1950 年 5 月至 2017 年 3 月先后在西南工业部、中南有色金属管理总局、中南工业部、第一机械工业部、国务院第三办公室、国家经济委员会、云南省计划委员会、国家基本建设委员会、国家计划委员会、中国国际工程咨询公司等单位工作。现已退休。

◎ 您第一次听到您母亲革命事迹是在什么时候？当时您有何感想？

1933 年春末夏初，我将近 5 周岁时，离开母亲到外婆家生活。外公是同盟会会员，参加过辛亥革命，称得上是一个骨干成员，1923 年病逝。我到外婆家时，家庭成员有：外婆、三姨（小学教师）、四舅（高中学生，后为教育学院学生）、小姨（师范学校学生）以及我姐（小学生）和我（1934 年春成为小学生），一家 6 口人生活费用全靠三姨的工资，经济上相当拮据。外婆勤俭持家，担负全部家务，特别是对我们姐弟俩照顾得无微不至，维系着一个虽然贫困但和谐幸福的家庭。1934 年初，母亲不幸殉难，我至今不知道这一噩耗是什么时候传到家中来的，因为家人一直瞒着我们姐弟俩。此外，为了安全，我们姐弟俩隐姓埋名，不知道父母的姓名和他们的身份。直到抗日战争开始，国共第二次合作，我姐和我已分别是小学六年级和四年级学生，才从家人偶然的谈话中逐渐掌握一些“信息”，我们经历了茫然、猜测，最终知道了一些实情，但仍然存在“这不是真实的”幻想，最终到幻想破灭的过程。在我稚嫩的心灵中，

徐全直烈士之子　陈鹄

失去母亲的悲痛，是一种慢性的折磨。

至于“第一次听到母亲革命事迹是在什么时候？当时有何感想？”严格地说，在新中国成立以后，我拜见革命前辈时陆陆续续听来的。当时的感觉是母亲是一位伟大的女性，这使我加深了对母亲的思念。因为这种思念增加了理性的成份，母亲的形象更高大、更可敬了。

母亲离开我们已经 80 多年了，我至今始终思念母亲。我十分崇敬母爱，深切感到母爱是纯真、伟大、无私、舍己的最崇高的情感，是人类得以生存、繁衍、发展的根基。母爱不仅仅无条件地奉献给自己的子女，而且会发扬光大。我衷心赞美那些继母、养母，甚至奶妈、保姆以至奶奶、姥姥完全像对待亲生子女一样对待那些需要母爱而并非自己亲生孩子的崇高情操，用母爱抚育他们，含辛茹苦甚至付出巨大的牺牲把他们抚养成人。在这一点上，我有切身的体会。1938 年，为了躲避战乱，三姨、四舅、小姨和姐姐分别转移到大后方（鄂西和重庆），我跟随外婆回到她的娘家湖北省汉川县农村。外婆和我没有随家人一起转移到大后方，这有两方面的原因：第一，生活保障问题。当年三姨结婚后随同丈夫走的，四舅于 1937 年在教育学院乡村教育专科毕业，小姨 1937 年师范毕业，到大后方去谋职，估计收入不高，难以拖家带口。我姐姐已经 13 岁，可以入国立中学住读，免收食、宿、学、杂费。而我随外婆到农村，可以得到亲友的照顾，从事一些农业和家庭副业的劳动，生计问题较易解决。第二，当年到大后方去，全靠徒步旅行。外婆是小脚，承受不起，至于我，一者年龄尚小，上不了中学，二者可以陪伴外婆，为外婆念家书、写家书。

大约在1940年夏秋之交，鄂中、鄂东一带发生了瘟疫，相当一部分5岁到15岁左右的青少年高烧不退，因头痛严重，而且头部不能移动，不能直立而卧床，病程长达20天以上。那时的农村根本就无医无药，结果是死亡一部分，肢体、神经损伤致残一部分，也有一部分患者有隐性损伤，我也是患者之一，长大后发现有记忆力局部受损的现象。我患病期间，曾经高烧昏迷，当时不知道应当体外降温，反而强调保温、避风，两昼夜不省人事，外婆一直守在床头，不眠不休。第三天我醒过来，听到的第一句话是："哎呀！儿哪！儿哪！你醒了！醒了！儿哪！我的心肝……"当时的情景真是刻骨铭心，想到这里，我脑海中再现当时情景，我感觉到我的心似乎在颤抖。从1933到1941年的八年多时间，我和外婆昼夜相随，外婆用纯真的母爱抚育我、温暖我，弥补了我幼年丧母的重大缺憾，减轻了我心灵受到严重伤害导致的后遗症，使我能够以一个基本正常的状态生活至今。

◎ 您5岁之前一直与父母生活在一起，期间，您母亲给您印象最深刻的有哪些事情？

5岁之前的记忆只能是模糊的，且都是平淡无奇的，能表述出来的也不多，我就说三件小事。第一，大约在我3岁时，在一间空旷的大房间里，屋角有一张方桌和几个凳子，母亲点上一支蜡烛，在地上用小煤油炉做了一碗蛋羹放在方桌上，然后继续做饭，我跪在板凳上用一根筷子在蛋羹里划格子，突然掀翻了碗，蛋羹覆盖在我的左手上，立刻鼓起两个连在一起的大水泡，将手背全覆盖了。当时父亲在哈尔滨已经被捕入狱了。现在想来，母亲当时本已焦虑万分，丈夫被捕，孤苦无助，流离失所，而我还给她添乱。第二，大约在我 5 岁的时候，有一天父母亲分头外出工作，我由母亲带着，母亲抱着我走了一段路，我不知为什么主动要求自己走，她把我放下来，说：“真乖，知道心疼妈妈了！”我多少能感受到她的情绪，内心也很高兴，而且感到得意，因此留下了印象。第三，也是我接近 5 岁的时候，父亲外出回家以后，常常让我跨坐在他腿上，面对面谈话，谈话的内容毫无印象，只记得我们谈话中常常会引起父母的欢笑，我虽然什么也不懂，但我喜欢这种其乐融融的场面，常常主动要求跨坐在父亲的腿上。

◎ 您能谈谈 1918 年您母亲逃婚考学以及后来领导女师学潮、壮烈牺牲等情况吗？

我对母亲的认识和理解，完全是听革命前辈的介绍和从很少的文字材料中看到的。不少革命前辈对我母亲总体的评价是：革命意志坚定，对敌斗争性很强，疾恶如仇；工作积极、勇敢；对同志热情、诚恳，性格开朗；不计较名誉地位、个人得失，置生死于度外……我简述关于母亲的几件事例：

（一）抗婚出走

母亲幼年受我外公徐世安民主革命思想的影响，从小就有反对封建、追求自由民主的朴实思想意识。1915 年，外公被反动军阀以“乱党分子”为名逮捕入狱，判刑 8 年，家庭经济来源断绝。1916 年我的外婆傅克左只能将长女徐全德留在武昌女子师范学校就读，这个学校免收食、宿、学、杂费用，外婆带着其他未成年的三个女儿和一个儿子回到农村的娘家去谋生。当时外婆的父母和兄长均已去世，她的嫂子也是带着三个未成年的女儿和一个抱养的儿子生活，农业生产靠雇用少数长工,农忙季节雇临时工解决。外婆带着孩子寄人篱下，我母亲全力参加农业劳动，换取5个人的食宿，待遇与长工差不多。

1917年冬，母亲的二表姐病殁，生前已与附近一个大地主家的儿子定婚。母亲的二表姐病故后，大地主家派人前来吊丧，见到我母亲心生歹念，软硬兼施要娶她为妻。我母亲的舅母为了息事宁人保平安竟表示同意。外婆难以正面违抗，只能虚与委蛇，并与我母亲商定，伪装成在她毫不知情的情况下私自出逃。一天夜深人静，母亲告别外婆离家出走，在一路犬吠声中奔向汉江边的小镇脉旺咀，清晨乘船到武汉，投奔在女师就读的姐姐。姐妹俩商讨认为，她只有考取女师才能解决生计问题，于是在她姐姐的帮助下恶补功课。为了维持生计，姐妹俩还要抽时间当家庭教师或揽家务活干，当年秋季母亲被女师录取入学。

（二）带头闹学潮

当时的女师校长王式玉，封建意识特别严重，严格按封建礼仪、章法管理学生，我母亲十分反感，常组织同学表示反对并取得一些成果,或多或少改变了学校死气沉沉的气氛。不久五四运动爆发，她首先响应，组织同学游行示威，到其他学校和工厂宣传，自身也受到洗礼，提高了觉悟。在五四运动大潮推动下，王式玉聘请了董必武、刘子通以及我父亲陈潭秋等人进入女师任教，给女师带来了浓厚的革命氛围，母亲逐步成长为进步学生中的重要骨干。

1921年底，刘子通在武汉马克思学说研究会创办的刊物《武汉星期评论》发表《改良湖北教育意见书》一文，严厉批判封建教育制度，社会反响极大。1922年秋新学年开始，王式玉为了配合省教育厅打击革命力量，解聘刘子通，引起群情激奋。我父亲召集夏之栩以及我母亲等进步同学，指出这件事本质上是进步与腐朽、革命与反动的斗争，一定要旗帜鲜明地进行斗争，扩大社会影响，只要能推动社会进步就是革命行动。在我父亲指导下，他们发动周围同学对王式玉和省教育厅进行十分艰巨、顽强的斗争，得到武汉市大批学校和舆论界支持，形成社会广泛关注的女师学潮，在斗争中母亲加入了共青团。

（二）参加二七大罢工

1923年，我父亲受命主持领导京汉铁路工人运动，组织全线大罢工，2月7日在武汉发动罢工游行，父亲坐镇汉口江岸指挥，母亲等一批青年参与指挥所的工作。反动当局出动大批军警镇压工人，造成流血事件，并逮捕了罢工领袖施洋，勒令施洋下达复工令。施洋坚贞不屈，2月15日被反动军阀残酷杀害。几天后革命群众召开施洋烈士追悼大会，母亲在巨大的白色恐怖压力下参加大会，面对军警带领群众大呼口号，母亲在此期间加入了党组织。二七大罢工被残酷镇压，父亲等人遭到通缉，他们奉命转移到安源路矿工人俱乐部工作。

（三）大革命时期的活动

1924年1月，国民党一大在广州召开，国共两党实行第一次合作，武汉地区的革命运动蓬勃发展起来，迫切需要大批干部。党组织调我父母亲返回武汉重建党的机关——中共武昌地委，由父亲担任委员长一职，母亲担负妇女工作。6月，董必武在我父亲全力协助下筹组中国国民党湖北省临时党部。直到1927年蒋、汪叛变革命，共3年多岁月，湖北革命运动风起云涌，成效卓著，对北伐战争发挥了重大作用。此后，随着革命斗争的需要，母亲有时担任党内职务如妇女部长，多数情况下直接任父亲的助手，母亲除1926至1927年曾任湖北省立第二小学校长外，从未担负社会工作。

1925年上海发生了五卅惨案，在党的领导下，武汉市掀起了轰轰烈烈的反帝高潮。父亲和母亲始终站在斗争的最前列，在军警包围、剑拔弩张的局面下，父亲以国民党湖北省党部领导人身份、母亲以湖北省妇女联合会负责人身份在大会上发表演讲。母亲更深入军警中做工作，晓以大义，防止他们莽撞。在此期间，有三艘英国军舰停泊在武汉江面，虎视眈眈。有一天，母亲带领几位身穿学生制服的青年，划着一只小木船，靠近英国军舰，将一捆用英文写成的传单扔上军舰，劝导英军士兵不应与中国老百姓为敌，劝他们回去与家人团聚，一时传为佳话。

（五）勇敢、机智完成特殊任务

1931年秋，周恩来向我母亲布置任务，让她和戚元德一起，到一位同志的原住处取回中央组织部的一份机密文件。那里原来是一对党员夫妻租住一对老年夫妻的二楼，有一天丈夫以商人身份作掩护外出与几个商人谈生意，可能是对方有违法行为，谈完生意出门，被经济警察逮捕，深夜仍未回家。妻子以为丈夫出事，赶紧撤除安全信号，离开住处，但忘了取走藏在马桶柜夹层中的机密文件，又未向房东打招呼，次日房东报了警。丈夫因未涉及经济犯罪，很快被释放，夫妻二人见面后发现马桶柜中的重要文件没有取出，立即向组织报告，这时原住房已被敌特控制。母亲与戚元德经过缜密的调查研究、机智地完成了任务。

（六）狱中坚贞不屈、视死如归

1933 年春，党组织调我父母亲去中央苏区工作。当时母亲有孕在身，决定让父亲先行，母亲安排好孩子后再动身。但就在母亲将新生儿送往朋友家临时照看，由三妹不日到上海接回武汉，自己准备动身之际被捕。在狱中，母亲坚贞不屈，以“共党嫌疑”被判 8 年有期徒刑。她在狱中鼓励难友坚持革命信念，组织难友对监狱方的恶行进行不懈的斗争，包括两次绝食斗争，收到一定的效果，监狱给她的报复是加刑至 15 年。

典狱长为强化劝降，与她个别谈话，竟然说道：“你只要悔过自新就可以出狱……你是一个有婴儿的母亲，你丢下婴儿不顾，你的母爱哪里去了？”她怒斥道：“你们这种人丧尽天良，祸国殃民，杀人不眨眼，有什么资格谈论母爱？”母亲回到牢房一言不发，难友询问，她痛哭流涕地说：“国民党特务太歹毒了，说我丢下婴儿，没有母爱，比拿尖刀捅我的心还狠。”跟她同狱的长辈还告诉我：“在狱中，徐全直表现十分坚强，从未见她唉声叹气，更未见她伤心落泪。仅这一次见她如此伤心。她殉难前，告别战友时神情镇定，鼓励战友坚持斗争，步出牢房时用‘中国共产党万岁’代替‘再见’。”

外婆得知我母亲被捕后，立即找到当年与外公一起共过事的张难先，请他出面营救。张老先生努力了，但特务机关声称我母亲必须到反省院反省后才能释放，当然被我母亲断然拒绝。我母亲牺牲后，张老先生致函我外婆，其中写道：“此女太刚烈，未能挽回噩运，令人痛惜。”国民党法院对我母亲的死刑判决书中列出的罪名是“拒绝坦白自新，侮谩公职人员，妨碍他人自新，不可理喻。”

◎ 您5岁时，您父母决定把您送到武汉交给外婆抚养，可以谈谈您个人此后的经历吗？

1928年5月21日我出生在南昌。1933春我到外婆家，1934年2月入湖北省立第六小学，1938年秋冬我随外婆躲避战乱到湖北汉川农村。1941年底辗转到重庆，1942年考入中央大学附中初中，舅父带我去拜望董老，探询我父亲的消息并提出能否让我去延安。董老和我们谈话的主要内容：我和潭秋同志多年没有联系了，只知道他于1935年去莫斯科了，现在他在哪里我也不知道，大约不在延安，否则我应该知道。不过这不是你能否去延安的原因，你去延安组织上会很好地照料你。你目前不能去延安，主要是安全无保障。前一段时间，有两批青年在去延安的途中失踪，因此你只能暂时留在重庆。好在你已经考入中大附中，我知道这个学校是大后方最好的公立学校，入学后生活问题也基本解决了。希望你努力学习，掌握了文化科学知识将来会有用处。但是，在此期间不要参与任何政治活动，不要找党组织，目前党组织也不找你，条件允许时，党一定会找你……临行时，董老留我们吃饭，但我们需要乘长途汽车返回50公里以外的青木关而惜别。董老给了我一笔钱，我舅父买了一段绿色棉布为我缝制了两套短袖短裤的童子军制服，我穿了3年。我在重庆呆了8年，直到1950年4月在重庆西南工业专科学校毕业，此后我在西南工业部等单位一直从事经济建设管理工作。

◎ 您对父母献身革命有何认识？对您有什么样的影响？

我父母出生在一个历史悠久、文化积淀深厚，然而政治制度腐朽、民不聊生而且毫无人权保障的泱泱大国之中，帝国主义列强对中国虎视眈眈，肆无忌惮地蚕食、瓜分中国。在这样的历史条件下，中国必然要发生史无前例的变革社会制度和政治制度的革命，这种革命必然是由一部分先进分子发起、宣传并身体力行才能进行下去。我父母就是在这种环境下应运而生的先进分子，他们具有一定的文化水平，他们从中华传统文化中汲取了优秀的成分，同时汲取了适应时代要求的进步思想。他们认定了追求社会进步，追求国家繁荣富强为最神圣的目标并立志为之终身奋斗。他们亲眼目睹革命者的流血牺牲，深刻体验到中国革命的艰巨性、残酷性，他们甚至意识到中国革命的长期性，自己心甘情愿当探索者和铺路石，从来没有考虑过自己的利害荣辱、成败得失。他们是中华民族的优秀儿女，他们充分实现了自己的人生价值，生的伟大，死的光荣，堪称楷模。

我认为“常人”也有优劣之分，是可以分等论级的，我判定自己在常人中属于中间偏下的庸碌之辈。我可以用一个具体事例来说明我的判断和自我评价：大约在我六七岁的时候，我三姨给我一本薄薄的儿童读物，一共20多页，每页讲一个指导人生的观点。每页上半部有几句话，下半部是简单明了的黑白图画。其中有一页下面画的是：前面一人骑着高头大马，衣着光鲜；中间一个看似比较富裕的农民骑着小毛驴；后面一个明显像苦力的人吃力地推着一辆独轮车。上半页有四行字："别人骑马我骑驴，仔细思量我不如。回头猛一看，还有推车汉。"用武汉方言，"如"发音同"鱼"，四句话读起来两两押韵，朗朗上口。80多年了，我还能清晰地记住这一篇，而其他20多篇脑海中早已全无踪影了，这说明这个观点影响并伴随了我一生。当然我的人生观地形成和发展变化并非仅仅取决于这一个因素，而是多种因素作用形成的。这个观点的核心内容是满足于"比上不足，比下有余"，体现在个人行为上，好处是不奢求、守本份，坏处是不求上进、不奋发图强，这是我直到89岁才做出的自我判断。

大约20年前和友人聊天，我曾说过："'天下兴亡，匹夫有责'，这样说来，做一个好的匹夫也不容易，一个人不妨把自己的人生目标定为做一个合格的匹夫，这个目标实际上是一个终生追求、永无止境的目标。"友人回答说："你这个论点看似平凡，其实立意高远，每一个匹夫都有这样的责任感就很好了！"今天看来，我今生今世是达不到做一个合格的匹夫的目标了。我认为"常人"和"匹夫"应该是同义语，庸庸碌碌的常人，当然不是一个合格的匹夫。

进入耄耋之年以后，回顾过去，庸碌一生，产生了"少壮不努力，老大徒伤悲"的叹息，我已年逾90，已无法补救于万一了。总之，我觉得与父母以及其他先烈相比，我还存在许多不足。

（徐霞翔　采访、整理）

父亲说我长得像妈妈

——刘爱琴回忆母亲何宝珍烈士

采访背景

时　间：2016年7月30日

地　点：北京市江苏大厦

口述人：刘爱琴（何宝珍烈士之女）

烈士简历

何宝珍（1902—1934），女，又名何葆贞，化名王芬芳，湖南道县人，中共党员。1918年考入湖南省立第三女子师范学校。1922年加入中国社会主义青年团。1923年转为中共党员。1923年到安源路矿工人子弟学校教书，4月与刘少奇结婚，后随刘少奇在广州、武汉、东北、上海等地从事革命工作。1933年任中国革命互济会营救部部长。1933年在上海营救被捕同志时被捕，解来南京，1934年秋牺牲。

口述人简介

刘爱琴，何宝珍与刘少奇之女。1927年4月出生于湖北汉口，同年交给汉口一工人家庭抚养。1938年由党组织找回延安，与父亲团聚。1939年赴苏联莫尼诺国际儿童院。1946年考入莫斯科通信技术学校学习。1949年随父亲回国。1966年加入中国共产党。先后在河北师范大学、北京中国人民警官大学担任俄语教师、副教授。曾获全国妇联授予的“三八红旗手”称号以及公安部授予的人民警察一级金盾荣誉奖章。现已离休。

◎ 您是1927年在武汉出生的，您知道您是哪天出生的吗？您出生不久，因为四一二和七一五政变，您父亲和母亲被迫离开武汉，就把您留在武汉了。您还记得小时候的事情吗？

说是4月份，但是具体是哪一天就不知道了。后来我就把4月1号作为生日。这确实是一个挺有意思的事儿，在我的心里是觉得挺好玩儿的，因为我到十来岁了，都不知道谁是我真正的父亲母亲。我有一个养父，那家人对我都挺好的，他们是武汉的工人积极分子。那个时候我认为他们是我的父母，家里有一个比我小两岁的男孩。后来他们找不到工作，到农村去，在农村也没地，也没有钱，家里还有一个老太太，日子过得很艰难。我七八岁的时候，他们实在没有办法，就把我送人了。到了那户人家，他们要走，把我留下来。我就跟着养父母说“我不去”。我的买家是两个男的和一个女的，我看他们家庭的样子，是女的做主。他们在谈，谈的内容我也是听得懂的，就是在讲价钱。我的养父母刚走，那个女主人拿了一把扫把，让我干活去。主人家也不是什么有钱的人，都是泥土地，院子里也是泥土地。

何宝珍烈士之女　刘爱琴

以后我就做家务啊，打水啊，洗衣服啊，做卫生呀，天天就是这些活。有时候家里没吃的，我去野外捡一些能吃的野菜，回来洗洗，煮一煮，弄着吃。

我写过一本书《我的父亲刘少奇》，我的一些故事、我的一些遭遇书里面都有。我来讲讲有次掉井里的故事。主人家前面有一块平地，边上有一口井，我天天给他们打水。那时也吃不饱饭，没有什么力气。有一次，打水的时候，一桶水拉不动，那桶水就把我拽下去了，我当时不自禁地“哎呀”叫了一声，家里的男主人听见了，跑出来看，绳子还没有完全落下去，就把我给拽上来了。那个时候吃苦太多了，挨打、挨掐是常有的事，我这只耳朵（给采访人看右耳朵）就老是被揪，严重的时候还流血。后来我在苏联，还有人问我这两个耳朵怎么不一样。

◎ 1938 年，您父亲在《新华日报》上发表了一张寻找女儿的启事，通过组织找到了您。您记得是怎么到延安的以及第一次见到父亲的情景吗？

那一次，来了两个小伙子，是在汉口上班的。后来我才知道，这两个人是《新华日报》的。当时我也不认识他们，他们都很年轻，但是很奇怪，我就是把他们当亲人了。那家主人认为他们把我养了几年，还在谈价钱。以后，爸爸一直教育我说让我要好好念书，好好学习。他一直说“孩子啊，你是党用钱买回来的”。

我是从武汉坐火车到西安，又从西安坐汽车到延安，和我同行的还有两个女生，她们应该是姐妹俩。到了延安的时候，爸爸不在，别人把我们三个安排在一个小房间里。我们上午到的，吃了中饭然后休息。一直快到下午5点了，突然两个小姑娘跑过来和我说："刘爱琴，刘爱琴，你爸爸来了。"我问："爸爸在哪？"然后有两个人把我领过去。我过去之后也不认识哪个是我爸爸。然后我爸爸就把我往他身边搂，我就朝后退。他让我喊爸爸，我心里有点想叫，又不敢叫，有点矛盾的感觉。周围的人就一直让我叫，最后我就哇的一下哭了，毕竟我十多岁了从来没有叫过，突然让我叫爸爸，也是有点措手不及。然后他就摸着我的头说不要紧不要紧。

◎ 那时您是不是感觉到父亲很疼你，还有具体的细节吗？

那时候是爸爸最疼我的时候，那么多年了，小小的我就被送人了，到十几岁了，突然有爸爸了。骑马时他把我抱在后头，让我抱得紧紧的，说别摔下去了。之前我没骑过马，也没见过人骑马。我能感受到爸爸很疼我。

爸爸还教我认字。在窑洞里，他拿了把椅子，坐在炕边，让我靠在他的身边，拿了纸和笔，写了一个字，问我认识这个字吗？我说认识，他说念什么？我说打倒的"倒"，他说你还认识"倒"呢。一路上从汉口到延安，全是"打倒日本帝国主义"的标语，我看着像。爸爸就又写了一个"倒"字。他其实第一个字写的不是"倒"，而是"劉"——"刘"的繁体字，是我们的姓。我十来岁了，还不认识"刘"字。

◎ 您是在延安的时候才第一次知道您母亲是谁？父亲、母亲的战友有没有跟您说过母亲的事情？

那个时候爸爸告诉我妈妈何宝珍已经牺牲了。那时也没有照片，不知道妈妈是什么样的。爸爸说和妈妈是在长沙毛泽东、杨开慧家认识的，在安源结婚的，妈妈那时是个女学生，很年轻。爸爸说我长得像妈妈。

我还听过帅孟奇妈妈讲过我妈妈的故事。妈妈在监狱的时候，她们是狱友。帅妈妈对我特别好，她把我当自己的女儿，给我讲故事，讲我妈妈在监狱的故事。妈妈开始没有暴露自己的真实身份，被判了 15 年。在狱中，她热情乐观，很关心狱中难友，用竹签磨成缝衣针，帮同志缝补衣服。妈妈在监狱里很勇敢，领导过绝食斗争。

帅妈妈特别提到，妈妈在狱中的时候，也很想念我们几个孩子，有时候会对着墙角流泪。帅妈妈去安慰她时，她说：“干革命还顾得了这些，人民不解放，我的孩子们也得不到幸福，但愿小宝贝们能在艰难的环境中活下去，等革命成功后，找到他们，一定要送他们去学习。让他们学科学，学技术，建设我们的新国家。”

◎ 您知道您母亲是怎么被捕的吗？

知道，她是为救廖承志被捕的。那段时间上海特别严，国民党已经有跟梢。妈妈那时是互济会营救部部长，为了救廖承志还是得活动。这一次是到廖承志母亲何香凝那，发现有人跟踪她。妈妈觉得这一次不对劲，也没多待，还和廖妈妈口头上达成了一致，说是到她那里买画去了。但还是被盯上了，一回去就有人跟上来了。当时她还没来得及处理那些文件，匆忙扔到火炉里。我不是还有个弟弟吗？毛毛，毛毛那孩子挺好的，挺聪明的，长得也好看。妈妈就先把毛毛推到隔壁去了，让隔壁的人稍微给带一会儿。后来妈妈就跟着那些人走了，毛毛也就没有家了。毛毛一直没人管，就在上海流浪，一直到1946年的时候才被找回来。

◎ 毛毛很迟才被找回来，您和哥哥早一些，您在延安呆了多长时间？

在延安其实也没待够一年。就在延安念了一年书，之前也没有念过书。我原来不知道我有哥哥，到了延安才知道我有哥哥。之后因为周总理胳膊摔断了，去莫斯科治胳膊，带了我们几个孩子一起去。但实际上我们没有跟着总理走，我们坐了一个大卡车，15个孩子还有两个大人，就这么去了苏联，在苏联呆了10年。

◎ 您还记得第一次到雨花台是什么时候？您想念母亲的时候是一种什么样的心情？

第一次来雨花台是1976年清明节的时候，我和我儿子一块从北京买了个大花圈。当时我不想麻烦雨花台这边工作人员，我是7号去的，坐火车到了南京以后，换乘了无轨电车，就直接上了雨花台。我和我儿子把挽联什么的都弄好了，在那行礼，想着妈妈是在这里牺牲的。后来在雨花台走了一圈，捡了几颗雨花石，带回北京。

父母对孩子的影响是一直在的，不管是活着的还是不在的。我一直想坚持像妈妈一样，在心里时刻把自己锻炼的更坚强一些。我有一定的经历,我哥哥和弟弟在这方面都不如我。因为我从小被卖来卖去的，生活经历艰苦。活着的人自己要坚强一点，往前看，不这样的话不就是投降了吗？我们不能被这些苦难打倒。

（向媛华　采访、整理）

青出于蓝而胜于蓝，祖父说他不如儿子

——顾世惠回忆叔父顾衡烈士

采访背景

时　间：2018 年 11 月 16 日

地　点：江苏省南京市秦淮区顾世惠家中

口述人：顾世惠（顾衡烈士侄子）

烈士简历

顾衡（1909–1934），化名翟大来，江苏无锡人，中共党员。1927 年考入第四中山大学（1928 年 5 月改称中央大学）。1929 年冬赴北京参加革命工作。1930 年加入中国共产党。1931 年任中共安徽省太和县委书记。1933 年 6 月任中共南京市特别支部书记。1934 年初任中共南京市委负责人。1934 年 8 月因中共南京党组织遭破坏后，在中央大学附近的秘密住所被捕，12 月牺牲。顾衡是中共南京党组织第八次遭破坏时牺牲的主要负责人。

口述人简介

顾世惠，顾衡烈士侄子。1936 年出生。1954 年考入复旦大学物理系，后并入北京大学物理系学习。1958 年毕业，在中科院四川分院工作。1962 年调到五十五所工作。教授级高级工程师，半导体器件专家。现已退休。

◎ 您爷爷曾经留学日本弘文书院，后来又是江苏省立第三师范学校的校长，非常注重教育。您能给我们谈谈你们家庭在这方面的情况么？

顾衡烈士是我的三叔，在家里，我们都叫他“屏叔叔”，因为他字屏叔。我们家还有一个龙叔叔，因为他属龙，是我的四叔顾循。我们是无锡人，家住在无锡城中三凤桥，我们家从明末清初就住在那里了。清初顺治年间，我的祖上出了一个进士，因为是他建的房子，所以那个地方就叫顾家弄。可惜上个世纪九十年代全部被拆除了，现在一点痕迹都没有了。

顾家从三国时期开始一直到明清都是江南的旺族。原来的顾家住在苏州，从家谱来看我们把三国时吴国的丞相顾雍作为始祖，大概在元末明初时从苏州搬到无锡。我们家谱从顾雍开始到现代都是很完整的，无锡顾家一共有三支，历朝历代都有名人出现，比如顾宪成、顾炎武，我们属于顾可久这一支。顾可久是明朝正德年间的进士，他是明朝著名的直谏名臣，是海瑞的老师。因为直言受过两次廷杖，其中一次，就是阻止正德皇帝明武宗四处游玩。因为顾可久不畏权势、耿直的气节，海瑞就奏请朝廷在惠山为他建祠堂。所以他的祠堂不是家人给他建的，是由朝廷批准给他建的。现在在无锡惠

顾衡烈士侄子　顾世惠

山里还有顾可久的祠堂，是无锡市文物保护单位，经过市政府修缮后目前是全国文物保护单位。顾家有一个传统，就是爱国、爱民、心怀天下，这种精神一直传承下来，也是知识分子的一种情怀。我祖父、父亲、叔叔他们从小都是受了这样的家庭教育，这种基因根深蒂固。

再讲一下我们家庭的主要成员。祖父顾倬3岁丧父，曾祖母和祖父两人孤苦伶仃过着贫寒的生活。曾祖母教子甚严，由于曾祖母有很好的古文和古典文学基础，并开设私塾教邻居儿童，所以祖父从小接受了很好的教育，加上天资聪明，作诗写文章都非常好，20岁的时候中了秀才。甲午战争之后，中国开始改良的热潮，当时无锡是经济比较发达的地区，近代教育兴起，我祖父开始办报纸。1903年他考取官费到日本留学，在日本的弘文学院学师范，回国以后就担任了东林书院的校长。他自己还办了新民小学，做过教育部的官员。1911年位于无锡的江苏省立第三师范学校兴办，就由他来创办的。当时无锡的新型学校还没有国家办的，都是民办的，所以无锡官办学校是从他开始的。刚开始时没有地方建校舍，他就把自己的新民小学无偿捐出来了，作为第三师范学校的校舍。聘请师资、购买设备及图书等各种管理工作全是他一个人主持的。他聘请的教师有不少著名人士，比如钱穆、钱基博、沈颖若等。他曾四次亲自带队到日本考察教育，连音乐老师、体育老师都带上一起去考察，他办的教育是全体系的，数学物理化学音乐体育等科目都受到重视。学校没有教材，他自己编写、翻译，并建立了一套学校管理制度。祖父非常重视校风建设，经过10年努力，他把省立第三师范学校建成为无锡最高的学府，也是当时全国四大有名的师范学校之一。省立第三师范学校培养了一大批人才，走出了许多名人，有秦邦宪（博古）、管文蔚、王忍之、胡福明，还有薛暮桥、钱俊瑞、秦柳方、钱松喦、吴冠中等。

离开三师之后，祖父担任了中国农民银行无锡分行的行长。他本不是搞金融的，但一来因为他的名望，二来他比较亲民，大家都很信服他，政府认为他管理资产比较放心，一直到去世他都在行长的职位上。1937 年 11 月，祖父随农行内迁至长沙，当时祖父已 66 岁，由于工作劳累和患病，于次年 7 月在长沙病逝。

我祖父母一共养育了四男四女。我的亲祖母姓杨，她很早就去世了，她生了两个儿子，我父亲是老大，还有一个弟弟很早就去世。后来祖父娶了我的继祖母，她生育了四女两男。大女儿很早就去世了，后来就剩两男三女，屏叔叔在继祖母生的孩子中是老二。我父亲顾复和继祖母关系不是很好，我父亲比较内向，不怎么爱讲话。祖父担心他在家里孤独，让他在外地上学，先在常州后来到上海，再后来去了日本。他在日本学习农学将近十年，是中国当时学习现代农业最早的一批人之一。父亲在 1920 年回国，回来以后在几所大学担任教授，同时办农场，在无锡藕塘桥办了小麦实验场。这个实验场是由无锡荣家人出钱的，他们办面粉和纺织厂，面粉厂需要改良小麦品种。父亲培育过小麦品种，也培育过几个很有名的水稻品种，在太湖流域一带种植获得高产。

我家主要的经济来源是靠祖父和父亲的收入。父亲留学回来就是大学教授，当时工资是 300 大洋。祖父本来是校长，后来是银行的行长，一个月工资是 120 大洋。另外他们还写了不少书，因为父亲是搞农业的，当时中国没有这方面的教科书，他自己编写。当时的稿费是相当高的，一套丛书好几千大洋。祖父也写了很多关于师范教育的书。从家庭收入看来，虽不能和无锡的大资本家比，也算是殷实之家。

◎ 您叔父青少年的时候，您父亲其实并没有和他生活在一起，关于他的情况您是听谁说的？

听我母亲讲的。屏叔叔从小就非常聪明，学习成绩好，爱干净，基本上是一个人见人爱的孩子。在祖父心里，屏叔叔就是顾家的接班人，祖父认为我父亲太老实了，搞自己的专业还可以，但要撑起顾家这个大家庭就显得不够。祖父非常注重对屏叔叔的培养，很小就教他古文、书法这些东西，他也非常争气，在各个方面都非常出色。到了中学以后，祖父发现他在数学方面很有天赋，已经开始在研究数论。数论在数学里面是很高深的知识，中学里面一般都不讲的，在大学里也是一个比较高级的研究方向。祖父就特别关照他，让他学好英文外一定要学好法文，因为数学最好的是法国，祖父想让他以后到法国留学，成为一个数学大家。

我继祖母是一个虔诚的佛教徒，一心念佛，家里事情管的少。我母亲嫁到无锡顾家是一件比较传奇的事。我父亲在日本留学的时候，跟我的二舅是同学，二舅叫钱潮，是学医的，我父亲曾经看到过我舅舅家的一张全家福。他回国后，祖父开始考虑他的婚事，父亲不太愿意家里面给安排婚事，因为他和继母的关系不好。我舅舅有三个妹妹，父亲在照片上看见过，他想找钱家的长女作为另一半。钱家在杭州当地属于名门望族，是吴越王钱镠的后代。我外祖父和祖父都同意这门婚事，我祖父亲自到杭州提亲。这样，我母亲就嫁到了无锡顾家。

我母亲是蚕商学校毕业的,嫁到我们家来了以后很孤独。我父亲是苏州农业学校教授，同时在上海、南京等地的大学兼职，到处讲课，还要办农场，而且办农场要亲自下田，他非常忙，在家里时间很少。因为我父亲和继母关系不好，所以婆媳关系也不是很好。在这样的处境下，屏叔叔很细心，他了解这些情况后不动声色地解决家庭的矛盾。他经常陪我母亲聊天，帮她解闷。我母亲 30 岁生日的时候，屏叔叔是第一个去祝贺的，母亲很感动，她一直记得这件事。从这些细节可以看出来屏叔叔办事很得体,他是我祖母最宝贝的儿子，是解决矛盾最好的人选，他帮我母亲解决一些家庭问题，使我们家庭慢慢变得和睦起来。后来几个姑母对我母亲也很好。

我母亲有两个妹妹，她们经常在暑假的时候来无锡玩，来了都住在家里。我的二姨妈是上海美专的，小姨叫钱寿荣，在松江中学上学。当时屏叔叔在南京上学，暑假回家对小姨一见钟情。小姨人长得漂亮，特别时尚，追求进步，思想很先进。他们两个人非常讲得来，成为男女朋友。在外人看来这是很美好的，两家门当户对。但是我祖母坚决反对，她不想两个媳妇都是钱家的人,她认为我母亲没有管理好这个家，再来一个钱家的人就更不符合她的要求了。后来，祖父被祖母说服了，也开始反对他俩在一起。

暑假结束以后，他们俩一个回南京，一个回杭州，但还是保持联系。我祖父祖母得知后让他们断绝来往。祖父后来对屏叔叔说，你们再来往，就断绝你的经济来源。当时屏叔叔已经在中央大学上学,他性格比较倔,认为家里不给他钱了，他就不找家里要钱。他在外面兼职，在国民党的宣传部门做校对。他白天上课，晚上校对。我祖父也是比较倔的，这件事情就搞僵了。大概 1929 年秋冬季的时候，屏叔叔已经看了许多马克思主义方面的书，思想已经开始在改变。我小姨因为家里的反对很不高兴，得了伤寒病，加上心情不好，病情严重，我舅舅虽然是很有名的医生，在杭州有自己的医院，但是也没能把他的妹妹治好，小姨去世了。屏叔叔得知后马上赶去杭州，在她的棺木前哭了三天三夜。小姨去世对他打击非常之大。因为他遭受了这个打击，又接受了新的思想，在 1929 年年底的时候给祖父写了封信，说他要出远门了，让祖父不要去找他，从此以后就跟家里断绝了联系。

这件事情对他来说是一件刻骨铭心的事情，他认为小姨的死，他是有责任的。假如正常发展下去，小姨不会死，她的病和精神状态有关系。他感觉到了旧思想的根深蒂固，后来他在一篇文章里谈到，连婚姻的事情都不能自己做主，那又如何能够真正解决中国的问题？所以要彻底推翻旧思想，中国才有希望。

◎ 您叔父放弃学业离家，家里知道他是去北京参加革命吗？后来他回过家吗？

家里并不知道，我的清姑妈顾清侣应该知道，但是她也没有向家里透露这方面的消息。屏叔叔后来在安徽太和领导农民起义的时候受伤了回家过一次，他到上海养病，在家里就待了一个晚上，没有将自己的情况和家里说。直到他被捕以后，家里才知道他的革命情况。

屏叔叔被害以后,第一个知道的是他在中央大学的同学，叫杨允植。杨允植在浦镇车辆厂化验室工作，他为了营救屏叔叔，奔走在国民党的高官之间，去找过叶秀峰，叶秀峰曾任国民党中央组织部调查科科长，杨允植又带着叶秀峰的信去找徐恩曾。徐恩曾跟他说，顾衡已经被杀害了。所以杨允植是第一个知道这件事的。他告诉了徐宗士，徐宗士是屏叔叔中学和大学的同学，也是一起参加大地社的。杨允植和徐宗士两个人就来到雨花台，找地保了解情况，在刑场找到了屏叔叔。他最后穿的是件长衫，这件长衫是徐宗士探监时候带给他的，因此确认了是屏叔叔。他们买了棺材把他安放在里面,然后把消息告诉了我祖父。祖父用船去把他遗体运回来，葬在了家族墓里面。新中国成立以后，政府重新立碑，举行了一个隆重的安葬仪式，我当时在无锡上中学，参加了安葬仪式。屏叔叔牺牲以后，祖父将我的小哥顾世华过继给他，所以烈士证书是颁给顾世华的，他算是屏叔叔的后代。

祖父为悼念自己的儿子，写了100首诗和纪念文章，这些文章和诗收在他的云窝文存和诗存中。他在诗里面写他自己不如儿子。因为当时社会条件的限制，祖父有着旧思想。但祖父是一个非常有能力、有水平的人,他能够接受新的事物。屏叔叔主要的品格是继承了他，而且青出于蓝而胜于蓝，屏叔叔各个方面的能力更强。假如他搞学术，肯定能成为一个大数学家，而且是有名的数学家。他的同学后来基本上都是大家。杨允植后来留学德国，新中国成立以后创建了中国的石油化工企业，是中国石油化工的创始人。徐宗士后来留美，成为复旦大学教授。

◎ 您觉得您叔父对你们家后代有什么影响？

屏叔叔对整个家族的影响主要体现在精神方面。现在时代不一样了，当我们在遇到困难的时候，都会想到我们是烈士的后代，会想到怎么去克服困难。我们的亲戚都分散的很远，像龙叔叔他们在广州，清姑妈在北京，小姑妈在上海，但是总有一个不怕困难的信念一直贯穿在我们的生活当中。

我的小哥，也就是屏叔叔的继子顾世华，他是清华电机系毕业的，后来又到外国语学院学习了俄语专业，后来是中国很著名的电信工程师。我大哥顾世荣毕业于上海圣约翰大学，新中国成立后一直在外交部工作。我到德国做访问学者的时候，刚开始也很不适应，因为国外工作的方式方法和我们国内很不一样，遇到的都是很难办的事情。但是一想到屏叔叔，再大的困难我都能克服。我们虽然没经历过他当时严酷的革命环境和被捕牺牲的危险，但是在生活中或者工作中遇到困难的时候都能够很好地解决。我们家族有一种传统的知识分子爱国爱民、心忧天下的情怀，现在又有了不怕困难的坚定意志和坚持不懈的韧劲，这是我们家的精神财富。

（向媛华　采访、整理）

半个世纪的等待

——林燕礼回忆长辈许包野烈士

采访背景

时　间：2018 年 12 月 8 日

地　点：广东省汕头市澄海区林燕礼家中

口述人：林燕礼（许包野烈士重孙辈）

烈士简历

许包野（1900—1935），又名许鸿藻，广东澄海人，出身于泰国华侨家庭，中共党员。1920 年起先后赴法国、德国、奥地利留学，获哲学博士学位。1923 年由朱德介绍加入中国共产党，参加中共旅欧支部。1926 年到莫斯科东方大学任教。1931 年九一八事变后回国，1932 年 5 月任中共厦门中心市委巡视员，10 月任中共厦门中心市委书记。1934 年 7 月任中共江苏省委书记，同年 11 月任中共河南省委书记。1935 年 2 月在河南开封主持河南省委工作时被捕，解来南京，不久牺牲。

口述人简介

林燕礼，许包野烈士重孙辈后代。1971 年出生于汕头澄海。1989 年毕业于冠山中学，自由职业者。

◎ 您能跟我们谈一谈许包野烈士的学习经历吗?

许包野以前在家不叫这个名字,叫许鸿藻,乳名叫金海。当时他的父亲在东南亚一带经商,家里比较有钱。许包野的父亲比较重视对他的教育,所以在他7岁的时候就把他从泰国送回到澄海老家来上学,希望他在这边能接受到正统的中式教育,但当时他的父母都是留在泰国的。我们这一带一直都很重视教育,从明朝的时候我们这就有了冠山书院。许包野刚回到老家的时候在家里的私塾接受传统教育,后来他先后在凤山小学、澄海中学学习,接受改良后的新式教育,他的成绩一直都非常优秀。后来他报名留法勤工俭学,并在选拔留法学生的考试中考了第三名,接着就出国留学了。出国之后,他在欧洲数个国家学习十来年,到过法国、德国、奥地利、苏联等十多个国家,并且懂法语、德语、西班牙语、奥地利语、俄语等很多种语言。他学识渊博,拿到了两个哲学博士学位,这在那个年代真的是非常不容易的。他家里对他留学也是一直非常支持的,需要费用的时候,只要他写信回家,即便家里暂时没有钱也会先筹钱寄给他,满足他上学的需求。他父亲写信告诉

林燕礼

他，只要是跟学习相关的事情，他都允许许包野自己做主，这给了许包野很大的空间。可以说他能在学业上取得这么好的成就不仅跟个人努力相关，更跟家人的支持密不可分。

◎ 许包野烈士学成之后是怎样走上了革命道路的呢？

当时他在德国留学的时候结识了朱德，朱德是他的入党介绍人，朱德是对他的人生产生很大影响的一个人。他在国外读书的同时积极参加革命活动，经常参加一些游行、宣讲等活动，即使身在国外也不忘替国家替百姓争权益。他时刻关心国内的最新形势，在一些国民党官员来到欧洲国家卖国求荣的时候，他会毫不犹豫地站出来组织留学生示威游行，表示抗议，并且都取得了一定的效果。他自己也在这些活动中得到了锻炼和成长。他在取得了两个博士学位之后去了苏联当老师，这段时间应该是更加坚定了他对共产主义的信仰。他回国前在苏联的东方大学教书，大概呆了有五年的时间。苏联当时正值共产主义运动高潮期，而且苏联对于中国的共产党人也给予很大的支持。他与志同道合的共产党人经常一起讨论自己的理想、国家的未来等等，学校的学习氛围都比较好，应该说他在国外的生活一直还是比较安逸舒适的。

1931 年中国发生了震惊中外的九一八事变后，中国革命形势急需一大批干部，这个时候组织上派他回国，希望他能领导大家进行武装斗争。他毫不犹豫地接受了组织对他的安排，赶紧收拾好行李从苏联几经周折回到了阔别十多年的家乡。他回国途中很不容易，一路上要躲避敌人对他的审查，通过火车、轮船以及步行花了好几个月才回到澄海老家与家人见面。此时他已经离家十多年了，家里发生了巨大的变故，父亲去世了，母亲从泰国搬回到了澄海老家，儿子也夭折了，家中的几个弟弟也都长大成人各奔前程。但他回国之后在家里并没住几天就又匆匆离开了，开始投入到革命工作之中。他回家后听说他的二弟许泽藻也加入了共产党，当他来到厦门寻找组织关系的时候遇到了同样加入共产党的许泽藻，当时许泽藻又名许依华。十多年没见，兄弟二人见面后非常激动，弟弟长得比哥哥还要高一些。这么多年没回家，没想到弟弟跟他一样也走上了革命道路，他感到很欣慰。兄弟二人相见没几天，他们因为工作上的需要又分开了，在各自的岗位上继续革命。后来许包野先后担任了厦门中心市委书记、江苏省委书记以及河南省委书记，一直坚持革命斗争直至被捕牺牲。

◎ 许包野烈士的妻子叶雁苹等了他半个多世纪的事迹非常感人，您能跟我们谈一谈叶雁苹的生活状况么？

叶雁苹是一个坚强勤俭朴素的女性，几乎每天都是穿一件破旧的黑衣服。有时候她会扛着小锄头到田地里去采一些地瓜叶或地瓜回去吃。田地旁边还有个小池塘，她偶尔也会去捞几条鱼。她经常劳作，把树上掉下来的树枝都捡起来当做柴火用。她一个老太太，年龄又大，能有什么经济收入呢？她过得真的很苦，一直都是她自己一个人过，而且她的个性比较孤僻，不怎么和别人交往，有时候遇到一些解决不了的问题，她才会来找我父母帮忙。当时她并不知道许包野在哪里，一直在寻找许包野，她跟别人说她的丈夫是在外面干革命的，但是大家都不相信她说的话，觉得她疯疯癫癫的，所以也不愿意跟她交往，久而久之她就越来越孤僻，但是她一直坚定相信丈夫是在外面做大事。在她晚年的时候，主要是我父母和我姐姐在照顾她，她生病的时候会去看看她，帮帮她，她写信给党组织请求帮助寻找许包野下落的时候会让我父亲带她去，她晚年也就跟我们家的交往相对多一些。

我父亲带她去找过政府帮助，多次寻找后终于在党史办的帮助以及谢飞的证实下，许包野革命者的身份才逐渐得到证实。谢飞曾担任中央政法干部学校副校长，她以前在许包野身边担任秘书，所以她对许包野的革命工作比较了解。她的材料对许包野身份的认定起到了很大的作用。现在我们这边的许包野烈士陵园上面有一段话就是谢飞提的，她是这样评价许包野的："坚强的共产主义战士，英勇的革命活动家，优秀的共产党员，光荣的革命烈士"。她很敬重许包野，并且一直以学生谢飞自居。1987 年民政部门认定许包野为革命烈士时，叶雁苹已经快到 90 岁，重病在床，意识不是太清醒了，也就享受过两个月的烈士家属的待遇就去世了。

叶雁苹等了许包野一辈子，一直没有改嫁。她对许包野的心意一直都没有改变，其实叶雁苹自己也没怎么跟我们说过她和许包野之间的事。我们只知道她当年嫁给许包野的时候是因为许包野的嫡娘去世了，按照我们这边的习俗要"娶孝妇"，就是在去世的老人没有出殡前，提前把对象娶进门，但不能称为"新娘"，而是称为"孝妇"，孝妇不能浓妆艳抹，只能穿便服。在这种家庭包办的封建婚姻下，叶雁苹作为一个没有读过书的老实的农村姑娘嫁给了许包野。在结婚之前他们俩人之间没有见过面，婚后生了一个儿子，但是没多久许包野就出国了。不幸的是，他们的儿子在 7 岁的时候夭折了，当时许包野还在国外，所以他们没有后人了。许包野在国外的时候，他们通过书信来交往。叶雁苹晚年住的老房子里还有一些她留下的东西，主要是她看过的一些书和与别人的通信。这些信有一部分是写给许包野的，一部分是她晚年的时候跟许包野的弟弟之间的通信，还有一部分是她写给党组织请求寻找许包野下落的。

许包野的父亲在泰国去世后，叶雁苹带着许包野的母亲在澄海老家一起生活，后来许包野的母亲也去世了。他的几个弟弟都长大成人离开了澄海老家，二弟也参加革命了，另外两个都在国外，所以叶雁苹晚年只有自己一个人生活。她在经济上主要靠着她的一个在香港的干女儿和许包野的两个弟弟汇钱过来勉强支撑，但是这些亲戚基本上都在其他地方或者是国外，很少会回来。当时他们与叶雁苹保持着书信上的往来，到现在他们跟我们这边也几乎没有联系了。作为烈士的遗孀，她也没能享受到什么优待，她甚至不知道自己的丈夫是什么时候牺牲的，但她凭着一股信念，坚定地相信丈夫对她说过的话，相信丈夫是干革命，她靠着这种意念支撑着自己的生活，虽然她的生活过得比较艰苦，但是她还是一个人默默地坚持下来了。

◎ 您刚刚说她没有读过书，她跟许包野以及其他人之间的通信是谁写的呢？

这些信是她自己写的。她在嫁给许包野之前确实不识字，因为许包野当时是思想比较进步的学生，本来他对这种封建婚姻就不满意，出国之后接触到更多新思想，他几次写信给家里要求叶雁苹改嫁,但是叶雁苹和许包野的父母都不同意,在当时那个年代，妇女改嫁是家族中不光彩的事情。后来,许包野也渐渐理解家人的意思,也能体谅妻子叶雁苹的处境,但他感觉到二人长期两地分居而且在学历上差距又这么大,他觉得这样下去不是办法。为了缩小二人之间的差距，许包野就写信教她读书写字，并写信给家人让叶雁苹去上学，甚至还教她英文。叶雁苹从一字不识到能跟人通信甚至还会说英文真是非常不容易，在她老房子里还有一些她以前用过的字典和看过的进步书籍。叶雁苹在许包野的影响下非常努力学习，她也想追赶上丈夫的脚步。

叶雁苹十分不容易，许包野出国后，她自己一个人在家带孩子同时照顾许包野的母亲，可惜后来孩子没了。许包野回国的时候，他们也只是短暂的跟她见了面，在家呆了十几二十天又走了，他们俩真正聚在一起的时间非常短暂，但是就是这些短短相聚的日子成为了叶雁苹后半生活下去的动力。她一直没有放弃对丈夫的寻找，一直在等许包野回家，这一寻找足足花了半个多世纪。在寻找许包野的过程中，她多次写信给党组织寻求帮助，这些信全部都是她自己写的。不过由于许包野从事地下工作，身份比较隐蔽，而且为了保守党的秘密,他并没有向家人透露过多的关于自己工作上的信息,所以后面寻找起来也就十分困难，但是不论这个寻找过程有多难，叶雁苹始终没有放弃，一直都在苦苦寻找。

◎ 许包野烈士的精神对您产生了哪些影响?

在那个年代，我们这个村子里有许多人投身到革命事业中，但是现在许多年轻人对于这些革命先烈事迹知道的并不多，了解许包野事迹更少。叶雁苹曾居住的老房子的钥匙现在是由我保管，老房子已经年久失修，破旧不堪，周围也都长满了野草。她和她夭折的儿子的墓地几乎也只有我能找到，我觉得我们这一代人虽然生活比较好了，但是对于革命烈士的精神更需要重视。我希望通过我的一些努力让更多的人了解许包野，了解他的革命事迹，让大家重视传承革命烈士精神，明白今天的幸福生活是这些革命先烈用生命换来的，所以要好好珍惜。

我在自己的生活中遇到一些问题的时候，我就想到这些革命先烈当年遇到的困难比我们要多的多，他们面对敌人残酷刑罚时依然保持铁骨铮铮，从不屈服。我想我遇到的这些困难又算什么，再坚持坚持就能克服了。我一直也是跟我女儿这样说的，要她珍惜今天来之不易的幸福生活，认真工作，积极向上地面对每一天。我希望更多的人都能铭记先烈们的遗志，以他们为榜样，向他们学习。

（刘璐　采访、整理）

伯父一生没有结婚生子
——于陶明回忆伯父于以振烈士

采访背景

时　间：2017 年 9 月 21 日

地　点：江苏省南京市雨花台区于陶明家中

口述人：于陶明（于以振烈士侄子）

烈士简历

于以振（1904—1936），化名萧炳生，江苏常州人，中共党员。曾任黄埔军校学生军教导团连长。1925 年加入中国共产党。1927 年参加南昌起义。1929 年 2 月被组织派往莫斯科学习。1931 年回国后先后任中共上海法南区、南市区区委书记。1933 年 2 月在上海与革命同志外出工作时被捕，解来南京，1936 年 4 月牺牲。

口述人简介

于陶明，于以振烈士侄子。1954 年 7 月出生于四川省三台县。1958 年随父母回江苏金坛县，先后在弘化小学（今华罗庚实验小学）、金坛县中学（今华罗庚中学）学习。1971 年进入金坛电机厂工作。1982 年转至金坛纺织机械总厂工作。1999 年转至江苏省金昇实业有限公司工作。2009 年退休。

◎ 您伯父出生在常州金坛一个书香家庭，您祖父曾留学日本，这样的家庭给他带来什么样的影响？

我的祖父于竹波是清末的秀才，也是我们于氏家族的最后一个秀才。1906 年，清政府有最后一批派往国外留学的名额，祖父当时是金坛县唯一一所小学（今朝阳小学）的校长，他毛遂自荐，获得了去日本早稻田大学留学的机会。在日本早稻田大学，他学习的是林业专业。留学期间，他受到进步思潮的影响，参加了孙中山和黄兴领导的中国同盟会。1910 年回国以后，祖父大力兴办教育，倾其所有创办了“乐群小学”和“启明小学”。1911 年，他参加辛亥革命，主动拿上剪刀去街上剪辫子，提倡妇女解放，在金坛引起了较大的轰动。

祖父的新潮思想对我伯父产生了积极的影响。1921 年，伯父考取了上海水产学校，他关心国家时局，阅读报刊并与同学们讨论国家大事。他带头闹学潮，声援海员罢工，因此遭到逮捕，祖父设法将他营救出来，但最终还是被学校开除了。因为受到我祖父的鼓励和影响，1923 年春他离家前往武汉，在武汉参加了工人纠察队，后担任工人纠察队队长。伯父在学生时代是个热血青年，因为看

于以振烈士侄子　于陶明

到百姓受苦，也因为受到我祖父的爱国主义思想的感染，最后选择了加入中国共产党、选择了革命这条道路。

◎ 您伯父在什么情况下赴广州加入黄埔军校的？您知道他在黄埔军校学习、工作时的具体细节吗？

国共合作后，孙中山先生创办了黄埔军校。黄埔军校里面，国民党占大部分，共产党也需要选调一部分有进步思想的人加入。伯父被选调到黄埔军校第四期政治科，后任黄埔军校学生军教导团连长。黄埔军校第四期有很多是黄埔军校的精英，特别是政治科，他和袁国平是政治科的同学。1925 年，伯父加入了中国共产党，当时黄埔四期里面有不少在这一时间段加入中国共产党，如刘志丹等。

他在黄埔军校学习的经历，我也是在新中国成立以后才知道的。1956 年，中共中央组织部给我家寄过一封信，信的内容不是很详细，但我从中知道了一些关于伯父在黄埔军校时期的情况。他很早就离家参加革命，之后就与家里失去了联系，那个年代想要再与家里取得联系是非常困难的。

◎ 您伯父曾参加了南昌起义和海陆丰起义，您了解他的这些经历吗？他参加完海陆丰起义之后是继续跟随部队吗？

对于这段历史我知道的也很少，我现在也在想办法收集这方面的资料。1925 年伯父加入了中国共产党，后又参加了北伐战争，任团的党代表，一直率部进军到上海。1927 年，他率领团内革命人员从上海赶到江西南昌，参加了八一南昌起义。南昌起义后，党中央要求南昌起义的主力去广州，参加广州起义，由朱德和陈毅率部留下来打狙击，掩护主力。伯父他们在行军途中多次与国民党反动派军队战斗，在海丰县附近的三河坝镇战役中，他所在的部队被打散了。三河坝战役时，伯父应该是连长职位，他们这支队伍没能跟上大部队，于是就转移到海陆丰地区，坚持斗争。当时的海陆丰地区是最成熟的农民根据地，伯父他们这支队伍在海陆丰地区为党培养了一支重要的军事力量，建立了中国工农革命军第二师（红二师）。据梅县提供给我的资料，当时伯父在红二师的五团，任二营的营长。后来，红二师和红四师会合，他参加了由澎湃领导的海陆丰农民第三次武装起义。如果有时间，我还想要到梅州去搜集资料，因为伯父当年的战场主要在那边。

海陆丰起义结束后，伯父所在的部队也就剩下一百多人，根据中央的指示，他们要停止战斗，准备突围。他率少数人突出重围，长途跋涉，到达上海，找到党组织，继续为党工作。1929 年，根据中央指示，他被委派到莫斯科学习。

◎ 您伯父后来是怎么被捕的？被捕后您家人去探望过他吗？

伯父从莫斯科回国后在上海从事地下工作，1933 年被捕。被捕后，他拒不供认，被判刑 14 年，关押在苏州军人监狱。伯父在狱中被敌人严刑拷打，但是他依然保持坚定的信念和乐观的革命主义精神，继续团结他的难友与敌人作斗争。他在苏州监狱中建立了党支部并任支部书记，带领难友们进行改善生活待遇的斗争，鼓舞了难友们团结抗争的斗志。敌人对他非常痛恨，于是对他施加各种残酷的刑罚，并且给他加刑 8 年 2 个月，他被押解到南京。在南京中央军人监狱时，我父亲曾去探望过他。但是对于许多细节性的问题我不是很清楚，因为我父亲去世的时候，我才 7 岁。只知道伯父是被毒打致死，至死监狱方面都没给他任何医治。

伯父一直都没有结婚生子。他离家以后，一直也没有和家里联系。后来，通过中共中央组织部给我们的材料，才了解到他一生没有结婚生子，把一切都奉献给了革命事业。

◎ 请您谈谈收集、整理伯父事迹的情况，您是如何确认他牺牲在雨花台的？

从常州始建烈士纪念馆时，我就开始收集伯父的革命事迹。我退休之后，更加专心对伯父相关资料的收集和整理，他的资料是比较难收集的，因为时间比较久远，而且我个人的能力也有限。我曾和上海市委政策研究室通过电话，他们表示在国内革命战争时期，很多资料损失严重，大部分资料上级部门没有，下面也没有。当年伯父从事地下工作时用化名单线联系，因而搜集资料就非常困难。另外，我和相关地方党史办联系的多一些，主要是通过电话联系，也到过雨花台烈士陵园和常州革命烈士纪念馆搜集资料。

我之前没有接触到曾和伯父有过关系的人，就是上次在雨花台参加清明纪念活动的时候，遇到了袁国平烈士的儿子袁振威将军。当时，我坐前排，他坐后排，正好有记者采访他。听到他说“我父亲是黄埔军校政治科的”时，我非常激动，他听完我的介绍后也非常激动，因为黄埔军校第四期政治科活下来的很少。后来我们通过微信联系起来。之后，我便让女儿买了本《黄埔军校将帅录》寄给他，这本书是1994年黄埔军校建校70周年，由广州市委宣传部陈予欢收集的。后来我在新华书店找到这本书，当时因为经济原因没有买下，于是我和服务员商量把它复印了下来，等后来想买的时候就找不到了。

我一直知道，在雨花台牺牲数以万计的共产党员，在我的感觉里，伯父应该就安息在那里。我女儿读小学二年级的时候，我带她去过雨花台。2000年以后，我咨询了常州革命烈士纪念馆，当时他们一个工作人员给我提供了一份档案，据此我推测雨花台应该有我伯父的资料。我知道伯父为雨花英烈之后，感到非常激动，算是了了我多年的一个心愿。

◎ 您伯父的革命精神、革命情怀对您的家庭有什么样的影响？

伯父的事迹在我们家族中是一件很值得骄傲的事。1956年，中共中央组织部给我家寄过一封信，也颁发了烈士证书，是毛主席签发的，加盖了中央人民政府的印章。非常遗憾，因为历史的原因，经过几十年的流转和不断的搬迁，烈士证书遗失了，仅存的只有一份复印件。受到伯父的影响，我从小就特别喜爱看红色书籍，如《红旗飘飘》《逐鹿中原》，我也特别喜欢看二万五千里长征纪录片以及中国共产党领导下的中国革命史。

我女儿最初是从我母亲那里了解到我伯父的事迹，在我母亲的日记中也多次提到我伯父。我一直认为我的家庭是一个红色的家庭，也一直教育我的女儿“我们是革命烈士的后代，一定要做一个正派人”。我女儿对我伯父的事迹非常关注，在业余时间阅读和烈士相关的一些资料，也写过关于纪念烈士的文章。她知道我在收集我伯父的资料，对我做这项工作非常支持。她认为“我的祖先有一段非常辉煌的历史，我是他们的后代，应该有所作为。”她也不负所望，一直非常努力，在南京航空航天大学读到博士，是学院里唯一一个优秀毕业生，现在她在工作岗位上表现也非常优秀。

（向媛华　采访、整理）

父亲要我们不柔、不让

——陈不柔回忆父亲陈处泰烈士

采访背景

时　间：2018 年 10 月 13 日

地　点：雨花台烈士纪念馆

口述人：陈不柔（陈处泰烈士之女）

烈士简历

陈处泰（1910—1937），又名陈惆子，江苏宝应人，中共党员。1928 年考入安徽大学。1929 年考入上海法政学院。1934 年加入中国共产党。1935 年 2 月任左翼社会科学联盟中共党团书记，6 月任中国左翼文化总同盟书记。1935 年 11 月因刺杀汪精卫案牵连在上海被捕，解来南京，1937 年牺牲。

口述人简介

陈不柔，陈处泰烈士之女，中共党员。1932 年出生。1946 年秋进入淮阴抗大附中学习。1947 年 6 月参加新四军，进入苏中军区前哨剧团，后随部队参加渡江战役。新中国成立后，在镇江军分区教导大队工作，后转业到无锡、苏州、吴江等地工作。曾在文教单位、妇联、粮食系统等多个岗位任职。曾被吴江区授予“现代乡贤’称号，家庭被评为苏州市“最美家庭”。现已离休。

◎ 您大概从什么时候开始了解您父亲的革命事迹？

我对父亲的记忆已经很少了，因为我离开父亲时还不到3岁，实际上大概只有二十几个月，弟弟才6个月。那时候地下党所处的环境比较紧张，听我母亲讲，父亲曾经被捕过一次，因为没有证据，关了6个月监狱就出来了，这是他第一次被捕。后来随着形势日益紧张，父亲觉得随时可能受到威胁，而我和弟弟又还幼小，于是就让母亲带着我们离开了。当时我们很小，也不懂事。母亲在那个环境下怕我们小孩子在外面乱讲，没有跟我们讲过父亲在外面做什么，一直到宝应第一次解放，日本人投降，我们被追为烈属子女，我才知道父亲从事革命活动的事。

◎ 您能谈谈您父亲在校期间学习和组织学生运动的一些经历吗？

陈处泰烈士之女　陈不柔

父亲从出来读书就一直跟同学华克之在一起比较多，后来到位于安庆的安徽大学直接接触了党组织。当时已经燃起抗日烽火，在国家即将沦亡的时候，蒋介石来视察，父亲等人作为学生代表要跟蒋介石谈判，要求蒋介石保卫祖国安全之类的。当时那种情况下，蒋介石被学生包围起来了，动刀动枪也不适合，所以他只能表面答应了学生的一些要求。学生觉得蒋介石已经答应了那就行了，不曾想蒋介石表面答应，背后马上下令要逮捕这批学生。学校校长也被开除了，因为校长也具有革命思想，是一个比较先进的知识分子。这批学生得到消息后就分散了，父亲离开安徽大学回到家乡宝应县的孔庙小学，做一名教师。

后来，国民党又追捕到宝应。一天，父亲正好带着一批学生出去春游，与国民党追兵从城门擦肩而过。因为国民党派来抓捕我父亲的负责人不认识他，手上只有他的照片，面对一大批学生也不好动手，也不知道是谁，所以就擦肩而过了，父亲就出城了。等这批人到学校抓捕的时候，他已经不在学校了。当时学校里有一个小名叫“小顺子”的人，大名叫什么我就不清楚了。听我母亲讲，小顺子跟我父亲感情很好，他得到这个消息以后马上就告诉我母亲，说陈先生不能再回来了，有人要抓他。我母亲就叫我舅舅金求真想办法跟我父亲联系，舅舅出了城后联系上了他，之后父亲就再没回家。听说当天国民党来了一个排的部队到家里来抓捕他，翻箱倒柜，什么都打开查看。他们没有抓到人，但门岗没有撤，还留在家里，墙头上面还布了枪。大概几个礼拜后，仍不见父亲人影，他们便撤了。我听母亲讲，那个时候我们家里的人只准进不准出，当时我们这个大家庭条件还可以，要出去买菜都是佣人们出去买，但出去都要搜身，回来也要搜身。所以我父亲的事情在家乡宝应还是有很深影响的，很多人都知道这些事。

◎ 您父亲后期因从事革命活动到处奔波，您能给我们详细描述下具体情况吗？

父亲在安徽大学的时候就参加了党的外围活动，曾经被国民党抓捕过，因为查无证据就被放出来了，但是他的革命活动一直没有停止。母亲跟着他到了上海以后，在工厂打工，她做过纺织厂工、乒乓球厂工等。父亲一开始对封建婚姻很不满意,但是后来在我母亲实际行动的感动下,两人有了感情，所以才有了我和弟弟。

家里面的老人们希望子孙后代继承他们的事业，我曾祖父是一个知名画家，他的国画非常好，擅长画荷花、莲藕这一类的。我的祖父就是靠祖上的产业为生的。我父亲一辈有五男三女，兄妹共 8 人，父亲最年长，是家中的长子长孙。在父亲早期开始从事革命活动影响下,家中多人投身了革命，比如我的二姑母陈处舒 17 岁那年，大约是在 1938 年夏天离开家奔向延安。

父亲后来走了以后，奶奶和爷爷相继过世，整个家庭就逐步衰落了，开始分家。我们当时是作为长房，有个继祖的塘坳，我们后来主要生活来源就是家里的一个祖坟田，每年收成只有一担多一点，靠这一点根本维持不了全家生活，主要还是靠我母亲帮人家缝缝补补。我们住宅对面就有一个裁缝店，裁缝店接收了衣服但来不及敲边，我母亲就把这个活带到家里做，她就靠这个针线活的收入维持全家生活。

◎ 您父亲为您和弟弟取名“不柔”“不让”，您能说说其中的特殊含义么？

我出生的时候父亲非常忙，弄堂里大家伙一直叫我阿毛，回老家之后，长房我又是最大，所以我的小名叫大毛，我弟弟一直没有名字，因为是家里的重孙，所以小名就叫大重。后来因为形势紧张，父亲一直动员母亲回家，因为他知道他随时可能有危险，所以他拼命跟我母亲讲，而且讲的很明白，说要便于他的工作，也便于两个孩子的抚养，还是动员我母亲带我们回家。我和弟弟一直到离开上海的时候，都是叫大毛、大重，母亲就和父亲讲：“两个孩子你怎么名字都不取，我没文化也不会取名。”然后父亲就说：“好，今天我就给他俩取名，一个叫不柔，一个叫不让。”我母亲就问为什么，他说：“这个名字意义深刻，我的女儿不能像旧社会的大家闺秀，不柔就是要坚强一点，刚强一点，要敢于斗争，弟弟就叫不让，就是不向旧势力妥协，不柔不让，这个意义很深的，我以后有机会的时候再慢慢跟你讲。”他实际上对我们寄予了很大的希望，希望我们有一种斗争精神，要坚强一点。今天想来，当时父亲正在上海组织抗日救亡运动，更有一层祖国山河决不能被蹂躏、中国疆土决不能被割让的意思。父亲在他的《关于反对日本并吞华北的示威游行》一文中就写道：“开展民族革命的战争，争取民族的生存！……为争取中国革命最后的胜利而斗争。”

◎ 您父亲的革命事迹对您产生了哪些影响？您和家人是怎样去传承烈士的革命精神？

父亲对我们的影响使我们追随父亲坚定地走上了革命道路。解放战争时期，我们随整个部队转移到了乡下，环境很恶劣。当时因为我和弟弟太小了，母亲曾想把我们带到解放区，但是我们小孩也不懂事，很叛逆。我曾祖父那时候也70多岁了，只允许我弟弟读书，认为我父亲就是读书读坏了，所以他不让我读书，我就在家里吵闹，后来终于争取到可以读书，不过也就上到了小学毕业。国民党的军队打进来的时候，我们就跟着部队转移，兵荒马乱的，我们也不能读书了。每次我叔叔来看我们，我和弟弟就吵着要参加革命，哪怕当个士兵在战场上牺牲了也值得。实际上，我弟弟比我当兵还要早3个月，我是1947年6月份参军的，弟弟是1947年3月份参军的。当时文工团招人，我母亲不同意我去，就先送我弟弟去了。后来文工团又招人，我舅舅当时在宝应任职，他去文工团报到时路过我家，我舅妈就跟我说："一心当兵是好事，如果你真的有决心，今天晚上就跟舅妈一起睡，明天你直接跟刘指导员去文工团。等你妈妈找你的时候，我再告诉她。"于是我就这样最终走上了革命道路。1949年4月，我参加了渡江战役，从苏北转战到苏南的镇江、无锡等地，后转业到苏州、吴江等地工作。在各个岗位上，我从不向困难低头，也不回避棘手问题，总要为社会为人民多尽一点心力，做一点好事。离休后，我居住在吴江区，有幸被授予"当代乡贤"的荣誉称号。

现在我知道了父亲是在国民党撤退的时候，被他们当做所谓的政治犯押解到雨花台牺牲的，所以我想要寄托对父亲的哀思，也只有到雨花台来寄托。当时雨花台烈士陵园刚建立的时候，我们在家里翻箱倒柜找到了一本书，赠送给了雨花台，陈列在纪念馆里，让大家来雨花台参观时能看到和了解那个年代的事情，给后代子孙有所教育。我多次到雨花台，还有上海龙华烈士陵园祭奠革命先烈和我父亲。记得 2008 年清明，我又一次参加了雨花台缅怀烈士活动，心情难以平静，我将父亲的精神和我自己革命的经历，概括为“奋发、坚强、真诚、宽容”八个字，并写成条幅赠送给四个子女，与他们共勉之。我给家里的四个孩子起名分别是“工、农、红、军”，意为依靠工农红军，服务社会大众。他们在党和国家的培养下，都事业有成，成了对社会有用的人。女儿热心参与社会公益慈善活动，资助贫困家庭孩子上学。我送大儿子参军保家卫国，他先后立了三个三等功，在边境自卫反击战中被授予二等功。我要小儿子学成回国服务，他是国家“千人计划”入选者，2015 年还获得国务院颁发的中国政府“友谊奖”。我们一家先后被吴江区、苏州市评选为“最美家庭”。

（顾旻旻　采访、整理）

和父亲相处的 12 天影响了我一生

——项苏云回忆父亲项英烈士

采访背景

时　间：2017 年 10 月 14 日

地　点：北京市西城区项苏云家中

口述人：项苏云（项英烈士之女）

烈士简历

项英（1898—1941），原名项德隆，湖北武昌人，中共党员。1922 年 4 月加入中国共产党，党的二大至六大代表，第三至第六届中央委员，第六届中央政治局委员、常务委员、书记处书记。1928 年 2 月任中共江苏省委书记。1929 年任中华全国总工会中共党团书记、执行委员会委员长。1931 年 1 月任中共苏区中央局代理书记、中华苏维埃中央革命军事委员会主席。1931 年 11 月起，在较长时期内担任中华苏维埃共和国临时中央政府副主席。1934 年 10 月任苏区中央分局书记兼中央军区司令员和政治委员，领导南方红军和游击队的三年游击战争。1937 年 12 月任新四军副军长、中共中央东南分局书记、中央军委新四军分会书记。1941 年 1 月在皖南事变中突围，3 月被叛徒杀害。

口述人简介

项苏云，项英烈士之女。1931 年出生于上海。1948 年赴苏联留学，学习纺织专业。回国后，在北京第二棉纺厂任车间主任，后任北京市纺织局纺织研究所所长。1979 年任纺织部情报所所长。1984 年调至中国科协工作。1995 年离休。

◎ 您生于动荡的革命年代，曾辗转多地，您能说说这段时间里的一些经历吗？

我也算半个江苏人了。1931 年，我出生在上海，待到 5 岁左右，我又到了淮安，一直待到 1938 年。离开淮安之前，日本鬼子要占领徐州了，淮安离徐州比较近，所以淮安的形势也很危险。我所在的淮安新安小学的校长汪达之，让郭青老师赶快把我从淮安带出来，带到西安去。当时我还不姓项，我姓张，叫张苏云，苏云的意思是江苏上空飘的一片云。我的这个名字是陶行知起的。当时在英租界的劳工幼儿园，我没有名字，只有一个小名叫阿苗。1936 年左右，在英租界这个地方，国民党对陶行知严厉监视，怀疑陶行知跟共产党来往，所以就让陶行知把劳工幼儿园给关了。他的学生在淮安办了新安小学，他就让他的学生把我带到新安小学，我记得是郭青老师带我去淮安的。当时只有校长知道我的身份，别人都不知道。临行前，陶行知对郭老师交代一番，这样我就跟郭老师一起去了淮安的新安小学。

项英烈士之女　项苏云

新安小学是淮安的一所寺庙改成的小学，后来我还去过三趟。我记得那时候日本人经常来轰炸，我们还跑到田里躲日本人的飞机。那一年冬天,我没有棉鞋穿,脚上长了冻疮,郭老师带我到县城医院去看医生。当时的伙食很简单,主要是大米稀饭,另外有一点粗粮,最好吃的东西就是锅巴,算是点心了。我没有住校,老师把我送到学校对面一户姓张的人家里,当时他家有一个十八九岁的女儿,晚上我到她那儿睡,白天回学校。"文革"以后,我去新安小学还见过她母亲一次,老太太当时快九十岁了。

1937年底,日本人要占领徐州了,郭老师收到汪校长给他的信,信中要求把我带到西安。当时汪校长正在外地办新安旅行团。新安旅行团当时在江苏很有名气,实际上是在我们党的领导下,教小学毕业的学生演出唱歌,然后领着他们到全国各地宣传抗日的团体。当时我不明白为什么去西安,郭老师告诉我,去了西安,我就有救了。当时郭老师也没多少钱,就带着我去西安了。我的印象是先从淮安到徐州,到了徐州才有火车到西安。我们到达车站的时候,日本人要来轰炸,站里十分混乱,我们在徐州买不到车票,也不知道哪趟车是西行的,我们就在站里打听。郭老师比较机灵,他看见一辆西行的军车,就把我拉到军车上去。我们就没有买票,跟着这辆军车西行了。

到了西安以后,为了等汪达之校长的回信,我们等了一个多月。此时郭老师已经没有钱了,他就去打听哪个地方需要教书,他去教书挣点钱,作为我们的生活费。他听说西安有一个孩子剧团,就告诉我,实在不行就把我送到孩子剧团,自己养活自己。就在此时,新安小学汪校长给郭老师来信,信中告诉郭老师:"你带的这个孩子是共产党员的孩子,她的父亲是项英,你拿着这个信去找八路军驻西安办事处,你们就有出路了。”郭老师找八路军驻西安办事处花了三天的时间。当时国共已经开始合作了，但是也不敢公开说八路军。后来遇到一个十五六岁样子卖花生米的小伙子，他悄悄地告诉了我们怎么到西安办事处。

到了之后，比较巧合，我们碰到了当时八路军驻西安办事处主任伍云甫，也就是伍绍祖的父亲，又碰到了当时陕甘宁边区主席林伯渠。他们对我们很好，我还有一张伍云甫给我梳头的照片。我们在那住了两个礼拜，其实是审核我的身份，当然这是后来才知道的。他们发电报给我父亲，问他是否有我这个女儿，得到确认以后，我和郭老师被批准去延安。

当时西安定期有大卡车去延安，一次大概有四五辆车同行。我们是 1938 年 4 月出发的，我们这辆车上有王世英一家四口、高岗的儿子、萧劲光的儿子，张国焘的儿子也在其中。当时，张国焘已经叛逃，但他的儿子不相信，他到延安去找张国焘，这是我事后才知道的。

到了延安以后，我们去了中央组织部，他们把我送到鲁迅小学。按照延安的规定，郭老师要被送到抗大接受审查。在三个月审查以后，他又回到我所在的鲁迅小学。

◎ 您到了延安之后，与父亲相处了 12 天，这是你们唯一相处的一段时间。您能回忆一些与您父亲相处的细节吗？

1938 年 9 月的一天，我正在吃晚饭，郭老师回来了，跟我说我父亲也在延安。我一下子站起来，既惊奇，又有点兴奋，连饭都顾不上吃了。我记得是张浩伯伯派警卫员来接我的，张浩伯伯原名叫林育英，是父亲在武汉搞工人运动时的战友。

我就跟着警卫员一起走了。当时驻延安的中央机关都在城里，我们小学也在城里。警卫员就带着我在街上穿巷子，走到一个围墙的大门，警卫员敲敲门，我们就进去了，进去以后又敲了一个门，我们又进去了，再进去就有一个平房，那个警卫就开门了，说："首长，我把她接来了。"警卫员说完话就走了。我进屋一看，里面坐着三个人：张浩伯伯、朱爸爸（朱德）、刘伯伯（刘少奇），当时我一个也不认得。过了一会儿，我和朱爸爸一起去开欢迎会，是八路军欢迎新四军的联谊会。

欢迎会是在八路军大礼堂举行的。我们从前门进去，大礼堂都点着汽灯，没有电灯，会场非常热闹。朱老总到了，大家都起来跟他握手。我当时不知道谁是我父亲，我就转过身背朝主席台去看着他们。这个时候陈云伯伯认出了我，因为到了延安的时候，他就认识我。他把我领过去，走到一个穿军装的人面前："老项，老项，这是你女儿。"又转过来对我说："这是你爸爸！"父亲一下把我抱起来，我看他半天也没说话，我也没叫他爸爸。父亲就问我："你叫什么呀？你多大了呀？你现在干什么呀？"欢迎会结束以后，父亲要带我一起回去。我跟他说我不能跟他回去，他问我为什么，我说我要是不回学校，同学们都不睡觉，都在等着我。后来他让警卫员把我送回学校了。这就是跟父亲第一次相见的情景。

第二天放学，父亲来学校接我，带我到他住的房子。那一段时间，他早上送我到学校，我到学校吃早饭，晚上我在学校吃过晚饭以后，警卫员把我接回去，住了 12 个晚上。给我印象特别深刻的是：有一天，父亲请郭老师吃饭，并亲自给郭老师斟上了酒，我却把郭老师酒杯抢下来，说郭老师不喝酒。他们两个大人相视而笑。父亲在延安参加会议的时候，专门到我们学校来了一趟，他带来两筐孩子衣服，我还分了一个灰绒绒的背心，其他同学每人都分到一件或者两件。现在我还有同学说起当时见过我父亲的情景。有一天放学，郭老师就跟我说："苏云，你爸爸今天来了。他今天要离开延安，过来告别，结果没看到你。"他走的时候，六届六中全会还没开完。

大概过了两个星期，父亲让人给我捎了一些东西：一盒公鸡牌的饼干和一双毛手套，还有一封信。这封信我没有保留，因为当时我也不识字，郭老师念给我听的。信中主要内容是让我好好学习，听老师的话，学好了以后准备为打倒日本帝国主义服务，还有谢谢郭老师对我的照顾等等。父亲给我总的感觉是，对我很亲切，每次把我接回去，给我洗脸洗脚，早上起来也给我穿衣服穿鞋。在这期间他还带我去儿童保育院看了我弟弟，把弟弟接来了，可是弟弟晚上又哭又闹，他就跟父亲住了一个晚上，又送回保育院了，可以说和父亲相处的12天影响了我一生。

◎ 您父亲在南方三年游击战争的艰苦条件下，坚持斗争，为革命保存了力量。您能说说他在南方三年游击战争中的一些故事吗？

今年9月25日，我受江西省新四军研究会邀请，去江西大余参加纪念新四军成立80周年研讨会。江西方面要为赣南三年游击战争搞一个纪念馆，这个馆明年建成。在我父亲一生中，赣南三年游击战争也是一段很重要的历史。1930年10

月，父亲到了中央苏区以后，首先解决了“富田事件”，他说这是内部斗争，所以他通过实地调查，采取了一些措施，防止“富田事件”的扩大。这就拯救了很多人。1933年，父亲是中革军委代主席，正式签署了“八一建军节”作为我们军队节日的文件。现在我这还有份今年4月16日的《解放军报》，报道上正式说明了建军节与我父亲的关系。以前说八一建军，不提项英，这次正式提了。父亲签署了八一建军节以后，还在瑞金搞了一个检阅，他就定了以后就在这个日子搞检阅。当时搞检阅，没有土地，农民就捐献了几亩地，做了一个广场，作为检阅的场地。

红军长征以后，父亲留下负责苏区工作，陈毅叔叔是他的助手。有这样一种说法：当时中央红军走了以后，陈毅建议留下来的部队分散成游击区活动，项英当时不同意，造成一千多人的牺牲，后来项英不得不改成游击。这次我去大余，也核实了三年游击战争的一些史实，王辅一也查了资料：项英当时没有分散游击的原因，主要是为了掩护主力红军长征，不让国民党知道红军主力已经转移，虽然自己有很大的牺牲，但是为掩护中央红军的转移做出了贡献。这件事从来没有人提，反而说是他造成的错误，牺牲了很多人，这个事实需要认真对待。后来他们和在遵义的中央红军又联系上了，中央让他们发展成游击区。得到中央的指示后，他和陈毅在赣南打游击。当时很艰苦，人员和武器都很匮乏，他们就带着几个人找党的组织，发动当地的群众，保证我们的党组织在这些地方不受破坏，力量能够保存下来，这样维持了三年。

这一次我去大余，碰到许多新四军老同志，有一个老同志见到我很激动，他说我长得很像我父亲，这些老同志都90

多岁了。这次研讨会讨论了这样一个问题,对我有很大的启发:过去对赣南三年游击战争宣传的太少，现在来看，赣南三年游击战争困难条件跟长征一样，也很艰苦。中央红军一直走到延安，保存了我们的主力。但是赣南三年游击战争，使南方的党组织生存下来了。所以他们认为，今后的宣传应该把赣南三年游击战争和长征对中国革命历史的贡献并提。在这个问题上，中央对项英还是有表扬的，但是我们的宣传是不够的。这次我也是学习，我也没经历过，但是人家查了很多资料证明了这些史实。

◎ 抗日战争期间，您父亲在民族危难之际受命组建新四军，您能说说他在领导新四军工作期间的一些细节么?

与父亲接触过的老同志都说，项英对人特别好，工作特别刻苦，他还拿自己的津贴去招待外国记者。所以，我最近又查到一个资料：叶挺出狱以后，说过这么一句话，说他和项英不和是不对的，项英对他一直都非常好。我觉得制造这种矛盾是很无聊的,革命年代的这种革命友谊是没法形容的。开始的时候叶挺来做军长，我们对他有防备，那是不奇怪的，毕竟我们这支新四军一定要在共产党的领导下抗日。军事会议、党的会议不让他参加，叶挺很苦闷，这也不奇怪，但是很多时候我父亲主动跟中央说有些事还是把叶挺名字带上，照顾叶挺的情绪。周子昆的警卫员后来回忆，皖南事变中我父亲哭了，说对不起党，他要主动承担责任。所以说我的一个印象就是：我的父亲是一个好的共产党员。他真是个人利益什么都不在乎，一切为了党，而且非常听党的话，党叫他干啥就干啥，所以我觉得他真是一个模范的共产党员。正是由于他们用头颅用生命，才换来了今天的幸福生活。

高敬亭的女儿曾经给毛主席写了一封信，信中说到她父亲被错杀的事情到底是谁出的主意，当时的说法是项英出的主意，这个事情引起了我的注意。高敬亭当时是新四军下面的一个支队长，我就查阅大量的资料，王辅一也给我提供一些资料，错杀高敬亭时，我父亲还不知道这个事情。当时叶挺要把部队都集中起来，当他去调高敬亭部队的时候，没有调动。所以，叶挺就发了两个电报，一个电报给蒋介石，另外一个电报发到延安给毛主席。蒋介石很快就回电了：不听调动的人，就地处决。所以他很快就把高敬亭给错杀了。这个时候发给延安的电报还没有回复。后来毛主席回复的电报说,如果高敬亭不听从调遣,可以先把他撤职送到延安来培训。但是，这个时候高敬亭已经被错杀了。我就给中央写信反映这个问题，后来中央给我回复了，说根据现在调查的结果，错杀高敬亭的事件，不准再安在项英头上。我去雨花台扫墓的时候，还在父亲墓前说了这个事。

◎ 您认为父亲给您留下最宝贵的财富是什么？

父亲原来是一个工人，他是受到了党组织的培养，干什么事都努力地去干，都拼命地去干，一步一步成长起来的。我们从小也养成这样一种精神,我们要听党的话。在这一点上，我觉得我和父亲是一致的。为什么呢？我们小时候接受的教育就是这样，我们要为共产主义奋斗。过去说什么叫共产主义？我们在延安的时候，议论得很厉害：楼上楼下、电灯电话就是共产主义。那我们现在不早就共产主义了嘛？物质上吃得再好，精神问题不解决，没有用！多少年来，我一直感觉到精神问题一定要引起重视。所以，精神的培养特别重要。

我觉得正是由于他们的牺牲，我们能活到80多，今年我已经86岁了，比父辈多活了一倍。你看墙上挂着的那张照片是林汉雄的父亲张浩，林汉雄今年88岁了，我们都多活了一倍。这当然是包括我们父辈在内的所有先烈用鲜血换来的。今天的生活很幸福，一路走来，确实很不平坦。

我从小受父亲教育太少了，一直是在党的关怀下成长起来的。后来听到父亲很多的革命事迹，特别是他的革命信仰令我感受很深，这是事实。我为什么说他是一个好的共产党员？我发现他的革命信仰是如此伟大，如此坚定。到现在有的人感到奇怪，说我们老讲共产党，我说我离不开共产党！我最近还在想一个问题，苏联共产党没到100年就垮台了，咱们中国共产党快100年了。到2021年，我们党成立100年了，所以一定要把老一辈的那种革命精神拾起来，我们这些后来的共产党人一定要坚持革命年代的奉献和牺牲精神，一定要把这种精神坚持下去！

（李勇　采访、整理）

革命生死为大众

——邓春兰回忆爷爷邓振询烈士

采访背景

时　间：2018 年 9 月 8 日

地　点：江西省赣州市章贡区邓春兰家中

口述人：邓春兰（邓振询烈士孙女）

烈士简历

邓振询（1904—1943），又名邓仲铭，江西兴国人，中共党员。1928 年加入中国共产主义青年团。1929 年转为中共党员。1932 年任江西省职工联合会执行委员、组织部长、委员长。1933 年任全国手工业工会委员长。1934 年 1 月任中华苏维埃共和国中央执行委员兼劳动人民委员，同年 10 月参加长征。1936 年任中华全国总工会西北执行局委员长。1937 年任陕甘宁边区政府民政厅厅长兼工农厅厅长。1938 年任中共江西省委副书记。1939 年任中共皖南特委书记。1940 年任中共苏皖区委书记。1943 年 3 月任苏南行政委员会、苏南区行政公署副主任。1943 年 8 月在南京近郊反“扫荡”战斗中牺牲。

口述人简介

邓春兰，邓振询烈士孙女。1952 年出生。1975 年毕业于江西中医学院。1975 年至 2005 年在赣州市第三人民医院（精神病医院）工作。现已退休。

◎ 您爷爷在您眼中是一个什么样的形象？

我事先要声明一下，我们一家人，没哪个见过爷爷，据我父亲说，爷爷参加革命后聚少离多，几乎没回家，对他也没什么印象，真正说爷爷在心目中的印象，只不过是照片上的形象。1904年，爷爷出生在一户特别贫苦的农家，我的太公靠在地主家打长工、做短工维持最简单的生活，后来因没钱治病离世了，随后太奶奶改嫁给了一个水泥工人。那时家里安排爷爷去放牛，他都是先把牛喂饱了，然后把牛栓在树上，自己就到私塾墙根底下去偷听，后来私塾先生发现他那么爱学习，就把他招呼进去学，这样断断续续大概学了两年。长大一点后，爷爷跟他的继父一起学泥工，但还没学出来，继父和他的母亲就在一年之内先后逝世了。爷爷只好回到自己老家，在老家他看到有钱的人欺负没钱的人，心里很不舒服，组织村里的村民抱团，到地主家里面去抗租减租以及要求分田地。我外公说："你公公（爷爷）为穷人打抱不平是出了名的。"

邓振询烈士孙女　邓春兰

◎ 您爷爷除了叫邓振询之外，还有一个名字叫邓仲铭，名字背后有什么特殊的含义吗？

其实他应该有三个名字，还有一个"邓重民"，重量的重，人民的民。江宁那座纪念亭叫仲铭亭，爷爷他有一个哥哥，夭折了，他排行第二，所以是“仲”，“铭”是功德之意，是长辈对晚辈的重望，希望多做好事、善事，希望功德无量。殉难处的那座桥叫重民桥，我的理解是他比较重视人民群众这一块，从他整个的工作当中，我觉得他都在体现着他这个名字,跟他一生从事工人运动工作也很有联系。

◎ 您认为您爷爷因为受到什么影响而选择参加革命呢？

在大革命的影响下，爷爷在 1926 年参加了当地的土地革命。那时候正好我们县里面有两位人物，一位是陈奇涵，一位是胡灿，这两位都是黄埔军校的。他们俩回到家乡，开展革命运动。受他们影响，爷爷积极投身革命。1928 年的时候，他就已经是一个团员了，1929 年就入党了。1929 年 4 月，毛主席来到兴国，在兴国的潋江书院，举办了一个土地革命干部训练班,爷爷在那里接受业务专业的培训,思想又更进步了，对有些问题的认识程度也更高了，目标也更明确了，紧跟共产党的信念也更足了。

一个是爷爷本身是工人出身，那时候农村的工人队伍都是泥腿子工人，一边种地，一边做工，他可以利用自己泥工的特殊身份，去召集各个阶层的工人一起进行活动，一起学习，发展工人队伍。后来，他把这些人组织起来，分成两块，组成纠察队和预备队，他们在一起学习，进行军事化的训练。在多次攻打赣州、吉安的战斗中，他们积极配合红军主力，立下了汗马功劳，取得了一定的战果。

我觉得爷爷还有一个特点，说他鞠躬尽瘁、竭尽心力、身先士卒一点不夸张。他参加革命以后，不管是在什么样的环境下，再艰苦，他都坚持，没有退步，一直坚持到底。前不久，我看欧阳惠林写的回忆录里有一个故事：长征结束以后，爷爷参加了抗日军政大学的学习班，回来后，就接着南下做新四军的整编工作。那次是从南昌到广昌到瑞金再到闽西，在广昌的时候，爷爷听说谭震林被瑞金的叛徒给扣押了。这个叛徒叫黄镇中，叛变投敌当了保安团头目，还被国民党特务康泽改编为别动队。他在瑞金的时候，凡是跟共产党有联系的人，他就杀了。听到这个情况后，爷爷急得要死，要去救他。当时是国共合作时期，爷爷跟黄镇中交涉，先跟他讲道理，说要到前沿阵地去执行任务，延误了战事，要负全部责任，给他施加压力。这件事情闹得很大，惊动了新四军的司令部，最后是省里出面交涉，把他们几个放了，也赔礼道歉了。我回想，觉得爷爷这个人就是胆子特别大，明知虎伤人，偏向虎山行，他就是这样的人。

◎ 除了胆子大、非常勇敢之外，曾经与您爷爷共事过的人对他还有什么样的印象和评价？

这个我就讲一下在长征的时候爷爷的一些事迹。长征时他的任务有两个：一是征集粮食，第二是后期的突围，保护中央安全。那时候奶奶给他概括了一个“不怕累、不怕苦、不怕死”。不怕累，是这样的，每到一个地方驻营，爷爷都赶紧去把需要的物资征集来，不管有多辛苦，基本上每到一处他都没有休息。他也有工作方法，而且他的态度特别好，有了群众基础了，当地的老百姓有粮的交粮，有稻草的交稻草，有菜的给菜。另外，到其他一些地方，尤其是敌占区，也不知道哪些是敌人，有一些国民党特务伪装成老百姓打探共产党、红军在哪个位置，这种情况就有一定的危险。到了陕西那边，有一个地主就警告他家里面的佣人不许通风报信，不能告诉红军粮食藏在哪里，如果哪个透露消息，就要杀头，甚至株连九族。爷爷带着几个人去征粮，去交涉，他不怕，自己走在前面，让同志们在后面跟着。同志们都称他为“邓大胆”，刘少奇同志表扬他是赤色工会的优秀干部。奶奶说在千钧一发的情况下，爷爷总是走在前面，但如果是撤退的话，他总是在后面。1943 年 8 月 3 号，因为要保全实力，部队必须摆渡过河转移，过秦淮河的时候受到三面夹击，爷爷让大家先过去，把安全和生存的希望留给他的战友们，把生存系数特小的一个概率留给自己。到了最后，那些人一船一船都走掉了，最后就剩下他那一艘船在那儿，我推算这艘船很可能是翻了，把他和警卫员两个人盖到船底下了，爷爷就这样牺牲了。

◎ 您爷爷一生经历过很多的战役，有没有让您印象特别深刻、特别受感动的一些故事？

这个我也是听我奶奶说的。在长征的时候，到了贵州苗族那个地方，因为是少数民族，语言不通，他们见到汉族人和红军就产生抵触对立情绪，所以对于红军的工作开展是一个很大的难题。征粮的时候，老百姓一看到我爷爷奶奶他们来了，就赶紧把门关上了。后来，爷爷想了一招，扯块布条把钱包好，写上“红军”二字挂在门上，然后离开回部队了。

那家人开门发现有一布包里有钱，有红军二字，他们终于明白了，这才是真正的红军，是自己的人，就把粮食送到红军那里去了。

还有一个感人的故事，就是爷爷心中从来都没有自己。长征途中经常没有粮食，有一个警卫员不知道到哪儿去搞了一些面粉，做成了馒头给我爷爷吃，我爷爷怎么都不吃，他说同志们都没吃，他不能一个人吃，要给大家吃。后来大家都劝他吃，万般无奈之下，爷爷就把那几个馒头掰成好几块，然后每人塞到嘴巴里面一块，大家分着吃。在苏区的时候，他们办公都是自己带伙食费的。爷爷作为一个劳动部长，他以身作则，主动交伙食费。

1941 年到 1943 年，国民党把自己打听到的消息，包括共产党在哪儿、新四军在哪儿等，泄露给日本人，想借日本人的手消灭共产党，他们把所有的交通封锁了，通信也封锁了。皖南事变，新四军遭受重大损失。爷爷要想办法扩大新四军的队伍。那个时候到处都是敌人的眼睛，他伪装自己，打扮得像当地的“老表”一样，每家每户串着去，通过他们这一群人的努力，队伍扩大了，原来只有一千多人，发展到了四千多人，党员发展到了八千多人。在当时那么混乱的情况下，有些人想离开新四军，有的人已经叛变了，但爷爷不怕死，凭着他那一股顽强的毅力去耐心说服，给他们做工作，有很多人都被挽救回来了。爷爷以前还是扩红模范，还得了一个奖章。

皖南事变后不久，区党委有位干部不幸被捕，由于敌人没搞清他的身份，就把他放回来了。根据组织原则，爷爷没有马上恢复他的党籍，但也没抛弃他，一方面安排他的工作，另一方面耐心地给他做思想工作。当这个同志觉得委屈时，爷爷安慰他，鼓励他，劝他要相信组织，要以革命利益为重。后来，调查清楚之后，这位同志的党籍给予恢复了。正因爷爷关心爱护战士，大家都愿意接近他，喜欢在他身边工作。爷爷的战友欧阳惠林说：“你爷爷最辛苦最危险的是以皖南特委当书记开始，到他牺牲。”

◎ 您刚刚也提到征粮、扩红的工作很难做，您觉得为什么这些工作您爷爷能做得通?

他始终明白自己是穷苦人出身，会潜移默化地把自己摆出来，给大家树立一个榜样、一个标杆。他很善于用党的理论去净化他们，召集工人参加工会组织，通过学习，把自己的利益与解放事业的利益结合起来。还有公债这一块，因为没完没了的战争，造成了很大的损失，那个时候国库基本上都要亏空了，尤其是军队这一块，没有活动资金。因为当时工人是有工资的，可以买公债。爷爷给工人做工作，很多人很踊跃地买了公债。当时买债券的时候是有一个说法的，到了多少年以后是要退回去的。他非常体谅国家的困难，体谅部队的需要，所以就提出延迟两个月退还公债。这对我们的国家也好，部队也好，提供了很大的支持。

爷爷从参加革命开始，几乎都在做群众工作，积累了丰富的工作经验。跟他一起共事的战友们都说他胆大心细，注意工作方法。他特别重视搞好各方面的关系，组织地方的绅士、商会开会，给他们讲形势，告诉他们中国共产党的政策，粉碎国民党的挑衅，消除他们的疑虑。另外，他还做开明人士的工作，商讨征粮、减租减息等等，一来保障部队供粮和救济百姓，二来减轻农民和工人的负担。由于战争造成平民百姓早已倾家荡产，自己都难于维持生计，所以部队不可能向百姓征粮，只有向这些开明人士征粮。要做好这些工作也岌岌可危，做那些地主土豪的工作更危险，但爷爷还是努力做好这项工作。

爷爷在江宁牺牲以后，有两件事情让我真的很感动。第一件事情，我第一次去江宁扫墓的时候，去商店买了一个花圈，付钱的时候店主突然问我从哪来，给谁扫墓。我说我是邓振询的孙女，然后他就不收我的钱了，最后勉强才收了我六十块钱。他说："你以后别来了，我全包了，我可以代表我们家里的一份，也可以帮你们带一份。邓书记是在我们江宁牺牲的，是为了保护我们江宁的人，也是为了我们江宁的解放而牺牲的，我们江宁的人不需要谁去组织，不需要谁去召唤，都是自发为他扫墓。你放心，邓书记在那里不孤单，我有空都会去看他。"还有一件事情，我们一个江西人在南京当兵，叫何根生，他从当兵开始，只要是集体组织祭拜，他都参加，如果是值班不能参加集体活动，他就会抽时间带上家人，带上鲜花前来祭拜我爷爷，很多年都是这样的。他说以后他出远门，他走的时候和回来的时候都会来看爷爷。一个二三十岁的年轻人能够做到这一点，我真是非常佩服和感动。曾经有一位给爷爷护墓的老人说："他是我们苏南人民的损失，我们不会忘记他。"

◎ 您爷爷的事迹和精神对您自身成长产生了哪些影响?

我从小在外公外婆家里长大,外公是一位伤残的老红军。他们虽然没有文化,但他们知道我是革命烈士的后代,要对我负责,教我做个像爷爷那样对社会有用的人,要我学文化。在我的记忆中,从我懂事起,就听外公讲红军的故事,讲爷爷的故事,长大后慢慢接触到有关爷爷的光辉事迹。有时在黄长娇、李坚真两位奶奶身边时,她们也会讲起爷爷在长征前后的许多感人的故事,她们也会教我如何向爷爷学习,要诚实做人,踏实做事,不要搞特殊化。

我是个医生,我的服务对象是一群弱势群体——精神残疾的病人。他们这个群体在旧社会是最底层的,新中国成立以后他们才越来越引起社会的关注、政府的关心,但在上个世纪七十年代社会的世俗偏见还很严重,病人仍然受到歧视,医院和医院的工作人员也同样受社会的偏见。毕业后,我被分配到精神病院,有不少好心人劝我别去,说一个女孩子不安全,凭我的家庭条件可以去更好的医院。我想起奶奶的叮嘱:“不可以搞特殊化,要服从组织的分配”。再想到爷爷和无数英烈为了我们今天能过上好日子,他们不怕敌人枪林弹雨,不怕敌机狂轰乱炸。病人毕竟是病人,没那么可怕,医生就是给病人治病的。我想,跟战争年代比起来,救护工作算是安全的,再说现在医院有那么多医生和护士,他们都能安心工作,我凭什么就不能在这工作。于是,我留下了,一干就是31年。在那个年代,能在精神病院干一辈子的的确比较少。

在精神病院工作挨打受骂是常事,有一次我挨打了,奶奶心疼极了,她也建议我调离医院,我没答应。后来,组织上好几次决定让我调离或转行搞行政，都被我婉言谢绝。我下定了决心，要一干到底。我热爱我的医院，更挚爱我的病人，在这三十多年里，一直坚持临床第一线。无论病人来自何方，地位高低，贫穷富贵，我都做到了一视同仁，病人和家属都说我“是个不摆架子的医生，是个有责任心、同情心的好医生”。我退休时，不少病人家属联名上书给院领导恳请把我留下来，不要让我退休，说病人需要我。其实，我也没有什么，无非我对他们的态度和方法不一样，做到了“打不还手、骂不还口”，待他们如亲人。他们不吃饭不吃药，我去喂，我去说服，他们都服从。

早些年间，医院的护士与病人的比例失调，许多工作安排不过来，护士的排班常常排不过来，此时，我主动提出来晚班排我。护士长说从没听过医生上护士的班，我说我来破这个例。此后，护士晚上有困难不能上的班我都顶。精神病院的病人生活护理工作难度大，有的病人不洗不漱，护士去帮忙不服从，要求医生做，所以帮病人洗头洗澡，理发剪指甲，甚至喂饭喂药也成了我的日常工作。当时也有些冷嘲热讽的，我也不在乎，什么工作都要有人做，对的我就坚持。在医院三十多年，有二十多年的春节是在医院陪伴病人过的，年初一那天，一定是陪着病人们迎接新的一年到来，这也深深地感动着我身边人。

一个精神病人对一个家庭来说就是一个灾难，不少病人的家属承受不了种种打击和折磨，导致心灰意冷，失去信心，甚至要放弃。面对家属的种种心态，我深表同情和理解，我不忍心让我的病人放弃治疗，我便苦口婆心给他们疏导，给予心理上的安慰，有些家庭因病人住院涉及钱的问题，常常婆媳不和、家庭不和，严重影响病人的康复。面对种种困境，我要抽很多休息的时间给她们调解。功夫不负有心人，通过双方的努力，那些家庭都和好了，家属们都称我不仅是个合格的好医生，还是一个合格的居委会大妈（调解员），有些病人家属佩服我们医院的医护人员，说不简单，不仅给病人治病还要调解家庭关系，还真没听说过。

三十多年来，我多次被授予三八红旗手、优秀共产党员、先进工作者等荣誉称号，病人家属也给予我充分肯定，我是我们医院医护队伍中第一个获得锦旗荣誉和多封感谢信的工作人员。我接过了爷爷的接力棒，并传给我女儿，她是一名优秀的教师。

（黄善娟　采访、整理）

为革命奉献自己和家庭

——陶和寿回忆父亲陶家齐烈士

采访背景

时　间：2016 年 11 月 18 日

地　点：安徽省合肥市庐阳区陶和寿家中

口述人：陶和寿（陶家齐烈士之子）

烈士简历

陶家齐（1890–1943），原名陶寄尘，江苏江宁人。1932 年参加十九路军淞沪抗战。1933 年底任江宁湖熟燕丹乡代理乡长。1938 年 7 月参加新四军，任新四军湖熟地区情报站主任。1942 年 6 月任江宁县抗日民主政府赤山区区长。1943 年 9 月在南京江宁家中与其妻朱维珍被日军包围逮捕，11 月一同遇害。

口述人简介

陶和寿，陶家齐烈士之子。1942 年 10 月 8 日出生于南京江宁湖熟。1964 年 7 月高中毕业，9 月分配至南京军区 337 工厂工作，12 月应征入伍至中国人民解放军空军直属空字九〇二部队。1970 年退伍分配至三机部国营第 351 工厂。1981 年调至安徽省国防科工办。2003 年退休。

◎ 您父亲牺牲时您还不到一岁，您最初对父亲的了解来源于哪里？

第一，是来自于把我从小带大的大妈陶王秀荣和我的小姐姐陶和英；第二，是来自于大哥陶和庆；第三，是采访父亲的老领导、老部下；第四，是我采访86岁以上老百姓那里了解到。1890年父亲出生在富裕的家庭中，幼读私塾，学得多种职技，本来我爷爷是想让他考功名，但那时候清朝废除科举制了，因此，父亲受爱国思想感悟，参加了南洋新军，当了一名炮兵，后随军参加了辛亥革命时南京的孝陵卫战役。上海淞沪抗战的时候，他毅然参加了蔡廷锴的十九路军抗击日寇，战场上，他的耳朵被震聋，就回家乡了。父亲这个人非常聪明，虽然耳朵聋了，但他还是能够从别人口型中“听”出声音来，这比较传奇。

在家乡，父亲一边行医，一边寻求抗日救国道路，有时候病人来了，没钱的老百姓他就不要钱给病人治病抓药。父亲素有亲民思想，对老百姓非常关心，老百姓对他也很敬重，这就为以后的情报工作打下了一定的基础。父亲参加新四军后的1940年被捕过一次，那个时候他情报主任的身份还没有公开，也就被放出来了，但是他在当地的影响和声望却引起了日军的注意。父亲以赤山区区长身份公开抗日后，湖熟的日

陶家齐烈士之子　陶和寿

伪军对父亲恨之入骨，时时想找机会除掉他。1943年9月4日，快到中秋节那天，我大哥带着16旅谍报员戴如高等3人，路过家里住了一晚，被汉奸发现告密，当晚父亲母亲等几人被捕了。

日本兵把我父母抓走以后，放了一把火把房子烧了。敌人还抓了一个小通讯员，父亲就说：他一个放牛的，逮他有什么用，我们不都来了吗？敌人就把通讯员放了。当时我还在屋里哇哇大哭，通讯员听到哭声就奔进火海，顺着哭声把我抱出后冲到河边，把我放到盆里，并将盆推到河中间，他就逃命去了。我在盆里大哭，被听到哭声的群众救了起来，这才活了下来。父母亲被捕以后，被日本鬼子押到了溧水日军总部，备受折磨，但坚贞不屈，拒不供秘。抗日政府多方设法营救未果。同年11月12日，日军把父母押到湖熟示众杀害的路上，一位好心的伪军趁押送的鬼子不注意时拿了一张小纸条，小声地对父亲说：“你马上要到湖熟了，你还有什么要给家人交待的，你写下来我托人给你送到。”父亲随即在纸条上写了几句话：“和庆，明日我被押到湖熟去杀，现我言泪俱无。请凭良心看待小儿。”后来，我大哥把我和小姐姐陶和英交给了他的母亲（我们喊她大妈）陶王秀荣抚养，她一直把我抚养到1956年她病逝。

◎ 1940年，新四军在江宁地区打了一场著名的赤山战斗，那场战役的准确情报是您父亲送给新四军的，您能和我们讲讲这场战役背后的故事吗？

1940年5月14日，新四军二支队在江宁湖熟赤山打了一场大获全胜的伏击仗，这一战的准确情报就是我父亲及时送给廖海涛副司令员的。从湖熟到赤山有一段路，父亲接到情报后及时地送给了廖司令，廖司令看罢情报对部下说，我们要在赤山打一个漂亮的伏击仗。第二天，部队侦察员的情报也送过来了，当时廖海涛就亲自率领新二支队直属队和四团三营指战员 400 多人全部埋伏在赤山脚下。敌人过来了，他们往前进，我们的部队埋伏在赤山旁边，另外还有一个连埋伏在桥周边隐密处，在突然的轰隆轰隆两声巨响后，敌人过来后，廖海涛一声令下，赤山四面顿时伏兵四起，枪声大作，老百姓听到枪声，大家都围过来了，很多人，有的拿着刀，有的拿着木棍，有的拿着锄头，高喊着“冲啊！杀啊！”敌人也不知道新四军到底有多少人，都非常害怕，吓得鬼子拔腿就往后逃跑。为防日本援兵赶来，廖司令立刻下令：“各连集中所有手榴弹，选一批投得又远又准的同志，采取齐投的办法，炸翻鬼子，结束战斗。”这一仗打得日军措手不及，因为老百姓跟新四军一条心，一听到枪声他们就赶快出来一起加入战斗，才取得了这场战役的胜利。这场战役还缴获了一门九二步兵炮，这门九二步兵炮是江南新四军缴获的第一门大炮，这在新四军江南作战中还是首次。

◎ 您能谈谈您父母被捕后的情况吗？

最使我刻骨铭心的是，我父母于 1943 年 9 月 4 日被日寇押到溧水鬼子总部，到同年 11 月 12 日这 69 天里在监狱里受尽了残酷的迫害。2012 年 12 月 17 日，在我采访句容长岑头潘家87岁老人张翠华时，她说："那一天你父母押来游街准备到成岗头去杀，我正好端着饭碗坐在门口，就听到鬼子的叫声，不一会，就看到一个鬼子用绳子牵着你父母，后面有几个鬼子端着枪，押着你父母一前一后地往成岗头方向走，你母亲身上血肉模糊，白衬衫已经变成红的了，而且身上很臭，老远就闻到了，一边走还一边喊着你的小名。"父母亲最后被运押到梁台刑场时，当时在现场的89岁老人马继祥说："当时我就听到你母亲在你父亲耳边说了'不知圆儿他……'你父亲就说：'不要哭，我们为家乡父老乡亲流血值得，小圆子已经幸存下来了。'你父亲话音刚落，一个日本兵冲了过来，对着你母亲连捅了几刀，她一声惨叫，鲜血四溅，溅到了你父亲身上，当时你父亲就闭上了眼睛，流下了泪水，老百姓都哭了，你母亲刚刚倒下，一个伪军拿着一根香烟向你父亲递去并问他：还有什么要讲的？你父亲非常愤怒地一巴掌把它打掉在地，拼力张口'呸'的一声，一口带血的吐沫吐得伪军满脸，就在这时，一个日本兵冲了上来，举起大刀从你父亲右肩凶狠砍了下去，残忍地把你父亲砍的血流满地。"我听到这些，深感残忍，很辛酸……

当时在场的人，那时也就十三四岁，70多年过去了，要不是采访那么多在场见证人，很多情况都弄不清了。我现在感到最遗憾的是我母亲死的那么惨，开始的时候我连她的名字和年龄多大都不知道，没人讲，后来我才知道当时我母亲死的时候才37岁，父亲牺牲的时候才53岁。他们通过工作相互关照，感情十分深厚。

◎ 您父母牺牲后，是您大哥把您带到他母亲身边抚养，您能和我们讲讲您和他们之间的事情吗?

我父亲牺牲后，大哥陶和庆在渡桂找到了我和小姐姐，把我们交给了他的母亲陶王秀荣，并向她讲了父亲临刑前带出的遗言，大妈接收了我们俩，小姐姐用米汤喂我，一直喂到我能吃饭。日本鬼子投降后，国民党抓新四军抗日区长夫人时，大妈带着我逃到南京，在一亲戚家摆香烟摊度日，直到新中国成立后政府把我们接回湖熟老家安居。我们相依为命，一直到1956年她病世，我成了真正的孤儿。

我父亲民族感特别强，他把一生都交给了民族事业。新四军任命他为湖熟情报站主任后，他首先就把在上海做学徒的大哥叫回来，当时大哥才15岁，也把同在上海做学徒的表哥潘泽松喊了回来，参加新四军情报工作。大哥陶和庆先后担任了江宁县抗日民主政府赤山区武装大队副队长等职。他在江宁抗战期间，再忙也会挤点时间来长岑头看望我们，做一些生活安排。1945年日军投降后，他随着新四军北撤，奔向正规部队，参加了莱芜战役、泰安战斗、豫东战役、黄县战斗及淮海战役、渡江战役、解放上海等战役。1950年我大妈病重，在抗美援朝的大哥被特批回来看了大妈，回来见到我他非常激动，那时我8岁。有一天下午，他把我带到父亲的坟上，磕了三个头，并对我讲了一些我父母亲牺牲的情况，具体的现在也记不清楚了，他呆了几天就走了。

1956年大妈去世以后，我大哥就写信给江宁县民政局，湖熟镇政府把我委托给我的小学班主任魏世倬老师照顾我。我跟他住一起，吃饭就到镇政府机关的食堂。我读初中后，就在学校住宿。在我高中毕业前，都是大哥在部队远程安排我的一切，我的小姐姐陶和英照顾我的日常生活，江宁县民政局、湖熟镇政府一直把我作为烈士遗孤来照顾。

◎ 您退休之后重走您父亲的战斗之路，收集了很多关于他的事迹，哪些事迹和细节您印象比较深刻？

第一件事，我大哥的儿子陶东，清明到湖熟，在南京打出租车时，司机就问他到哪里，他说到湖熟上坟，接着就问有一个陶家齐知道不知道？司机愣了一下，陶东又说："陶聋子！"司机立刻回说："噢，陶聋子啊！那怎么不知道呢，我们从上小学的时候，每年清明节都要去祭扫他。"陶东听后非常激动，他回到上海向家人转达后，长嫂祁邻华及全家都很感激家乡人民对父亲的敬重！说明在当地老百姓心目当中，大家对我父亲是非常尊重的。

第二件事，就是"文化大革命"中，因为父亲本来是搞秘密情报工作的，外界有些人不太了解，有一次，几个不明真相的人跑到坟上去想挖坟。后来村上老百姓都出来上前制止，对他们说：你们在干什么？你们这就是胡来，你知道这是什么人吗？你们今天幸福生活是从哪儿来？他是被日本鬼子杀害的。他是谁的情报人员？谁的特务啊？他是新四军的情报主任。讲完之后那些人目瞪口呆，那个带头的人说，我们是来祭拜的。他们集体鞠躬祭拜后非常歉疚地走了。我们知道这件事后非常感动，这对我们全家人来说也是一个安慰。

第三件事，2013 年 6 月 22 日我在福州采访原福州军区副政委王直将军时，他一见到我就非常激动地说："你怎么到今天才来找我？”他回忆往事时，很感慨地说：“陶家齐同志对我们新四军可是做出了很大贡献的啊！他很了不起，是一位民族英雄啊！”我想，这就是对为民族解放而献身的陶家齐烈士的真实评价。

父亲从15岁就投入到抗击外侵之敌、救国救民的大潮之中。为了民族存亡，他一生寻求信仰，1937年当平型关大捷消息传到他耳边时，他忽然看到了希望，立刻在日记中写下了自己的信仰：“中华民族未来的希望，就寄托在这支队伍身上，寄托在中国共产党身上！”我们全家为民族解放献出了连我父母在内的五位亲人，另三位是：姨表哥潘泽松、姐夫戴如高、表姐夫朱曰荣。

我退休以后专门到父亲打过游击的地方去拜访老人，我所采访的这些人都是当时的亲历者。这些年来，我先后到了福建、上海、苏州、镇江、杭州、句容、溧水等十几个城市，访问了三十多位知情人。每到一个村子，老百姓都对我特别热情，使我非常感动。有一次去林家庄，大队干部带我去了以后，他说：这是陶聋子的小儿子，村民们听到后，赶快就跑来，好多村上老百姓，特别是老人。有一位老太太拉着我的手说：“哎呦，小圆子啊！你还在啊！”场面很动人。有一天我到一个老奶奶家，她家人跟我讲：“你父亲对我们老百姓真是好啊！”他们讲的都很感人。我还采访了当时的中共地下党员李华庆，从他那里知道一些我父亲的情况。他说，当时他是不能公开的地下党员，他的任务之一就是保护我父亲。他还说到了我母亲人非常好，不但在生活上照顾我父亲，还帮助父亲处理一些工作上的事。母亲是一个非常坚强的女子，也是一个没有参加革命的革命者，她的一生非常曲折。

◎ 您还记得第一次来雨花台是哪一年？还记得当时的心情吗？

1987 年开馆的时候，我外甥陪我和我小姐姐去了。去了以后，我们不熟悉场馆，讲解员非常客气地带我们进去并给我们做讲解，后来讲到我父亲的时候，我小姐姐就忍不住哭了，当时那墙上展陈着一张父亲的照片，照片下面是个展台，展台里面没有东西，她就趴在那个展台上哭得非常伤心，我当时也是忍不住哭了。从那以后，我们家人每年清明节都会去雨花台，就觉得心里有个依托，好像又有了一个家。我们家的五兄弟姐妹每年都要去。雨花台烈士纪念馆就是烈士所在的地方，也是我们的第二个家，也给了我和我们陶家后代很大的精神安慰和教育。

◎ 作为烈士后人，烈士事迹、精神对您的家人有什么影响？

我虽然在记忆中没有父母亲的印象，但血脉骨肉之情是不可离舍的，一直以来，我们都非常思念他们。1964 年我高中毕业后入伍到空军直属部队当了一名工程兵，工程随时都有危险，也是很辛苦的，很多人都不愿意去当工程兵，但对我来说，非常坚定，我觉得父母那么坚贞，冒着枪林弹雨为国献身，我吃这点苦算得了什么呢？我的这种想法和表现，被连队指导员熊朝光知道后就在会上宣传，也给了个别想走的人一个警示。我在部队入党的时间比较早，一直以烈士后代的高要求来约束自己。

我父亲确实是一个传奇人物，他为民族解放事业献出了自己的生命，献出了一家。父亲给我们后代留下的宝贵财富就是强烈的爱国思想和捍卫红色江山的大无畏精神。他用实际行动给我们兄妹几个和后代做出了榜样，所以我们兄妹几个对后代教育都很严格，我们多数后代在单位别人都不知道他们是烈士后代，只有领导在看档案的时候才能知道。在我父母的影响下，我们家虽然没有高官，也没有特殊贡献，但是大家在每一个平凡的工作岗位上都能尽心尽力地干好自己的工作，都尽力为祖国、为人民做力所能及的事情，也在各自的岗位上受到表彰。大家共同的志向就是一定要继承陶家齐烈士革命遗志，做一个有益于祖国、有益于人民的好人，做一个不愧对烈士的革命后代，为祖国富强而作出应有的贡献。

（孙月红　采访；唐阿兰　整理）

父亲希望我们具有独立奋斗精神

——丁奂吾、丁令吾回忆父亲丁行烈士

采访背景

时　间：2018 年 6 月 23 日

地　点：江苏省南京市鼓楼区丁奂吾家中

口述人：丁奂吾（丁行烈士之女）

　　　　丁令吾（丁行烈士之子）

烈士简历

丁　行（1908—1948），原名可庄，字行之，化名何鹏，山西夏县人，中共党员。1925 年毕业于夏县师范学校。1927 年加入中国共产党，长期从事隐蔽战线工作。1937 年底组织战地服务团并任副团长，并参加台儿庄大战。1945 年任国民党保定绥靖公署军法处副处长、河北省政府机要秘书。1947 年 9 月因北平地下情报系统破坏被捕，解来南京，1948 年 10 月牺牲。

口述人简介

丁奂吾，丁行烈士之女，中共党员。1945 年出生。先后在北京、南京上小学、中学。1964 年考入北京理工大学无线电系。本科学历。大学毕业后在“中船重工第 724 研究所”（南京）从事科研工作。高级工程师。曾获得部级科技进步二等奖。

丁令吾，丁行烈士之子。1947 年出生。先后在北京、南京上小学、中学。1977 年考入南京理工大学数学力学专业。本科学历。大学毕业后在“中国电子科技集团公司第十四研究所”（南京）从事科研工作。研究员级高级工程师。曾获得国防科技进步二等奖。

◎ 请问父亲在你们二位心中最初的形象是什么？有哪些印象比较深的故事或是细节可以说一说呢？

丁令吾：我父亲是丁行烈士，他是1947年9月29号在北京被捕的，他被捕的十天后我才出生。他在北京被捕后过了两个月，就押解到南京，先关在现在的宁海路19号，后来又转移到羊皮巷，最后是在江东门外中央军人监狱，而且是在那里就义的。所以我从小就没有见过父亲，因为我是在他被捕十天后才出生的，在我的脑海中就没有他的生动的，一个活动的形象。在我的脑海里他是一个比较神秘的，是平面的这么一个形象。这个形象是从哪来的呢，就是后来从照片上看到的，他还是比较英俊潇洒的。

丁奂吾：还有妈妈讲的。妈妈在我们小时候给我们讲父亲当时的情况。因为我们当时都太小了，父亲被捕的时候我也只有两岁多还不到三岁吧，弟弟还没出生，快出生了。所以直接的印象可能就没有什么太多要讲的，以后的那些印象一个是通过我妈妈给我们讲的，还有就是通过他以前的一些同事来看望我们的时候讲的，是这么得来的。父亲和他的很多战友都是患难之交，父亲的这些战友们对我们是很关心的，经常来看望我们。而且父亲写的一手漂亮的字，文章写的也很好，他经常在报纸上、杂志上发表文章，而且他还会游泳、

丁行烈士之子丁令吾（左）、之女丁奂吾（右）

下棋、照相，爱好很多，在当时看来是很多才多艺的。

◎ 丁行烈士曾在1937年底邀请臧克家等30多名进步作家及文艺人士组织战地服务团，并任副团长，您能讲讲他在战地服务团的故事吗？

丁令吾：父亲是在1927年入党，父亲的入党介绍人是孙雨亭（解放后曾任云南省委副书记）。他们在那时候搞了些什么活动呢？一个是抗税，还有一个是组织农民暴动，计划搞掉国民党县党部。结果就失败了，被国民党下令通缉。这时父亲认识到，这样赤手空拳去反抗这个政权是没有作用的，要变强，要打入到敌人军队里去。后来他就通过一些老乡的关系到池峰城部当兵，由文书、书记、秘书一直升到军部秘书处长。父亲是个文化人，在辅佐池峰城的过程中，他就教池峰城怎样管理部队，怎么带兵，怎样提高部队的素质。后来上司认为池峰城带兵有方，就提拔他。抗战时期的台儿庄战役中，已是第二集团军第三十一师师长池峰城部立了战功，为民族解放战争立下了功勋，也有父亲的功劳在里面。

丁奂吾：父亲的革命意志是很坚定的。1927年大革命失败，当时白色恐怖，人家逃还来不及，他在那个时候能入党就说明他革命信念还是比较强的，他要改变这种人吃人的社会。他是这样的有信念，不是那种临时起意的。当时人民群众普遍条件很差，他自己家里还不是最困难的，因为他还有点文化，但是他看着老百姓那么苦，他革命的信念就非常强。我是在想，1927年大革命都失败了，当时的形势真的是血雨腥风，他在那个时候要求入党，当时他很年轻，20出头的热血青年，但是他的革命意志是很坚定的。

丁令吾：为了宣传抗日，他跟池峰城提出要组织一个战地服务团。当时在国民党部队里头是没有战地服务团这个组织的，类似于像共产党这边的文工团、宣传队之类，池峰城同意了他的提议。他就到西安招了一些青年学生、文艺界的作家、记者到部队，一个是宣传抗日，一个是提高部队的文化水平。当时还有记者范长江、诗人臧克家都是在战地服务团待过。池峰城部在台儿庄打了胜仗的事经过战地服务团的宣传，使在大后方的百姓都认识了池峰城这个铁血师长。有一次池峰城到重庆看电影，电影院的经理知道池峰城来看电影，就在广播中告诉大家抗日铁血师长池峰城到我们现场来看电影来了，大家一起起立给他鼓掌，就说明宣传的作用已经到了后方，使得大家都知道了。

丁奂吾：当时台儿庄大战前后，国民党士气很低，共产党就希望大家都来抗日，国共在这个方面是共同的，父亲搞战地服务团的目的就是在国民党部队里面宣传抗日，并做了很多工作。臧克家还为悼念父亲写了几首诗。当时臧克家已经到香港去了，得知我父亲牺牲的消息，他心里非常难受，在1948年12月30号下午他写了《一个壮烈的死——悼丁行》，刊登在了香港《大公报》，这是最早的一篇；后来他1961年到南京，到雨花台去看了一下，于5月14日又写了一篇《梦》来悼念父亲。所以臧克家跟父亲的关系是挺好的，他们是在抗日战争时期就结下了友谊。

◎ 丁行烈士在地下情报系统中是扮演了一个什么样的角色，给党组织输送了哪些情报，二位能讲一下吗？

丁令吾：通过池峰城的介绍，父亲当上了孙连仲的秘书，孙连仲是国民党十一战区的司令。父亲表面上为孙连仲特别出力的办事，但是主要精力放在暗中吸收同志，壮大革命力量上。抗战胜利以后，父亲跟随孙连仲北上，任职军法处的副处长，同时兼任河北省机要秘书。后来蒋介石到涿州，就在河北的涿州召开军事会议，父亲也参加了这个会议，会后把会议的内容传递到我方。他因为是机要秘书，所以很多的机密文件他都是能看到的，比如国民党部队人员的编制、布防，父亲就把这些情况通过一个交通员送到地下电台，发送到中央去。

丁奂吾：他这个位置是很重要的，他能接触到很多比较机密的东西，当时是对共产党打仗起了很大的作用。

丁令吾：父亲他因为是军法处的，所以他送的一些情报比如各个部队的长官是什么人，哪个部队驻扎在哪个地方或者哪个地方调动了，这些情报他都可以送过去。还有他不是机要秘书嘛，党需要了解什么情报的，他可以从很多机密文件里头找出来，把它送出去。当时的情报是各方面的，包括经济情报、物价等等，那时候党中央也要掌握。

丁奂吾：北平地下电台暴露后，当时妈妈已经快生我弟弟了，形势已经有点紧张了，有很多人已经被捕了。实际上父亲他是知道的，因为有一些人要从北平出来去解放区，父亲还给他们开通行证，这个情况下父亲就让他们先走了。这其中包括王冶秋、邱芝亭等等，后来他们这些人都到解放区去了，也都存活下来了。我父亲因为他的地位摆在这，要先把这些人都掩护出去。但是实际上当时他是完全可以自己先走的，他没有走，他让给别人。妈妈后来在我们长大后也跟我们讲，十分遗憾……，意思就是说他怎么救了别人自己怎么就没有赶快走啊。因为妈妈不太清楚具体情况，只是知道北京的形势有点紧张了。她总是说我父亲不太在意这个事情。但是看到形势有点紧张了，就差几天，他已经开始准备要走了，但是那些人已经走了，他如果跟那些人一块走就没事了。所以妈妈讲到这个事情的时候，心里真是难受得不得了。从北京到河北解放区很近，就是很可惜，父亲就没走。

丁令吾：北平地下电台暴露了以后，一共有一百多人牵连被捕，他们被捕时不是一下子被逮捕的，是分批逮捕的。还有一些有军衔的人，特务们不大敢逮，要报到南京，得到保密局批准以后才敢逮，所以这中间有一个时间差。而且他和电台不是直接发生关系的，等于情报是交给一个通讯员送过去的。按照规定东西送来以后，发报的人必须把它重新抄写一遍，然后把原稿销毁掉，但是居然好多原稿都没有销毁掉。

◎ 丁行烈士当时被捕的情形是怎样的，二位能说一说吗？

丁奂吾：中秋节那天，当时我是两岁多嘛，还小，本来父亲是要带我到北京的中山公园去玩的，结果我就睡觉了，后来就来了特务，特务让父亲跟着走一趟，父亲就知道不好了，他看我妈妈着急，就对妈妈说没事没事你不要着急，去去就回来的，你把孩子带好。实际上我妈妈就讲我当时要是不睡觉出去玩了就好一点。妈妈在的时候，过中秋节她心里就很难过，从那天父亲被捕了就没有再见面了。

丁奂吾：父亲被逮捕十天后，弟弟出生了。因为父亲那年已经39岁了，得了一个小孩还是挺高兴的，就在电话里给他起了名字，就叫丁令吾，因为我是叫丁奂吾，囹圄是监牢的意思，他把四边框给去掉，希望自己能早日回来，能看看孩子，回来和家人团聚，父亲是这个意思。所以这个名字是有意义的。

丁令吾：他在北京被关押了两个月，先被关押在北京炮局拘留所，是在北京给家里打的电话，然后被押解到南京后就再也没有打过电话，但是可以通信。他们算是比较重要的要犯，用美国的飞机运送到南京的，从北京南苑机场到南京的明故宫机场，所以想救也都没办法救。

丁奂吾：去狱中探望都不行。而且他涉及的案子算是比较重大，蒋介石就很生气，这么高层的人都是共产党，打入到国民党高层里了。

◎ 二位能说一说父亲在狱中的经历吗？

丁令吾：在狱中，国民党要求每人写个“悔过书”，“悔过书”上面写着：我误入歧途，参加共产党，为共产党做情报工作。今后愿意改过自新，信仰三民主义，忠诚地为党国和人民工作。然后李政宣，就是那个电台台长，就找他们“过来签，快来签名，签了名就去受训去”。后来大家研究说是不能签啊，但是不签对敌人来说又是比较激烈的对抗了，后来他们就想了个办法，每个人加上一个“并未”，变成了我

“并未”误入歧途，然后后面签上名，特务们拿了走，到最后仔细一看上面多写个“并未”。有难友出狱后向李克农汇报，李克农讲写这两个字很好，既有斗争策略，又没有自首。父亲在狱中受过刑也挨过打、挨过骂，但是父亲他在信里头从来不讲的。父亲在狱中的表现得很坚强，关于父亲的档案里都有记录的。

丁令吾：和父亲一起坐监牢的难友，后来他们出来，讲当时监牢里的一些情况。那时候还是很苦的，吃的饭里头尽是沙子，在监牢里头也没有厕所，中间放一个粪桶，每天早晨倒粪，衣服也是脏得不得了。

丁奂吾：父亲他很爱学习，那时苏联是先进的社会主义国家，所以他就在学俄语，在监牢里还学语法“变格”，这是我妈妈讲的，俄语不是要“变格”嘛，他就学这个。父亲学习特别认真，他是很好很好的一个人。

丁令吾：父亲在监狱里也在学习英文。他进去的时候从第一册开始学，到牺牲之前正好学到第三册，有一本书介绍过这个。在等待判决的日子里，他每天早晨读两个小时的英文，第二册基本学完了，进行最后的翻译、造句练习。国际音标的发音，他练的也很熟。

丁奂吾：都是和他一起坐监牢的一些战友讲的，后来也写了东西出来的。

丁奂吾：有一张照片，这个照片实际上是我们小的时候，父亲牺牲之前，寄到监狱里面的照片，看到这张照片以后他就说小家伙长得还挺胖的，给我们妈妈写的信，（丁令吾：那时候应该是快一岁了）就是已经快一岁了，但是看样子还不会走路，这是我爸爸能见到我们的比较少的照片，因为那个时间很短嘛，他牺牲的时候我弟弟也就刚一岁，根本就没见过，这个中间照的照片也不多，所以当时他还讲小孩养得还不错，还挺胖的。

丁令吾：当时牺牲的只是5个军人，其他好多人都放出来了，后来有的人还帮着收尸，听到他们老百姓讲的。

丁奂吾：父亲就在中央军人监狱外面的空地上牺牲的。

丁令吾：报纸上登：十九日清晨，中央监狱戒备森严，后续闻枪声数响，附近居民均知道有人犯执行了，成至大门向内张望五犯尸体，后经当地居民抬出，暂欲掩埋，各尸体身上均贴有姓名标签，十九日晨各犯在行刑前曾大肆咆哮，声达墙外。闻此案一干人犯共十余名，除五犯执行死刑外，余均分别判处徒刑，移特刑厅执行。

丁令吾：那个时候组织上就派人给了我们家一些金子，家里没钱用了，就敲一点金子出去卖点钱。

丁奂吾：有人送东西来，我估计就是组织上送的，我妈妈她也没办法弄。

丁令吾：还有我父亲的一个警卫员，他是国民党的兵，父亲被捕以后他也离开了国民党的部队，就帮助我们家带孩子，自己还兼着卖菜，挣点钱补贴家用。父亲是1947年底被捕的，1949年初北京就解放了，解放以后我们俩就给送到中央军委保育院，在万寿寺，相当于是全托了，我母亲那时候就工作了，她分在北京图书馆。

丁奂吾：当时组织上问她想干什么工作，妈妈说现在心情很不好，要做一个不跟人打交道的工作，后来她就到北京图书馆工作了。

丁令吾：我们到南京来了以后上的是南京军区卫岗小

学，也都是国家供养的，上学不要钱，还发衣服。

丁奂吾：这些生活上没有什么，就是没有父亲了，我是很羡慕别人有父亲的，真的是这样子。我们生活上没有吃什么苦，因为马上就解放了，但是最遗憾的就是马上就要解放了可我父亲却牺牲了，他还没有过上一天幸福的生活。

◎ 丁行烈士在狱中给您母亲写信，嘱咐道：“孩子保育问题，需特为注意，务宜从小养成其独立奋斗之精神。”字里行间可看出他对两个孩子的期待。二位能讲一讲这件文物背后的故事吗？

丁令吾：我父亲通过他多年的经验总结出来，一个人要想有所成就，必须要靠自己奋斗，他经常跟我们妈妈讲，妈妈也会跟我们讲。他引用陶行知的一个语录，就是“流自己的汗，吃自己的饭，自己的事情自己干，靠人靠天靠祖宗不是好汉”。所以这句话妈妈经常讲，我们很小上一年级的时候，到了星期六要回家，我们两个人从学校坐车回家，没有家长接送，一年级小孩就这样。而且路上很远，学习都是靠自己，没有说家长还要检查作业，都是我们自己，靠自己。像姐姐上中学也是，妈妈都没到学校去过。

丁奂吾：他就是培养我们自己要努力，自力更生，要靠自己。所以我小时候也是比较要强，爱管事情。我们自己也比较努力，都上了大学，自己考上去的，而且都是学的军工，搞科研，我是北理工的，他是南理工的。从七几年开始我们就从事这个工作，而且没有离开过这个岗位。

丁奂吾：我们为自己的祖国，虽然不是为了它打仗，是为了建设祖国，我们两个也都是贡献自己的力量，没有愧对我们的父亲。父亲也希望我们两个人好好的独立奋斗，都靠自己。

丁奂吾：我们每年清明节都去雨花台，也都在培养我们的小孩，从小就带他们到雨花台那去看看，告诉他们外公在那个地方，很光荣的，他是很好的人。

◎ 作为烈士后人，二位想对我们这一代人，尤其是青少年说些什么？

丁令吾：我想说的是，一个是珍惜现在的生活，我们国家最近几十年没有战争，以前的一二百年全都是在打仗，抗战1945年胜利，新中国1949年成立，这以后才是和平时期。和平时期这么长，这个功劳是谁的，那就是共产党。还有一个是宣传革命先烈的事迹要尊重事实，写的东西要尽量真实，同时要把历史背景交代清楚。不然现在有的年轻人讲的意思是革命者参加革命家都不顾，不太讲人情，就好像共产党是不讲人情的，实际上不是这样子，他们在面对家庭和国家的抉择时候也是比较两难的，要参加革命必然家庭会受影响，甚至可能牺牲生命。但在国家都要被倾灭的情况下，小家是顾不上的，有国才有家。南京大屠杀有很多全家人都在一起，重庆大轰炸也有很多一家人在一起，照样都被杀掉了，所以在这种情况下只有全国人民团结起来跟日本鬼子进行斗争才能取得最后胜利。所以父亲他是比较了之后，才决定舍小家为大家，不是说不为家庭着想，不是说没有感情。在与家庭分别的时候，这些烈士都是非常难过的。

丁奂吾：而且好多革命烈士都是很优秀的人才，文化水平又高，家境也不是很差，不是说没饭吃出来逃亡的。我们是这样子，我们从小因为没有父亲了，对于我们家是一个很大的损失，我们俩从小没有父爱，但现在都可以理解了，国家对我们也是比较照顾，然后我们自己也很努力，我们俩人都上了大学，自己考上去的，而且都是学的军工，搞的是科研工作，从七几年开始我们一直干的这个事情，而且从没有离开过。我们虽然退休了，但是还有很多事情要做。我们父亲是为革命牺牲，我们是在和平时期长大，但是我们还是为祖国的国防贡献自己的力量，是继承了他的遗志。

丁奂吾：干这个事情的钱不多，但是有一定的自豪感。我们看电视 XX 舰上的雷达是我们研发的，就很高兴。为自己的祖国我们两个都是贡献了自己的力量。

丁令吾：没有愧对我们的父亲。

丁奂吾：父亲也是希望我们两个人好好的，独立奋斗，要靠自己，为国家贡献出自己的力量。

（郭蕊　采访、整理）

“多少头颅多少血，续成民主自由诗”
——谢鹏回忆父亲谢士炎烈士

采访背景

时　间：2016年4月17日

地　点：北京市海淀区谢鹏家中

口述人：谢鹏（谢士炎烈士之子）

烈士简历

谢士炎（1910—1948），又名谢天纵，湖南衡山人，中共党员。1938年毕业于国民党陆军大学。1940年任国民党八十六军四十六团团长。1945年任国民党北平第十一战区长官部作战处少将处长。1947年2月加入中国共产党，秘密从事革命情报工作。1947年9月因北平地下情报系统破坏被捕，解来南京，1948年10月牺牲。

口述人简介

谢鹏，谢士炎烈士之子，中共党员。1948年出生。现已退休。

◎ 抗战期间，有说法称您父亲在浙江衢州时是“无人不知谢团长”，您知道他的这段历史吗？

这种说法有些言过其实。杜立特事件发生以后，日本人认为衢州机场是一个巨大威胁，下决心一定要把衢州拿下来，特别是要把衢州机场给毁掉，解除威胁。国民党为了保卫机场，下令阻击，部队打到最后守不住了，不得不下令撤退。日本人把机场炸毁以后也撤了。当时父亲主要做了两件事：第一，他是团长，他守的那块阵地没有被敌人突破，别的阵地已经被敌人突破了，他的阵地没有。第二，上面下令撤退时，在敌人已经快形成合围的情况下，他把他的半个团带出来了。当时在战争中能把自己的部队带出来，基本上很少有这种情况，大部分都是长官撇下部队最后带着自己的卫士突围出去。但父亲带着半个团，大概是四五百个人，跳出敌人的包围圈。正因为有这两点，国民党就宣传说父亲的这个团能打。中国第二历史档案馆里面有衢州战役的作战总结和作战报告，还有一两张电令，就是当时发送过的作战命令以及撤退命令，当时许多材料都是油印或手写的，能够保存下来的很少，而且纸张很破，字迹也模糊不清了。

◎ 您父亲当时已经是少将，他为什么主动请缨去当团长？

父亲的性格比较“书呆子”，比如写入党申请书时，别人都不写，他是一定要写，表示决心，他不考虑这样做可能出现的危险性。1943 年他被提拔上来当了战区作战处副处长以后，他曾经几次提出要下去当团长，他觉得作战处只尚空谈，不如干脆当团长，带兵上前线直接跟敌人打。

抗战胜利以后，父亲在参与接收工作过程中得罪了一批军统人员。情况是这样的，当时国民党给了他一个头衔叫做武汉指挥部主任，他的中将军衔就是这时候才有的。因为是他去洽降的时候，日本方面派出的是日本驻武汉华中方面军参谋长，是中将军衔，而我父亲是少将军衔，按照对等原则，国民党就临时给他挂个中将的衔号。父亲属于陈诚系的，而陈诚和戴笠是最不对头的，所以陈诚系的官员对军统不买账。当时武汉算是一个重镇，各方面都想插足，戴笠也派了一支军统先遣队想进驻武汉。我父亲说，他们这支先遣队手续不合法，不许他们进入，愣把他们赶在外面，就是不让军统进来。这样拖了大概有十天还是半个月的时间，军统才得以进入武汉。戴笠对此大为不满，污蔑我父亲在武汉监守自盗。后来，蒋介石将他免职，并关了三个月禁闭，最后是陈诚把他救出来的。因为陈诚跟孙连仲是好朋友，孙连仲当时任国民党第十一战区司令长官，陈诚派了一批人去帮忙，我父亲也是其中之一。名义上是帮忙，实际上监视，驱使孙连仲收编的伪军跟八路军作战。

◎ 您父亲曾说：“我有资格批评它（国民党）没有前途。至于共产党，我至少欣赏它的活力、热情、组织与建设新中国的理想，因此，我选择我欣赏的党。”他是在怎样的一种环境下说出这段话的？

父亲说的这段话在谷正文的书里有记录。谷正文在审讯我父亲时问了他三个问题：第一，对国共两党的看法。父亲回答说，从 1927 年到 1947 年，他参加国民党有 20 年，看透了国民党内部的腐败和贪污。他说用你们的方法解决不了中国的问题。由于职务原因他当时可以看到关于延安的一些情况，他说延安的办法，包括没收地主土地，让耕者有其田等是比较好的。在他的思想里，延安的这些办法是比较接近以耕读为本的学说，国家就是要让老百姓有土地耕种。第二，关于家庭问题。特务对我父亲说，就算你不怕死，你也要为你的老婆及孩子着想。父亲说我相信你们的统治坚持不了多久了，一旦共产党占领了这些地方，我的家人会得到很好的安排。第三，特务威胁说他这样的罪行是要被判死刑的。父亲说，我怕死就不会参加共产党了。当时的审讯记录上都有这些。

父亲等人被捕的事件当时在国民党已经相当轰动，谷正文也是借此给自己脸上贴金，目的是让这个案件成为他的功劳。他刚开始的时候抬举了我父亲一下，说你这么厉害，到最后还是败在我手上。谷正文的口音很重，所以听者把我父亲的名字听成了谢世南。

我去看过曾经关押过父亲的监狱。在北平被捕的五个人被关进去以后，当时共产党一方面积极想方设法营救，另一方面想方设法保证他们在监狱的生活，利用亲属的名义去探望。因为考虑到这些人地位、影响，认为可能蒋介石一时半会不会杀他们，尽量争取只判徒刑，即使判个十年二十年，反正到时候一解放就全放出来了，当时是这么考虑的。

◎ 您父亲入党的细节您了解么？

叶剑英是我父亲入党的批准人，他代表中央批准我父亲入的党。党章里就有这样的规定，上级党委要指定人员与入党申请人谈话，叶剑英应该算是上级党委指定人员，他代表中央。父亲的入党誓词交给他的入党介绍人马次青，当时叶剑英的身份是公开的，所以叶剑英总是受到国民党特务严密监视，他能够摆脱特务监视去见我父亲一次，实属不易。他是趁过年时抓住敌人松懈的机会，在访问朋友时拐个弯见了我父亲一下，就这么一次，但是已经很不容易了。当时那种环境，要去多次可能性不大，而且也不能让叶剑英总去冒这个险，实在是太危险了。

◎ 您觉得您父亲的这些精神和品格，哪一点让您最为崇敬的？

父亲在狱中写过一首诗："人生自古谁无死，况复男儿失意时。多少头颅多少血，续成民主自由诗。"这首诗是他的绝笔,从中可以看出他写这首诗时的心情应该是视死如归。

我觉得他是一个视国家视人民重过自己的人。我们这代人注重革命传统教育，不只是我的父亲，实际上我们接受过千千万万的烈士、革命前辈各种各样的传统教育，所以我们在很小的时候就知道许多烈士牺牲的情况。我们小时候每年清明都到八宝山扫墓，每年的七一、八一、十一等重要时间节点，我们都会接受革命传统教育。所以说我不是你们所想象的只为我父亲一个人所左右，在我看来他只是千百万烈士中的一个，我从小是在这种教育环境中成长起来的。当时整个社会都在强调讲话要严肃、一丝不苟，最重要的一条就是对组织忠诚老实，不许说谎话，不许欺瞒组织，更不要背着组织去贪污盗窃，这是绝对不允许的。我们这一代人接受的教育就是这么严格，工作上要认真负责，错了要写检讨，立即改正。

◎ 您去过几次雨花台烈士纪念馆？

大概有十来次吧。最早的一次大概是上个世纪六十年代，中间的七十年代、八十年代、九十年代都去过，最近一次去雨花台烈士纪念馆是前几年，从第一次去到现在已经四五十年了。我想，作为子女确实要去看看，这是人之常情。据我所知，大家都一样，其他烈士亲属到了南京也都会去雨花台看看。

◎ 您能说说您父亲迁葬到南京时的相关细节么？

当时雨花台烈士陵园要搞一个知名烈士墓，把我父亲从河北迁到南京。我去了河北，把他的遗骨起出来，经过核对，确实是父亲的坟冢。父亲下葬的时候穿了件长袍，长袍上贴了一块布条，上面用毛笔写的“谢士炎”三个字。起坟的时候那块布条都糟了，但没有烂掉，字迹也有些模糊了，放在一个收藏匣里。然后工作人员将这块布条保存起来，放在一个塑料袋里，这样就把父亲的坟迁走了。那个时候没有DNA，也没法核对证人，只能核对父亲身上的遗物。后来在河北当地将他的遗体火化后送往南京，安葬在雨花台知名烈士墓。

北平五烈士牺牲的地方在南京中央军人监狱后面的菜园子里，他们牺牲以后就地掩埋。新中国成立以后，政府将他们葬于雨花台。后来孔繁蕤烈士亲属要求把孔繁蕤的坟冢迁回河北老家，结果他们阴差阳错地把我父亲的坟迁到河北去了，才有了这次迁坟的事情。

◎ 您第一次听说父亲牺牲的时候您多大？您现在会跟您的下一辈说您父亲的事迹么？

我第一次听说父亲牺牲的消息大概只有三四岁，可能就是上幼儿园的时候。其实我们这些孩子都一样，他们的父母也是被敌人杀害的，都是后来长大才渐渐了解到事情的来龙去脉。我儿子也是一名共产党员，我记得他在五岁的时候就知道我父亲的事迹了。据我所知，有的家庭在孩子两三岁的时候就跟孩子讲了祖父祖母的事情。

（孙月红　采访；黄善娟　整理）

革命道路的引导人
——任华轶、李逸文、唐一平回忆任天石烈士

采访背景

时　间：2018 年 5 月 12 日

地　点：浙江省杭州市

口述人：任华轶（任天石烈士侄子）

　　　　李逸文（任天石烈士战友）

　　　　唐一平（任天石烈士战友）

烈士简历

任天石（1913—1948），又名启生，化名赵济民，江苏常熟人，中共党员。1932 年 8 月考入上海中国医学院。抗战爆发后弃医从戎，组建常熟人民抗日自卫队，任副大队长、大队长。1939 年加入中国共产党。1940 年任中共常熟县委书记。1941 年任江南行政委员会委员、江南第一行政督察专员公署专员兼常熟县县长。1943 年任中共苏中区党委巡视员、通海行署主任。1944 年 11 月任中共苏中第六地委委员兼苏中行政委员会委员、苏中第六行政区专员公署专员。1946 年 9 月任中共中央华中分局十地委常委兼社会部部长。1947 年 1 月因华中十地委遭到破坏而暴露身份，在上海被捕，解来南京，1948 年牺牲。

口述人简介

任华轶，任天石烈士侄子。1969 年 3 月参加工作。1980 年加入中国共产党。长期在卫生系统工作，曾在省卫生系统多个直属单位担任领导工作。曾任江苏省医学会和江苏省医师协会副会长兼秘书长。2012

年8月退休。

李逸文，任天石烈士战友。1941年10月参加革命。1943年2月14日加入中国共产党，从事党的秘密工作。1946年6月参加土改。新中国成立后，在中国人民大学学习，研究生毕业后从事教育工作。1961年起在浙江大学工作。现已离休。

唐一平，任天石烈士战友。1944年4月加入中国共产党，从事地下工作。1948年随军渡江南下，任苏南区党委政策研究室土改工作团组长。1952年起历任苏南区人民银行监察室股长、检察员、秘书等职。现已离休。

◎ 您是怎么认识任天石烈士的，他对您后来参加革命有什么影响？听说他住过你们家还给您父亲看过病，您能给我们讲讲其中的故事么？

李逸文：1941 年秋，苏南东路抗日根据地反“清乡”斗争后，任天石奉命从苏常太地区转移到长江以北，隔江开展苏南东路地区的恢复工作。在这个情况下，1942 年秋天，任天石带着一批人到了通海，先住在别人家里，那家人也姓李，我们也认识。他来了以后先了解情况，知道我刚从学校毕业，在教书，之后就住到我们家里了。任天石人很好，没有架子，那个时候任天石是通海工委书记、通海行署副主任。我父亲是支气管炎，有哮喘，下不了床。任天石来到床前问候他，了解他的病情，给他开药方，家里人再去给他拿药。我们住在一起就像一家人一样，他给我父亲看病，家里人也很欢迎他。

晚饭后、睡觉前，他和我们聊天，聊抗日救国的事情。我那时候在当小学教师，他就讲年轻人应该走在抗日第一线，他还从自身举例，说他过去是医生负责看病，但只看病是不行的，看病只关乎个人的生死问题，不能够解决国家的前途问题，所以他不做医生了，去参加革命。我听他说话很有感触，也知道应该抗日，但怎么抗不知道。他们这些人为我们树立了榜样，我在他的影响

任华轶（左）、李逸文（中）、唐一平（右）

之下，在任教的小学里面办了一个妇女识字班。任天石引用阶级分析的道理，一个阶级一个阶级的分析，分析农民处境，分析资本家怎么剥削工人。他说我们是小资产阶级知识分子，在两个阶级之间动摇，他是在启发我们的阶级觉悟。他还跟我们讲工人阶级的伟大，告诉我们工人阶级的处境都很艰苦，面临地主和资本的剥削。

任天石可以说是我参加革命的引导人，启发我怎么样革命，告诉我共产党是什么样的政党，他说“共产党是工人阶级的政党”。之后我就要求参加革命，有加入共产党的愿望，他叫我们参加冬令营，参加补习班。我是 1941 年 10 月参加革命。我参加革命后没过多久，因为他了解我的情况，他的夫人陈行之介绍我入党。在我家里，他们住的那个房间墙上挂着党旗，有党代表参加，我在那里对着党旗宣誓，加入了中国共产党。入党以后，组织就给我们分配工作了，第二天就要我找社会关系，并且关系一定要在海门。因为海门有个日本人的据点，想要靠近那个据点，有职业掩护才能做秘密工作。我那时候公开身份是小学教师，入党是保密的，所以人家不知道我到底是哪边的。我当时找了我小姑妈，小姑妈家离海门就两三里路，她是地主，有很多房子，好掩护。那个时候陈行之和我在一起，后来任天石做完工作离开了，但陈行之跟我一起到我小姑妈家了，一方面打埋伏，一方面领导地下工作。我很受启发，这个时候她问我有哪些同学比较熟悉，我给她介绍了三个人。我对这三人说，我家里住了一位同志，讲阶级斗争的理论和阶级分析很好，你们也来听听，她们的确来听过一次。后来她们也到寒假补习班里，我介绍他们入党的，我们就去做秘密工作了。

◎ 您的姐姐和李逸文老师是同学，也是任天石烈士引导她和您走上革命道路的么？

唐一平：我的姐姐是小学老师，李逸文也是小学老师，我姐姐经常去她家，任天石夫妇给我姐姐进行抗日教育。那时候有个学生组织叫“学联”，办了一个冬令营做积极分子的培训，我姐姐跟李逸文她们一起去的。在她家里，任天石夫妇给我们讲革命故事，讲青年人怎么进行抗日，怎么为国家贡献。她是 1944 年入党，在李逸文之后。当时她们加入共产党都是秘密的，以教师的身份进行地下党的活动。那个时候李逸文也经常到我家来，但是她们在房间里谈问题都是秘密的，我不知道她们是地下党，我在前面的房子里给她们做饭，那时候我才 13 岁，后来我入党之后才知道她们是以小学教师的身份进行地下党活动。

那时候通海行署的文教科长领导她们一批地下党员经常在我家吃饭，她们具体做什么我不清楚，我只负责她们吃住。后来因为来往的人比较多，她们从国民党地区争取来的进步老师都安排在我姐姐的学校里当教员，吃饭睡觉都在我家，所以那个时候我家被发展成为地下党联络点。我在这么一个环境下接受了教育，那时候任天石化名赵济民，通海的老百姓都知道他。

◎ 你们知道任天石烈士在抗战的时候把家里的房子和船都捐出去的事情吗？

李逸文、唐一平：这个不知道。那个时候都是秘密的，有这个事情也不能讲。

任华轶：这些情况她们可能不太了解。我们老家在苏南常熟，几代人都是做医生的。我伯父从小在学校里就是一位追求真理、血气方刚的青年,后来因为在学校闹学潮被开除了。被学校开除后，他在家没事干，又不能上学，在家开始认真思考自己未来的人生。受形势所迫，他跟着我爷爷学医，后来通过自己刻苦努力考上了大学。大学毕业后取得了当时上海市卫生局的行医执照,回老家做医生。他看到当时国家衰落、民不聊生，老百姓过着痛苦生活的现状后深为焦虑。作为一个忧国忧民的热血青年，他想通过自己做医生，拯救国家、拯救百姓。于是他在老家开了一个诊所，和其他人合伙搞了个药店，想通过自己的努力，为老百姓解决病痛。有时他看到来就诊的老百姓生活很困难，不收他们诊金，甚至有的连药钱也不收，他开的很多处方上都写了个“免”，最后这个药店破产了。

后来在他行医过程中，遇到了许多事，看到了当时社会的黑暗。现实状况使他渐渐发现光做医生是不能拯救老百姓，更不能拯救国家。他在大学学习时接触了进步思想，看过一些进步书籍,接触过一些进步青年,思想已发生了很大的变化。他逐渐认识到中国老百姓的这些苦难是当局政府、社会制度造成的，要让老百姓过好日子，必须要救我们的国家。他在家乡组织青年、农民、店员、工厂工人识字学习，宣传抗日救亡的主张、揭露国民党当局的黑暗。他的进步思想和言行引起了当时党组织的关注。1937 年 3 月他参加了共产党的外围组织。卢沟桥事变以后，他开始组织家乡的年轻人组建抗日武装。在我奶奶的支持下，他把家产变卖，将我们老家原来 13 间房子全部卖掉，把家里的船也捐出来（那时候船在江南水乡是主要交通工具），购买武器装备，组织了抗日部队，当时称为“民抗”部队，来保卫家乡、保卫人民，与日伪军斗争。

后来我伯父他们离开江南到苏北去是因为日本人对我们家乡进行了围剿，日伪军组织了一万三千多的兵力对常熟进行“清乡”扫荡。当时党组织为了保全江南武装实力，让他们撤到苏北，到通海地区。当时伯父在通海地区担任江南办事处的主任，后来又担任通海行署的主任，在通海工作了几年。

◎ 您伯父把房子和船都捐出去了，你们一大家包括您奶奶是怎么生活的？

任华轶：我伯父开始将奶奶安置在她的娘家，没多久就跟着部队走了，后来因为不方便，就经常东躲西藏隐蔽在老百姓家里面，我奶奶带着一大家在苏北、如皋、南通，还有苏州、无锡、上海浦东的农村都待过。战争年代他们不能跟伯父生活在一起，我们家留下了他们当时在苏北如皋难得相聚的一张照片，十分珍贵，上面有我伯父的儿子即我的堂哥和我的大姐。

◎ 任天石烈士的姐姐任彩芬也参加了革命，您能不能给我们讲讲这件事情？

任华轶：伯父的姐姐也就是我的姑妈，也是我伯父动员她出来参加革命的，姑妈参加革命前是儿科医生，在当地已小有名气。当时我父亲在中国医学院上大学，我伯父参加革命以后就把他们姐弟俩动员出来，对他们说："你们做医生只能治病，只能救命，不能救国。"所以雨花台烈士纪念馆里有我伯父的一句话："做个医生，只能救命；若要救民，必须救国"。实际上就是当时伯父动员我父亲出来参加革命，对我父亲说的一句话。伯父把他们姐弟俩带出来走上了革命道路。后来我父亲就在民抗部队里从事财经工作，姑妈在常熟的梅北区当区长。部队北撤以后为了能够保持和江南及江苏省委的联系，姑妈化名李建华，成了一位秘密的政治交通员，姑妈上线是我伯父，由他直接领导，对下有个下线，她就这样奔波在苏北和上海之间，负责党内重要的情报传递。在一次执行任务过程中，她得了急病，那个时候条件很艰苦，没有药抢救，不幸去世了。我姑妈也很可惜，姑父在南京大屠杀的时候被日本人杀害了，他们没有留下后代，家里也没有什么人。现在大家只知道她是革命烈士，因为姑妈是政治交通员，从事党的秘密工作且都是单线联系，她牺牲后真正了解她的人不多。

◎ 我们从资料里看到，任天石烈士给谭震林同志治过病？他们两个人在革命中的故事能不能跟我们说一说？

任华轶：大概1938年的时候，中国共产党领导下的常熟人民抗日武装"民抗"创立，伯父担任司令员，当地的老百姓称这支部队为"老天"部队。当时这支部队和日伪有过交锋，打过几仗。但是伯父指挥打仗毕竟是外行，他认为自己是个学医的没有军事知识，为了更好地组织武装斗争，他通过党组织向省委汇报，要求组织上派军事干部来江南指导工作。

省委派了杨浩庐同志和红军团长赵伯华同志到江南指导武装斗争，杨浩庐同志在新中国成立以后担任过国家外贸部的副部长。

到 1940 年，谭震林同志到了常熟，当时苏南的“民抗”部队和“江抗”部队整合，成立了新“江抗”，伯父和谭震林有了接触。那个时候老百姓都叫谭震林为“林老板”，他是新四军六师的师长，和伯父的部队融合在一块，谭震林指挥苏南一带的抗日战争。因为伯父有医学知识，所以在部队既当指挥员，又是战斗员，还兼做医生和救护员。他曾经也给谭震林同志治过病。当时谭震林在部队里生病，战争年代缺医少药，更没有很好条件的医院，给部队的干部战士看病也是我伯父的一项重要任务。谭震林当时患有皮肤病和肺部疾病（咯血）都是我伯父给医治的。“文革”以后，谭震林同志恢复工作，他念念不忘抗日战争时期在江苏斗争过的日子和患难与共、并肩战斗过的战友们，他和夫人葛慧敏阿姨专程到我伯父的烈士墓前祭扫，并到我们家里来看望我父母亲。谭震林对我伯父的评价相当高，他说：“任天石是常熟人民的‘天老爷’，在人民中的威信很高”。谭震林的女儿谭胜远在 2015 年又专程来常熟烈士陵园向我伯父敬献花圈，代她已经去世的父亲来悼念我伯父，深情地回忆起她父亲曾对她说过一句话：“在革命艰苦的岁月里，任天石为我治好了病，使我终生难忘！”所以谭震林和她的夫人和我们一直有联系，也很关心我父母亲。

（孙月红　采访；顾旻旻　整理）

人生道路上的导航灯

——黄念蓉回忆叔父黄叔雷烈士

采访背景

时　间：2016 年 5 月 17 日

地　点：江苏省南京市玄武区黄念蓉家中

口述人：黄念蓉（黄叔雷烈士侄子）

烈士简历

黄叔雷（1907—1948），又名黄震，江苏常熟人，中共党员。1939 年参加革命，任抗日民主政府安徽无为县县长。1941 年任启海（启东、海门）新兵团参谋长。1946 年在中共中央华中分局十地委社会部工作。1947 年 1 月因华中十地委遭到破坏而暴露身份，在上海被捕，解来南京，1948 年底牺牲。

口述人简介

黄念蓉，原名安国，黄叔雷烈士侄子。1928 年 5 月出生。1945 年 8 月参加革命工作。1947 年任华东野战军司令部通信科任通信参谋，参加宿北、莱芜、鲁南、孟良崮等战役。新中国成立后，在华东军区通联处历任通信参谋、机要秘书、通信军官训练大队中队长等职。1958 年到南京电业部门工作，曾任南京供电局党委副书记等职。现已离休。

◎ 您小时候与叔父接触多吗？有没有什么令您印象深刻的事？

我叔父黄叔雷参加革命后改名黄震，毕业于南京金陵大学，是个知书达理的人。我从小就失去了父母，在黄氏家族中是个孤儿，不仅无人关爱，也很少被人看得起。但叔父却相反，把我和他的子女一样看待，这是我小时候最深的印象。1937年日本人打过来后，我们家乡常熟是抗日烈火燃烧得最旺的地区之一。为了保家卫国，许多青年人揭竿而起，涌现出了多个抗日武装，其中有两支抗日武装属于共产党领导。一支是参加过红军的陈震寰组织起来的“六梯团”，后来并入江南抗日义勇军，简称江抗，另一支是民抗。我叔父参加了江抗队伍，1939年6月这支队伍袭击了上海虹桥飞机场，烧毁了十多架日本人的飞机，震惊中外。此后江抗西撤，叔父曾回老家来看过家里人，也来看过我。

那时我生了一场大病，躺在床上，记得叔父来看我时，还带了一包糕点放在我床头，对我说：“要好好养病。”当时感受到叔父的关心，我的内心非常温暖。家族里从来没有人这样对待过我。他还对我说，他要随部队离家到常熟西边去打鬼子，我听后叫着也要去，他说：“你还小，在家好好读书，等长大了再出来。”他走后，我一直惦记着他，但自此一

黄叔雷烈士侄子　黄念蓉

直没有见到他，直到渡江战役时到南京才从二哥那里知道他是和任天石在上海一起被捕的。还听说，南京有位老师知道他和任天石是一起被国民党秘密杀害的，记得在雨花台烈士纪念馆展示有这位老师写的材料。

◎ 您叔父青少年时期他的家庭环境是什么样的?

我祖父黄秉元是光绪进士，在京钦点翰林院庶吉士。还乡时，那个排场是很大的。我也听老一辈的讲，家里大门口的门房间，两排都有行牌，金色的字，红色的底板，一块一块插在两边，像衙门两边放的那个东西。听说那个时候整个家族都出来迎接他。另外，那时候家里办婚丧喜事是很隆重的。从这点可以看出，当时我们家族还是比较富裕的。家里后面有一个小花园，内有书厅、桥亭，屋后有个很大的天井，花园里一个花坛里种的都是名贵的牡丹花。

叔父是 1927 年结婚的，他的那块怀表是法国制造的，当时一般家庭是买不起的。从他的结婚照上可以看出来，当时家里面条件还是可以的。但随着时代发展，这种封建大家族就渐渐没落了，到我们这一代已全部瓦解。他大学毕业回来后，另起炉灶，从大家族中分离出来，在徐市镇上盖了几间平房，把家搬到了镇上，买一条轮船，自力更生，做起了徐市镇到常熟城的内河航运生意。

◎ 您能介绍下您所了解的叔父被捕的情况么?

1947 年我随华东野战军外线出击，部队到了陇海铁路以南郾陵扶沟地区，我看到国民党的一张报纸《中央日报》上登有：“中共苏中军区第六分区的司令任天石在上海被捕”，字体蛮大，很醒目。当时我不知道任天石是不是分区司令，但任天石担任过县委书记、分区专员等要职，当时很为他担心。那时报纸未提到叔父也被捕。

我知道叔父被捕的消息是我参加渡江战役后到了南京，从二哥黄绳之处才得知。1947 年 1 月，叔父在上海和任天石一起被捕。当时情况是，十地委秘密进入上海后，叔父和任天石在约定的接头地点被捕。这个地点在上海梅白克路（今新昌路）祥康里 393 号一家姓柯的人家里。这家主人叫柯庆凡，是个做生意的商人。他的妻子叫黄丽华，也是我们乡下家族里的人，曾在常熟地区做过妇女工作，后来去了上海，和姓柯的商人结婚。叔父想利用这次机会见见已经七年不见的家人。柯姓商人家里有个姓王的女人，叫王艾香，她的姘夫叫郑习端，在抗日战争时期曾在苏常太经济委员会工作过，后卷款潜逃至上海。郑习端把任天石和叔父约定的接头地点告密给了国民党，这批被捕的除了任天石、我叔父外，还有任天石的妻子陈行之和我的婶婶等人。叔父被捕之后，我祖父曾经委托过曾虚白帮忙，曾虚白是曾孟朴的儿子，当时担任国民党新闻局副局长。曾孟朴同我祖父是好朋友，他们都是翁同龢的得意门生。曾孟朴叫翁同龢继爹（干爹的意思），我祖父也叫翁同龢继爹。通过这层关系，我二哥到监狱中探视过叔父，而当时我不在南京，我在三营司令部通讯处通讯科当通讯参谋，正在打仗，所以我没能去探视叔父。

◎ 您跟任天石烈士接触过吗？能具体谈谈他给您留下的印象吗？

抗日战争初期，任天石是常熟县委书记，同时还是常熟民抗的司令。他和部队经常在我们家族旗杆大院开会活动，多次到过我家，他从我表姐陈行之那里知道了我的身世。他是一个非常同情弱者的人，很关心我的进步。一次，他说："人与人之间的恩怨，是旧社会造成的，只有改造社会，才能解决这些问题。"像我这样的孤儿，今后的路该怎么走，这些话对我后来走上革命道路的启发很大。

我从雪枫大学结业后分配在华中军区三科工作，当时华中军区驻在淮安城内。那年九月份任天石来淮安召开十地委城市工作会议，我得知后立即去看望他。他带着一个警卫员，住在一户老百姓家里，穿一身灰色军装，我们虽然阔别五年多，但他的英姿还是不减当年。这次见面我百感交集。我首先告诉他，他在通海地区寄给我的信里，他和陈行之同志结婚时拍的照片我收到了。接着向他汇报了我在单位的工作、学习情况。他问我，你是怎么来这里的？我说我从苏中公学调到雪枫大学，结业分配到了军区通信部门。他听着很高兴，说要好好工作，好好学习，报纸要天天看，提高自己的政治觉悟，并顺手把一支康克令钢笔送给了我。他马上要去开会，又看到我还是依依不舍，便对我说，你把你的日记本拿出来。我从军装口袋里掏出日记本，他接过去，在本子上写下了"安弟：你像小鸟一样离开了竹笼，在革命部队里何等自由地飞翔……家里像小姑娘一样的脆弱，会妨碍你的进步。为广大群众服务的顽强意志，今后是你努力的方向。从此一别后，何时再见面？不，不，一心一意工作也就等于时常相见。”

这个日记本在解放战争期间，我南征北战一直带在身边。什么都可以丢，这个本子不能丢。经过多年的汗水雨淋，本子快烂掉，我把留言的那一页撕下来，用另一个本子夹好包起来，四十多年来一直保存着。1980 年常熟文史办公室收集任天石的遗物时，我交给了他们。

这个留言不仅指引了我应该走的道路，还鼓舞着我的革命意志，克服战胜前进道路上的各种困难。任天石给我的临别留言，不仅有对我的关切，也显示他将去敌后十分恶劣的环境中工作，他在思想上是有准备的，字里行间反映了他对革命、对党的事业的赤胆忠心。可以肯定，我一定会遵照他的临别赠言，走完人生最后一段路。

◎ 您能具体谈谈您的革命经历么？

我 17 岁参加革命随军打仗，负责战争中的通信保障工作，也就是通迅兵。虽然通讯兵在战场上不是最危险的兵种，但是战场上的炮弹是不识人的，往往敌人先攻击的就是通信部门。我记得最危险的一次是孟良崮战役之前，我们部队在山东鲁中修整，党中央发来电报，说国民党发现了华东指挥部，准备明天 12 点来轰炸。我们做足准备工作，该藏的藏，该躲的躲，该移的移。第二天的 12 点都过了，也没有看到飞机来。后来不到 1 点的时候，我们看到四架战机并齐在天上盘旋。轰炸到什么程度呢？把我们的值班室、工厂都炸飞了。杀伤的距离是相当的紧密，如果有人在那肯定要死了。还有我们的炮弹被炸引发了爆炸，我们部队通信的马匹也被炸死了。

幸好我们当时都躲在山洞里，才保住了性命。当时让我们几个开心的是，敌人的几个炮弹是有降落伞的，一般降到了地面立马爆炸，但是有些降到地上没有爆炸。之所以我们几个开心的很，是因为我们知道那个降落伞的布是可用的。后来我们爬过去，把降落伞拽住了拖过来，那个布是很好的绸子，可以用来做套衣服。

那个时候，我们在部队很开心。当时根本没有考虑到什么牺牲不牺牲的问题，感觉整个部队像个大家庭一样。那时候年纪也小，没什么家庭观念，所以大家吃苦在一起。我们的理想信念就是为了解放全国人民，为了中国老百姓，为了把国家搞好。我们所做的事都是有目标的，所以大家的心很齐。有什么苦的累的工作大家都抢着干，没什么讨价还价的。官兵平等，再大的干部都一样。我们吃饭都是用一个大菜盆来分菜，你一勺他一勺，大家吃一样的饭。所以大家都很普通，官兵平等这一点很重要。

◎ 您能不能具体谈一谈您叔父以及像任天石烈士等老一辈的革命者给您的影响么？

1937 年日本人打到常熟，那时我才不到 10 岁，没听说过共产党，只知道有游击队。我们家是个大家族的院落，当地叫它旗杆大院，因家族祖上有人做过一个大官，在墙门外两边竖立过几根旗杆。现在旗杆早没有了，但竖立旗杆的三块又大又厚的石头还在。人民抗日自卫队在我们家乡活动时，部队经常驻扎在旗杆大院。从上海来参加抗日队伍的人，也是经常来到这里互动，他们说的话和做的事给我的影响很深。

比如他们讲东北三省给日本人占领后，那里老百姓是如何的痛苦，我们应该团结起来抗日，否则国家要灭亡。

当时我是这样想的，大哥黄良史参加抗日游击队，在打仗时牺牲了，我长大了也要参加游击队去打鬼子，给大哥报仇。尤其是我叔父黄叔雷参加抗日游击队以后，对我影响很深。他参加江抗好几年，我一直惦念他，但他一直没有回来，音讯全无，谁知最后竟被国民党杀害了。他们为国家、为人民献出了宝贵的生命，没有他们的牺牲，也就没有我们国家的今天。大哥黄良史牺牲后，仅有的一个5岁多的女儿也夭折了，作为他的弟弟我非常难过。后来，抗日民主政府追认他为烈士，竖立烈士纪念碑。雨花台烈士纪念馆陈列了叔父的遗物和他在狱中给妻子的书信。人们都在缅怀他们，他们在天之灵也得到了莫大的安慰，他们的牺牲是值得的。

◎ 2005年，您向雨花台烈士纪念馆提供了您叔父的女儿黄荷女士的联系方式，你们之间一直有联系么？

我参加革命时，黄荷还很小，大概只有八九岁。我是1945年参加革命的，她可能不知道，因为我是通过交通站史萍同志秘密去苏北的。那时候情况比较复杂，黄荷的母亲带着几个孩子生活不容易，后来听说全家搬到了苏州，我也没有再去打听。后来在清明节去雨花台烈士陵园缅怀烈士，看到了陈列出来的叔父遗像，想先告诉他们家人。因为黄荷的哥哥姐姐都已不在了，听说黄荷还在，但不知道在哪里。叔父对我很关心，我想要把叔父的情况搞清楚，后来二哥打听到黄荷在东北吉林，我要到了黄荷的地址、电话，就这样联系上了，这是2005年3月的事。

我们已经几十年没有见过面，肯定相互都认不出来了。我们两个人见面的时候，我让她在南京车站下车后，手里拿着她父亲黄叔雷的照片，我们就这样联系上了。见面后我们家里刚好来了客人没法住，就先安排她在附近的旅馆住了几天，等客人走后我把她接到家里住了一段时间。黄荷那次来还带来了他父亲的遗物、几封信以及照片，都捐赠给了雨花台烈士纪念馆。如果黄荷不来的话，这些信就拿不到了。因为她母亲去世的时候把这些材料都交给了她，我二哥也不知道，虽然他一直也在找叔父的材料。所以我看到这些材料后建议她捐到烈士纪念馆，对后人有教育意义，她也觉得让大家看到烈士遗留下来的真实东西，要比她保存着更有教育意义，意义更加深远，所以就捐给了雨花台烈士纪念馆。

（陈镜宇　采访；白莹　整理）

这一辈子最大的遗憾：没有亲口叫过一声父亲

——黄荷回忆父亲黄叔雷烈士

采访背景

时　间：2017年9月14日

地　点：吉林省吉林市昌邑区黄荷家中

口述人：黄　荷（黄叔雷烈士之女）

烈士简历

黄叔雷（1907—1948），又名黄震，江苏常熟人，中共党员。1939年参加革命，任抗日民主政府安徽无为县县长。1941年任启海（启东、海门）新兵团参谋长。1946年在中共中央华中分局十地委社会部工作。1947年1月因华中十地委遭到破坏而暴露身份，在上海被捕，解来南京，1948年底牺牲。

口述人简介

黄荷，黄叔雷烈士之女，中共党员。1936年出生。曾参与国庆十周年工程项目，参加新中国成立以来第一个自行设计和施工的电气集中控制的北京建国门火车站，受到周恩来总理等中央领导的接见。1961年调至吉林铁路局吉林铁路电务段工作，荣获铁道部颁发的科技三等奖。1983年被授予全国“三八”红旗手，多次荣获先进荣誉奖、优秀共产党员等称号。现已退休。

◎ 您于2005年第一次到雨花台烈士纪念馆，您当时是什么心情？

父亲牺牲的时候我还小，对他不太了解。我知道父亲是烈士，知道雨花台烈士纪念馆里陈列了他的事迹。我到雨花台是因为跟堂哥黄念蓉联系上了，黄念蓉住在南京。我母亲的妹妹，也就是我姨住在常熟，黄念蓉的哥哥也住在常熟，我姨的邻居是他哥哥的亲戚，所以他哥哥也就知道我的下落了。堂哥打电话跟我说了南京雨花台的事，正好是清明前夕。我说我从来没去过南京，我一定得去一趟。

那时候我的腿不太好，行走时间长了疼痛难忍，而且我也不认识堂哥，我们是隔了70多年才见面。到南京后，我们商定好，我手里拿着我父亲的照片，他手里则拿着报纸，就这样我们俩人在火车站接上了头。堂哥把我接到他家，第二天便把我送到了雨花台烈士纪念馆。来到烈士纪念馆，我特别激动。说实在的，父亲这两个字在我的脑海里面没有太多概念。为什么呢？因为我从小没有见过父亲几眼，父亲这个概念对我来说特别单薄。我是1936年出生的，父亲是1938年离家出去参加革命工作的。1945年抗日战争胜利以后，他回家过一次，那个时候我还不到10岁。母亲告诉我，这是你父亲，让我叫他。我不叫，躲在母亲身后。父亲虽然回家了，但他

黄叔雷烈士之女　黄荷

并不是在家里呆着，要出去工作，我也要上学，所以白天跟父亲根本没有接触。到了晚上，我母亲让我叫他，我还是不肯叫。

后来我父亲走了以后，母亲问我，你为啥不叫啊，我说我不认识他，我不敢叫。母亲说看看父亲的照片就知道了，我说跟照片上不一样,照片上的人戴着眼镜,我看见他没眼镜，而且穿的服饰也不一样，所以我不认识他，不敢叫。虽然父亲在家住了一两宿，我放学回来后，还是想偷偷地看他，但不是正眼看他，躲在家人背后，趁他们不注意的时候看。当父亲看到我，我就赶紧躲回去，这个我记得很清楚。父亲好像是陌生人似的，就这么一个感觉，但他从未责怪过我。在我心里，我叫过父亲，可是自那以后再也没见过父亲。现在我在脑海中对父亲的印象是隐隐约约的,记得不是十分清楚。

◎ 您母亲和姐姐与您父亲一起被捕入狱，您母亲后来和您一块生活的时候，有没有听她说过一些关于父亲的事情?

我小的时候，由于不懂事，母亲和姐姐她们有什么事情都瞒着我，把我支开，叫我出去玩，不让我知道。后来我理解他们了,有些事情要保密,他们是怕我不懂事,什么话都说，容易泄密。她们入狱的事我仅知道一点。开始我不知道她们在监狱,也不知道她们见我父亲去了。母亲和姐姐走的时候，只告诉我她们去亲戚家串门，一个礼拜就回来，所以我天天到码头去等她们回来。过了一个礼拜还不见她们回来，一直到码头上没有船了我才回家。当初她们被关押在无锡的时候，监狱长的儿子看中我姐姐，想娶我姐姐，最后母亲和姐姐能够顺利出狱，也是利用这个有利条件，再加上我舅舅花了不少钱，托了不少人，才把母亲和姐姐救出来，不然花了钱也不会那么快放出来的。当然我姐姐的这段婚姻是不可能的。母亲出来以后，为营救父亲，她做了大量的工作，但始终没有将父亲营救出来。这些细节是新中国成立以后，我上初中的时候，母亲才讲给我听的，所以我略知一点。

我除了有一个姐姐之外，还有个哥哥，姐姐比我大9岁，哥哥比我大5岁。从小时候到上初中，我一直跟母亲住在一起，直到新中国成立后。1951年后，政府送我到中学读书，开始寄宿，中学毕业后接着上中专，基本上是假期回家看看母亲。母亲一开始在常熟东徐市住，后来哥哥考入了军校，这时姐姐也在苏南工校毕业了，分配在苏州工作，家里没人了，母亲不得不离开老家前往苏州跟姐姐一起住了。

1953年，上海市政府召开了镇压反革命公审大会，对出卖我父亲的叛徒进行了公开的审判。这时我在上中专，母亲和姐姐参加了公审大会，她们在台上揭发了叛徒的罪行。那个出卖我父亲的叛徒叫郑习端，跟我们家里还有点亲戚关系。我哥哥当时在部队里，他本想回来参加这次公审大会，后来因部队有任务，所以没能回来。

◎ 您把父亲的一块怀表捐给烈士纪念馆，您能跟我们分享这块怀表背后的故事么？

这块怀表是父亲和母亲结婚的时候就有的，父亲一直在身上带着。母亲和姐姐出狱的时候，父亲把这块表交给了母亲，并说以后我们见面会很困难的，看到这块表，如同见面。后来母亲直到去世一直把它放在自己的枕头下。她曾说过，这是你父亲用过的表，这是唯一的遗物，要好好地收藏。母亲还说这个表怎么好,报点时会发出音乐声。母亲不在家的时候，我曾偷偷拿出来玩过，弄出音乐声来。我来到雨花台烈士纪念馆之前，堂哥问我有没有父亲的遗物，我想起了这块怀表，还想起了母亲手上还有父亲在狱中写的几封亲笔信。我留着这些意义不大，还是送给纪念馆好，让大家能看到烈士遗留下来真实的东西，要比我保存着更有教育意义。

苏州的常熟烈士纪念馆中也有我父亲的信,但不是原件，是我哥哥仿照写的，是我哥哥的笔体，特别他写下一个“我”字，我一看就知道是我哥哥写的。母亲舍不得把原件给他们，就让我哥哥找相同的纸张照着写，所以当时南京、常熟和苏州的烈士纪念馆中父亲的信件都是仿写的，真正的亲笔信一直由我母亲自己保管着。

◎ 您母亲这么多年来生活是怎样的?

母亲自己一个人生活在苏州时，生活来源主要靠我们子女给的生活费。从 1983 年开始，政府每月都给她发抚恤工资，节假日发慰问品。她在苏州的时候还有个特殊照顾，而且照顾的挺好。她一个人，年纪又大了，每个礼拜街道都会派人帮着打扫卫生。居住地的居委会也经常派人将她的床单、蚊帐洗干净，她要是买什么东西不便出去，跟他们说一声他们就给代买，并且送过去。

母亲一直在苏州生活，姐姐也在苏州，哥哥在福建，但是哥哥姐姐去世比较早，姐姐是 1964 年病逝的，哥哥是

1974年病逝的。1964年以后，母亲就是一个人生活了，直到1985年她生活不能自理了，我便把她接到了吉林。但是一开始她还是不肯来，她在南方住习惯了，不会说北方话，既不会说也听不懂，说什么她也不去吉林。那时母亲还有重病，是肝癌还是什么肝胆问题的。我很坚决地到苏州去接母亲，苏州地委工作人员对我说，你母亲从南方到北方生活能习惯吗？不行的话，我们可以送她到疗养所去。我坚定地回答：虽然我哥哥姐姐都不在了，但她还有个女儿；如果我也不在了，那就没办法，就得靠国家照顾她了。

我记得很清楚，在临行前我到医院请医生给母亲开点随身药，也询问了到吉林后该如何进行治疗。医生吓了一跳，说老太太那么重的病，你还能把她带到东北去？途中随时都有生命危险。我还是坚持给母亲买了卧铺，自己带了个凳子坐在她身边。母亲一直是昏昏欲睡，我也怕她路途辛苦，撑不到吉林，隔一段时间用手去触摸她的鼻息。可能母亲心里有个精神支柱，知道要到女儿家里，她挺高兴的。一路上虽颠簸，中途还需转车，但是在我细心照料之下，母亲还是平安地到达了吉林。原本母亲平日在自己家行走有困难，到了吉林后，她竟然能在家门口走一走。虽然医生说我母亲快不行了，但是她跟我们在吉林又生活了三年。

母亲在我这里，我跟她住一个屋，我觉得我对母亲照顾还是挺好的。可是母亲常对我说，我上你这儿来，什么都挺好，可我就像一只鸟，在笼子里面出不去。只有星期天休息的时候，我才能领她出去逛逛。她那个时候走不动，我就带个凳子，走不动的时候让她坐一会儿，她也就在附近走走，不能走太远。母亲一口常熟话，不容易听懂，跟邻居交流有困难，她听不懂普通话，看电视、听收音机也有困难，我在旁边翻译给她听。幸好我母亲还认得字，有点文化，我便在单位订杂志、报纸给她看。她跟我说她好像囚在笼子里。我当时理解不了她的想法，认为母亲用的、吃的，我都能满足她，而且对她的照顾也挺好的。现在我到了这个年龄了，而且也是一个人居住，我体会到了当时母亲的心情，我现在能理解她了，我自己都感觉到有点孤独。

◎ 您能谈一谈您的求学经历吗？

1951年，政府把我送到常熟市立中学学习，初中毕业后，我考虑到家里的经济条件，1953年我考上了铁路中专——上海铁路学校。那个时候上学是公费，是国家出钱给我读书的，家里的负担能减轻些。1956年中专毕业后，学校又保送我到北京铁道学院学习。到了北京铁道学院我还是学本专业，从基础课讲起，我一听什么都会，初步设计都会了，所以我对学习的兴趣不大了。正好那个时候，母亲得了一场大病，在苏州做了大手术，伤口将近一尺长且难愈合。住院时间太长，花费太大，她就回家了，隔一天去医院换一次药，一年多刀口才长好。虽然我上的是公费学校，但我的生活费都是由哥哥给我出的，他在部队的津贴也不多。我想我自己已经有工作能力了，不能再增加家人的负担。后来我找到学院的系主任，跟他说了家里的情况，我说我想为家里分担一点，想提前工作。后来学院同意了，把我安排到铁道部设计院，那时候叫设计事务所，现在叫设计院。

我刚开始上班的时候，是实习生，跟着工程技术员学习，因为我家庭经济条件不太好，所以我比较刻苦。那个时候，我们整个铁道部的工作都是在学习苏联经验，我们用的技术型号也是学的苏联。苏联专家带着我们学专业，学完了就搞设计，不明白就问专家，专家再给你解释，然后你再接着去做，不明白了再问。后来因为苏联和我国的关系有点紧张，苏联专家突然全部撤走了，资料也全部被带走了，我们的工作半途而废，停在那里。怎么办？院领导给我们开会，说咱们自己加把劲，虽然专家走了，但是我们更要加倍努力做好自己的工作，积极排除一切困难，建设好我们的国家，自力更生，奋发图强，我们最终成功了。

1959 年，为庆祝新中国成立十周年，国家计划建北京车站，这是新中国成立以来第一个电气集中控制的火车站，是我们单位设计的。苏联专家走的时候，这个车站的设计已经做了一半，还剩下一半没有设计完。领导问我们行不行，设计组全体人员表示坚决完成任务。大伙干劲都很足，要为国争光，不明白的俄语找翻译帮忙，不分上班下班时间，白天有时间就做，图纸在桌子上摆不开就贴墙上看，都是电气、电路怎么走，困了趴桌子上睡，饿了去食堂。最终车站建成了，也就是现在北京的建国门火车站。这是当年我们国家第一个自行设计、自己施工并开通电气集中控制的车站，凡是参与此项工作的人员，周恩来总理等中央首长都分批接见了。

◎ 您后来为什么选择到吉林工作、定居？

我是 1961 年结婚的，我爱人是我读中专时的同班同学。他在吉林铁路局电务处工作，我在北京铁道设计院工作了 5

年，院领导找我谈话，让我去吉林工作，我不想去，我说我没有照顾的要求，我已经热爱设计工作了。领导说你不去也不行，干部轮流下放，刚好最后一批轮到你了，于是我就这样来到吉林工作了。

1961 年 9 月份，我来到了吉林铁路局报到。突然了解到吉林铁路局设计院人员已满了，没定员了，等到有了定员再回来，让我先到基层单位当工人。我就到了最基层工作，这里的老师傅特别好，知道我是北京来的，给我介绍基层工作情况，各项工作都是老师傅教我的。我虚心学习，虽然老师傅们文化较低，缺少理论知识，但实干精神强，设备为什么要这么调，他们说不出道理来。我根据学到的东西进行整理，有空的时候就给老师傅们讲讲基础知识，他们的实践和我的理论知识刚好结合，老师傅们也挺高兴，找到了许多工作技巧，提高了设备质量，保证了铁路运输的安全，我也学到了不少。后来我有了孩子，大家都很照顾我，关系处得特别好。

60 年代，国家粮食比较紧张，大多数人都吃不饱，我虽然到吉林铁路局当了工人，但也意外得福。过去每个月我的口粮定量是 26 斤，到了吉林换了工人口粮，一个月 48 斤的定量，我自己根本吃不了那么多，所以我也就没有感受到当时粮食是多么紧张，反而觉得家里条件挺优越的。我每月拿出一定的定量帮助过许多老师傅和邻居们。

◎ 您从南方来到吉林安家落户，当生活、工作遇到困难时，您父亲的精神对您产生哪些影响?

父亲虽然是烈士，但是我在自己的简历中，从来没有把父亲写上去。我认为父亲的事迹是他的事迹，我没有权利享受由他带来的各种优待，我只有继承他革命精神的义务。在工作中，我一直不怕困难，勇往直前。我现在最大的遗憾就是没有亲口叫过一声“父亲”，这是我这一辈子最大的遗憾了。

在履历中，虽然我没写父亲，但是我认为不能隐瞒家庭状况，在社会关系一栏中填写了舅舅，就是我母亲的弟弟，他在台湾教书，是一名大学老师，没想到这个对我后来工作影响很大。现在回想起来，当时我没有去成吉林铁路局设计院，而是到了最基层单位可能就是这个原因。党的十一届三中全会后，国家有关部门落实了具体政策，我也因国家政策的落实，恢复了我原有的技术职称，从此告别了基层工人的环境，来到电务段技术室做技术管理工作。对我来说这又是一项新工作，更需要努力学习，并开始学习、掌握电脑管理，取得了一些成绩，终于在 1985 年 8 月光荣地加入了中国共产党。上次去雨花台烈士纪念馆的时候，我看到了父亲的档案资料，里面有我们单位的外调证明，里面有一份 1983 年的外调证明，原先一直不同意我入党，只能是积极分子，外调结果证明我是烈士后代，后来终于同意我入党。

从上海到北京，再到吉林，而且我在吉林也生活了 50 多年，今年我已经 81 岁了，也彻底地习惯了东北的气候、吉林的生活方式。我爱人在 1993 年病逝，我有两个儿子，大儿子 2009 年病逝了，小儿子现在在长春工作，他差不多每天都能跟我通一次话，每个礼拜儿子、儿媳都回来看我，孩子们都挺孝顺的。左邻右舍对我都不错，大家相处的时间长了，都互相了解，相处得特别好，有什么困难，他们都会经常帮助我。我原先膝盖不好，后来做了手术，现在走路不成问题了。

我孙子、孙女都在上海工作，常给我打电话。我姐姐、哥哥的孩子现都在苏州，有事会打电话过来。我的姨妈还健在，98 岁了，她也经常会叫孩子打电话给我，叫我回去看看。他们经常打电话给我，跟我聊聊，我感觉好多了。

（杨海龄　采访、整理）

他是我们的骄傲

——吕六印、吕建通回忆晋夫烈士

采访背景

时　间：2018 年 5 月 9 日

地　点：河南省洛阳市瀍河区吕六印家中

口述人：吕六印（晋夫烈士弟弟）

　　　　吕建通（晋夫烈士侄子）

烈士简历

晋夫（1917—1948），原名吕守成，又名吕晋印，河南洛阳人，中共党员。1937 年参加抗日游击队。1938 年 5 月加入中国共产党。1939 年5月入中国人民抗日军事政治大学学习。1940 年任太岳军区通讯参谋。1945 年任太岳军区作战科长。1947 年任晋冀鲁豫野战军第八纵队参谋处处长。1948 年 11 月初受命联络国民党第三十军阵前起义时在太原被捕，解来南京，不久牺牲。

口述人简介

吕六印，晋夫烈士弟弟。曾在河南省洛阳市郊区白马寺供销社工作。现已退休。

吕建通，晋夫烈士侄子。曾在海军后勤部服役，历时十三年。后由部队转业到河南省洛阳市西工区区委宣传部。现已退休。

◎ 您对哥哥有哪些印象？在父母眼中，他是一个什么样的人？[①]

我出生于1933年，今年85岁。家里有兄妹四个，我是最小的，上面有一个哥哥两个姐姐，晋夫排行第二，上边是我们家大姐。我的名字叫吕六印，六表示的是我们同一个爷爷，叔叔伯伯家所有男孩子中我排行第六。我父亲名字叫吕成山，只知道母亲的姓氏，姓冯，不知道名字。晋夫在家中叫吕晋印，叔伯兄弟中排行老大，我们叫他大哥。我和哥哥从小都在老家那边住（现在的房子是新盖的）。1939年我母亲去世，当时我还小，只有五六岁。1944年父亲去世时，我才11岁，是嫂嫂和姐姐抚养我长大的。因为我年纪太小，而且大哥出去的早，极少回来，对大哥没有什么太多印象，只知道他大概是1935年在开封上学时结婚，结婚后就回来过一次。

父母和大姐在家时常提起我大哥，夸他干事有板有眼，很聪明，上学学习成绩名列前茅，还很孝顺，常常给父母、爷爷奶奶端水端饭。老一辈考虑到自己识字不多，没有文化，看大哥读书很好，想让他多读点书，学点知识，可学费很贵，家里又没有多余的钱。父母为供大哥继续上学，他们卖了三四十亩地，大哥也很争气考到了省城开封中学，一直上学到1937年左右。大哥在开封中学受到共产党员吴芝圃的影响，决定参加革命，并且去了延安。

①该部分由吕六印口述。

◎ 在您哥哥日记中，曾提到1935年回来结婚，您能介绍一下哥哥的这次婚姻情况么？

我嫂嫂叫郭葱云，和大哥大概是1935年结的婚，那时候普遍都是父母包办婚姻。大哥在上学的时候直接从学校被叫回来结婚。结完婚以后，他又去上学，然后参加了革命，后来没有再回来。嫂嫂从结婚后就一直在我家，和我父母还有我生活在一起。我父母身体不好，我小时候尽是受嫂嫂的照顾。遇到蝗虫灾害的时候，几乎到处都是蝗虫，铺天盖地，结成了团，有时候遮挡的连太阳都看不到，庄稼全被蝗虫毁了，没有收成。遇到旱灾的时候，收成很差，粮食不够吃，嫂嫂为给我们节省些吃的就回她的娘家住几天，有时她回来的时候还给我们带些吃的。当时生活是真苦，一天只能吃两顿白水煮红薯，有时还见不到红薯。嫂嫂对我父母和大姐都很孝顺，父母去世安葬是嫂嫂和大姐商量着操办的。嫂嫂一直在我家住了二十来年，在战争年代，她受了太多的苦，忍辱负重，含辛茹苦照顾着我们一家人。嫂嫂是在我参加工作并且结婚有了孩子后，也就是把我安顿好之后，大概是在1956年，她才改嫁离开了我们家。老嫂比

晋夫烈士弟弟　吕六印

母，我一直记住她对我的照顾。

我的大儿子是 1954 年出生，称呼我嫂嫂为娘，是因为我把大儿子过继给了大哥和嫂嫂。父母在世时，一直想念大哥但又见不到大哥，他们早就有把我儿子过继给大哥大嫂的意愿，但新社会已经不提倡这种做法了，只是跟左邻右舍长辈们讲了讲，也没什么正规的手续。大家都知道这事，以满足老人的心愿为大，让哥嫂后继有人。因为家里一直没有大哥的消息，我们当时也不知道他在部队是否结婚。

◎ 您哥哥牺牲时您多大？您是在什么情况下知道他牺牲的？

大哥牺牲的时候，我应该是十五六岁。我们一直不知道他牺牲了，家人也一直在找他，等他回来。母亲去世时，棺木放在家里几年没有埋葬，就等着大哥回来。后来父亲也去世了，大哥还是没回来，没有任何消息。一九四几年的时候我们听说他在山西侯马，洛阳城内有个开饭店的人的儿子也在侯马，可能有大哥的消息，嫂嫂带着我去找这家人打听情况，原来那人的儿子是在侯马做生意，我们没有打听到大哥任何消息。洛阳解放后，政府给我家颁发了军属证，但是关于大哥的下落我去找民政局问了很多次,也没有明确的回答。我有个叔伯哥曾到部队上去找他，也没有见到大哥，部队上的同志当时说也不知道大哥的具体情况。我们一直在努力寻找大哥，但没有任何消息，而且几十年了，杳无音信。

1966 年我外甥去南京的时候，在雨花台烈士陵园发现有我大哥的照片和情况介绍，我了解到这个情况后心想大哥可能牺牲了。同时我们单位有一个部队转业干部，他的部队就在南京，他跟我们介绍了一些情况。当时我就带着家里老大去了南京，找到了相关的部队，见到了大哥的战友和首长。他们解释说，因为当时比较忙乱，新中国成立不久，部队的精力又投入到抗美援朝中去了，而且当时也联系不上部分烈士的亲属，所以我们并不知道大哥已经牺牲了。部队派了一辆车送我们到雨花台烈士陵园，我们在烈士纪念碑前献了花圈，在纪念馆内，我们看到了墙上挂着大哥的两张照片，一张是他与战友一起学习的照片，另一张是他的半身像，还有他用过的公文包、马褡子等遗物。雨花台烈士陵园的讲解员向我们讲解了大哥的情况，当时关于大哥的资料比较少。我们从南京回来后，相关部门给我们家颁发了烈士证书。这时候家人才真正知道了我们全家一直挂念着、离家几十年的大哥已经牺牲了的不幸消息。

◎ 得知哥哥已经牺牲的消息之后，家人的生活经历了哪些变化?

新中国成立之前，我就开始上学了，但没完整上几年。那时家里条件相对还可以，但毕竟是旧社会，也好不到哪里去。大哥是爷爷的长孙，他学习成绩很好，所以家里就卖了地供他上学读书。但当爷爷去世以后，加上我父亲身体不好，母亲也生病了，我们家生活过得就比较困难了，有时候真是吃了上顿没下顿。后来，日本人来了又打仗，战乱不断，再加上蝗虫灾害，之后父母也相继不在了，我们生活就更困难了。当时我到这家吃一顿到那家吃一顿，居无定所，曾去兰州做了几年学徒。新中国成立以后，我们的生活一天比一天好了，我到供销社工作了，在洛阳市郊区白马寺供销社一直工作到退休。

村里人都知道我大哥参加革命，而且知道政府还给我们家颁发了军属证。直到 1966 年，我们家才有的烈士证书。不论是军属，还是烈属，我们家都受到了村里的尊重、优待和照顾，但我们始终没有收任何单位一分钱的经济抚恤和补偿。逢年过节的时候，村里慰问过，有时还送副对联，家里种地时也得到过帮助，对我们军属有照顾。我记得最清楚的是 1951 年土改时，对军属分土地和牲畜时优先照顾，当时全村只有一匹骡子，优先分给了我们。

◎ 在雨花台烈士纪念馆馆藏卷宗里，存了一张您父亲带着一张小男孩的照片，这张照片上的小男孩是您么？大伯的事迹对您产生哪些影响？[2]

那张照片上的小孩是我，我是 1954 年生的，拍这张照片时我 12 岁左右。我父亲得知雨花台烈士陵园有我大伯的消息后，就带着我去了南京。我们先去了部队，我记得是 60 军，在浦口地区，见了部队的首长，他们专门给我们安排了轿车用于来回走访座谈，并去了雨花台看了大伯的照片和遗物。由于当时我年纪小，懵懵懂懂的，太详细的也记不清楚了。我们从南京回来一段时间后，相关部门给家里发了烈士证书，大门上挂了烈士家属牌子，我们觉得挺光荣的。大伯的事迹

② 自该部分起，相关内容由吕建通口述。

确实激励了我，我觉得他是一个很厉害的人，也很伟大。我从小在心中就对大伯的事迹留下了很深的印象，我也一直努力继承着大伯的遗志，他对我以后的学习、工作以及生活都产生了很大的影响。

父亲常对我们说，因为大伯参加革命，参加八路军，伪保长们常常找些理由把他叫过去审问，并吓唬他，有时候还殴打我父亲，以此讹诈一些东西，比如钱财、粮食。当时家里受到了不少欺辱，一直到洛阳解放以后，政府给我们家颁发了军属证，我们家才抬起了头，再没有受到欺辱。不仅我父亲在家里常提起大伯的事,村里人也常说,大伯他能干好学,考取了当时省会开封的学校上学,之后还去了延安,参加革命,这在村里非常光荣,经常受人称赞。我的四伯和五伯也曾参军,四伯参加过抗美援朝，后来转业到洛阳矿山机器厂工作，五伯随解放军南下，去了贵州望谟，在那工作到退休。我们这一代也有几个堂兄弟参军的，我也是当兵的人，我在1972年当兵入伍，到海军后勤部，在部队干了13年，后来转业到洛阳市西工区委，一直工作到退休。

晋夫烈士侄子　吕建通

关于我大娘，听我父亲和长辈们讲，她家在距我们这东边约十来里的地方象庄村。她和大伯结婚后,大伯外出上学,后来参加革命到部队，大娘一直在我们家里和爷爷奶奶还有父亲相依为命。大伯离开家以后，再没有任何确切的消息，家里人都有很大的压力，大娘一直尽心尽力照顾家庭，侍奉老小。奶奶去世的时候，没有入土安葬，想等我大伯回来，直到我爷爷去世，大伯还没有消息，家人也不知道大伯什么时候能回来，最后大娘和大姑她们一起操办，把两位老人安葬了。爷爷在去世前对我父亲说过，如果大伯不回来，就把父亲的大儿子过继给他，让大伯后继有人。这在我们这边是一种风俗，没有文字依据，我父母同意了我就是大伯的儿子，所以我叫大伯母为娘。我这一辈子，不仅记着我大伯，也永远记着我这个娘。

我们村里有家谱，可取来给你们看看。家谱是村里德高望重又有学识的人编写修订的，年代久远了，比较详细准确地记载着村里家族人员的族谱关系和变迁延续，每家添丁续口都要记叙在家谱上。我大伯和父亲在家谱里都有记载，分别叫吕晋印和吕六印，我们这一辈在家谱里也有记载。说我大伯叫吕守成，我觉得不应该，因为我爷爷的名字中有“成”字，按风俗习惯不行，至于是其它什么原因，由何而来，我们就不知道了。

（杨海龄　采访、整理）

每花的一个铜板，都是人民的血汗钱

——朱晖回忆丈夫徐楚光烈士

采访背景

时　间：2016 年 9 月 10 日

地　点：北京市海淀区朱晖家中

口述人：朱　晖（徐楚光烈士妻子）

烈士简历

徐楚光（1909—1948），原名徐金安，曾用名徐祖芳、徐建豫等，湖北浠水人，中共党员。1926 年考入黄埔军校武汉分校第五期。1927 年 4 月加入中国共产党。1929 年后从事国民党军的策反工作，在湖北、广西、河南、山西等地国民党军中任职。1941 年任中国人民抗日军事政治大学一分校参谋教官。1942 年打入汪伪政府任军委会政治部情报局上校秘书。1945 年 8 月日本投降前策反了汪伪南京警备三师起义，10 月任整编后的华中军区第一军参谋长兼第一师政治委员。1946 年任中共中央华中分局第三工作委员会主任。1947 年 9 月前往大别山革命根据地，途经武汉时被捕，解来南京，1948 年 10 月牺牲。

口述人简介

朱晖，原名朱健平，徐楚光烈士妻子。1924 年出生。1952 年 8 月考入中国人民大学。1956 年毕业后分配到北京钢铁学院任教。1958 年任工艺系党总支书记。1964 年调到中央民族学院工作。1984 年离休。

◎ 您能说说您少年时代的经历么？

我原来的名字是父亲起的，叫朱慧珍，我感觉到这个名字很俗气，我给自己改了个名字，叫朱健平。1948 年，我入党的时候，我又改了一下，改成了现在这个名字——朱晖，我喜欢中性的名字。因为通过名字，不知道是男的还是女的，所以好多人都把我当做是男的。我是 1924 年 5 月出生在苏州，1929 年父亲调到镇江法院工作，我随父母到镇江定居了，在镇江一个叫千秋桥的小学上学，一直持续到 1936 年。后来，父亲调到兴化县法院工作，我们全家又迁到兴化，从 1937 年到 1940 年都是在兴化。所以，我是在兴化县上的初中，其后又辗转到泰州。当时苏北的形势如同拉锯一样，一会新四军来了，一会日本人来了，一会国民党来了，这些情况我都遇到过。我父亲所在的法院是国民党的法院，日本人来了以后这个法院就没有了，没人发工资，他就失业了，法院其他的人也都失业了。失业了以后怎么办呢？没办法，家里很困难，后来我停学了。经同学介绍，我到小学教了半年书。不久，父亲又被调到扬州法院工作，这样子我们全家就搬到扬州了。这时候扬州新成立了一个机构叫苏北猪只税务

徐楚光烈士妻子　朱晖

总局，当时是由唐公福承包的。唐公福原来是开银行的，他有很多钱，徐楚光叫他把银行的工作辞掉，让他把钱拿出来，到扬州去承包猪只税务局。我就去了那里工作。

◎ 您与徐楚光烈士从相识到最终结为革命伴侣经历了怎样的过程？

1944年春天，徐楚光到安徽天长县去汇报工作，当时天长县是解放区根据地，汇报完工作回来的时候，为了安全起见，他坐敌伪军车，走到半路上碰到了游击队。虽然他手上有枪，但是为了不误伤自己人，他往天上开了几枪，然后他跳车下来，不小心摔坏了腰，不能走动了。唐公福帮忙把他送到扬州一个不显眼的私人医院里面，搞了个单间，徐楚光住在那接受治疗。当时，唐公福已经在有意地培养我。他对我说，我有一个朋友病了，你去医院里帮忙照顾他。刚开始的时候，我不愿意，第一我不认识徐楚光，第二他是一个男的，我一个女孩子照顾他也不方便。我母亲听到后说，外乡人在这里遇到了困难，我们应该尽地主之谊去帮助人家。后来经我母亲这么一劝说，我带了一些水果去看望徐楚光。他躺在床上，动都不能动，我帮他端茶、送饭，什么事情都帮他做。徐楚光对我有好感，没想到他喜欢上了我。当然，当时我不知道他喜欢我这件事。

后来过了几天，我家里出了一些事情。父亲所在的扬州法院仓库被盗，里面有许多重要的物资丢失，父亲将这一情况报告到江苏省高等法院，高等法院派人来检查，检查到我父亲。我父亲想又不是他干的事，就没有很好的招待人家，结果得罪人了。他们回去以后，一个命令下来，将我父亲和书记官两个人抓到南京去了，关在南京看守所。父亲当了一辈子法官，结果自己走进了看守所，感到很冤枉。至于那个书记官，他家是一个地主，卖了很多的田地，筹了很多的钱贿赂法官，最后无罪释放。我家里哪里有钱，父亲失业了以后，家里十几个孩子，饭都没得吃，后来被判了坐牢，整整坐牢坐了两年半。母亲叫我到南京去看望我父亲。当时徐楚光在扬州医院里面休养，我告诉他，我要到南京去了，我不能来照顾他了。他不愿意和我断线，他说我病快好了，你等我两天吧，我跟你一起到南京去。我就等了他两天，我们就一起到南京了。

到南京后，我住到我初中同学李诚慧家里，我和李诚慧一直都有联系，我们现在都是 90 多岁的人了，而且同年出生的，前年我还到南京看了她。我和徐楚光一起到南京以后，他送我到李诚慧家里，实际上他想了解我住在哪里。当初我在南京的时候，除了同学，也没有熟人，而且同学还要上班。徐楚光经常来找我，带我出去玩，夫子庙、玄武湖、中山陵等名胜古迹我都去玩过。在这个过程中，我们逐步建立了友情，但是当时我对他没有任何的想法，就是朋友。可他有心了，他提出来要跟我结婚，他比我大十五岁，我们家人都不同意。

他一直追着我，其实后来我对他也有了感情。我对他说，这样吧，咱们先订婚。我心里想，订婚不是结婚，将来不好了还可以毁。1944 年秋天，他找了一家名叫南京六华春饭店的西餐厅，并邀了他的好朋友陈斐章做证婚人，我把我同学李诚慧叫上了，大家在一起吃了一顿订婚晚宴，这样就算订婚了。订婚以后，他对我追的更厉害了，总是催着要结婚，当时我还不想和他结婚，因为我年纪还不大。正好这个时候，他原来的爱人时海峰误认为，他投敌了，当叛徒了。时海峰向组织上提出来要和徐楚光离婚，组织上就同意了她的要求，她写了封信给徐楚光。当时，徐楚光有苦也不能说，真是为了革命，因为组织要求他和任何人都不能说他的身份，包括自己的亲属。他把这封信拿出来给我看，我当时看了信以后，我对他产生了同情，这样就结婚了。

◎ 徐楚光烈士打通水上交通线的情况您了解多少？

组织上要求徐楚光打通敌占区到解放区这一段水上红色交通线，也就是从扬州到淮安这一段。徐楚光当时一直在想办法，他找到地下工作同志唐公福和陈念祖，他们都是徐楚光发展的地下工作人员。当时在苏北许多地方，比如泰县、盐城、东台、如皋等地都有猪只税务分局，总局是在扬州，徐楚光在每个分局都安排了地下工作人员。国民党对解放区进行经济封锁，不许运东西进去。这条交通线打通以后，徐楚光想办法把解放区的生猪、鸡蛋、盐等东西运出来。这些物资在解放区都不是重要的，所以把这些东西卖掉，去买一些解放区需要的东西，比如钢铁、布匹、纸张、药品等物资。所以说，有了这一条线路，使这些东西畅行无阻，能够经常运到解放区去。另外，当时解放区的人要到敌占区去非常困难，有了这一条路线，人员来往也就方便了。

当时上海到南京的铁路是日本人运输物资重要的铁路线，铁路旁边经常有我们的游击队在那，日本人有东西来了以后，游击队就去骚扰，日本人很恼火。徐楚光到南京以后，找到一个过去他认识的老共产党员，这个共产党员向他介绍，南京有一个“洪帮”（洪门大亚山正义堂），首领叫朱亚雄。他将朱亚雄推荐给徐楚光。徐楚光打进了洪帮以后，跟朱亚雄的关系一步一步发展，后来俩人关系很好。徐楚光帮朱亚雄处理很多事情，朱亚雄非常信任他。朱亚雄受日本人保护，他下面弟子很多，日本人让他保护运输物资。徐楚光认为，为什么我们不占有这一条路？当时朱亚雄已经被他策反了，是自己人了。他就跟朱亚雄商量，让日本人同意他建立一个护路中队，名义上是给日本人做保护，实际上将各种情报收上来。情报组是由徐楚光的秘书张冰同志掌握。这支护路中队成立以后，根据工作需要，发给了徐楚光不贴照片的通行证六张。当时谁拿到了这个通行证，就能畅行无阻，徐楚光打通了上海到南京的交通线，又打通扬州到南京的交通线，整个连成一片，使解放区的人员和物资源源不断流通，他起了很大的作用。

◎ 生活中的徐楚光烈士是怎样的一个人？他给您留下印象最深刻、最难忘的事情是什么？

徐楚光是一个很有本事的人。他能文能武，上过军校，很会作诗。他经常给朋友写诗，通过写诗交朋友，字写得也很好。他一个是胆大心细的人。他有个学生是一个反共很厉害的人，他也愿意跟这个学生交朋友，别人提醒他说，这个人反共很厉害，你怎么能和他交朋友。徐楚光说，他虽然反共，但是他有一个弱点，当了汉奸没有出路，我因势利导，日本快投降了，他要找出路。解放战争时期，周镐是军统的少将，他也有本事将周镐发展成共产党员。

我们订婚的时候，他买了两个戒指，过去的戒指是两用的，一个用途是戴在手上当做手饰，另外一个是当做图章使用，上面刻着字，过去写东西刻一个图章，不像现在签字。他特别小心，家里不会存一点点有关工作的东西，因为随时随地都会有人来抄家。我们结婚没几天，他就把戒指要走了。当时我并不在乎这个，也不知道他是出于安全的需要将戒指要走，当时想的是他经济上有困难。他对我说，你把戒指给我吧，以后我再给你买一个。过了半年，他回到解放区，他真的给我带来个戒指，上面没有字。

还有一件事情，我印象比较深刻。他在上海从事情报工作的时候，经常住远东饭店、南京饭店等高级宾馆，但是他一个人在房间里就咸菜啃冷馒头。跟他一起去的人问他，你何必吃这个苦？他说，我住高级宾馆是工作需要，你知道上海的特务有多少么？我现在的身份是一个大老板，所以我要住适合我身份的地方，这样可以避开嫌疑。但我为什么这样吃，我每花的一个铜板，都是人民的血汗钱，我不能乱花。他就是这样的人，对自己非常苛刻。这一点，我后来才慢慢地理解。后来我才知道，他手上掌握的经费和黄金都很多，但他不花在自己的生活上。

◎ 徐楚光烈士打入汪伪系统，成功策反了汪伪警卫三师，整个过程是怎样的？

详细的情况谁都不知道，这是绝密的，他是不会讲的，但是这个过程我大概了解一些。他到南京以后，有意打进汪伪警卫三师。他利用各种关系将一个叫洪侠的汪伪军官策反了。当时汪伪警卫三师师长陈孝强跟洪侠是邻居，徐楚光叫洪侠想办法。洪侠跟陈孝强讲，徐楚光是黄埔军校毕业的，有打仗经验，当过教官。陈孝强同意吸收徐楚光到警卫三师。但正好这个时候，警卫三师里有两个兵跟日本人发生冲突，陈孝强被撤职了。钟健魂接任了师长，徐楚光还是想要打进警卫三师。他先做通赵鸿学的工作，赵鸿学是他发展的。赵鸿学过去在苏北的时候见过新四军，认为新四军很好。后来他到南京，有一次讲话的时候，他讲到新四军真是抗日的。钟健魂过去是红军，后来打日本人的时候被俘虏了，就被弄到南京去，汪精卫跟他很熟的，利用这个关系，就给他弄了个官做，最后就当了警卫三师师长。钟健魂知道当汉奸没出路，他很想回到新四军里去。

徐楚光做赵鸿学工作，发展他以后，叫赵鸿学打入警卫三师，投钟健魂所好。赵鸿学发现钟健魂跟别的军官可不一样，他经常还和战士们在一起吃饭，他自己也没有什么花里胡哨的事情，非常朴实。他知道赵鸿学有这么一段历史，他也有意的跟他谈，后来他就跟赵鸿学讲，你想想办法，我们跟共产党来个互不侵犯。赵鸿学把钟健魂的意思转达给徐楚光了。徐楚光同意并要求试探一下钟健魂，某月某日有多少新四军要路过警卫三师的活动区域，希望他们能够放行。钟健魂知道这个事情以后，马上就下命令，没有我的命令不许打。通过对钟健魂的考验，发现这个人还是可靠的。

后来钟健魂的师长职务要被撤了。徐楚光了解这个情况以后，通过赵鸿学让钟健魂赶快起义。当时确实不容易，起义过来三千多人，主要是赵鸿学那个团的人，他一个团就有两千多人，再加上其它团里面的一个营七百多人，还有钟健魂自己带的部队一部分人。他们能从日本鬼子眼皮底下溜出来，真不容易。在紧急关头，徐楚光跟赵鸿学讲，无论如何都要抓住这个时机，不然就失去良机了。后来徐楚光去和钟健魂谈了几个条件，承诺他的部队起义后，不改编，变成独立军。一直到后来，这支起义部队合并成为解放军野战军。

◎ 您与徐楚光烈士最后一次见面是在什么时候，当时他去执行什么任务？

我记得是 1947 年 9 月份，在中秋节前后，我们见的最后一面。1946 年，我从淮阴走了以后，徐楚光又有任务，组织派他到上海领导江浙、江西一带地下工作，我没有去，徐楚光叫我留在解放区。当时国民党正进攻华中，所有的机关往山东那边迁，我和华中联络部一起到山东，在沂蒙山区呆了半年。这半年徐楚光在上海，他在那租了一间房子，指挥江浙、江西一带的地下工作。大概到了 1947 年 1 月份，因为出现了叛徒，徐楚光撤退并回到解放区。他回来以后我们见了面，也就一个月的时间。没过多久，组织上又决定派他到武汉、长沙那一带建立敌后武装。他带了大概五、六个人，我也在里面。只记得我们从沂蒙到诸城，再通过诸城，半夜里偷渡到青岛，从青岛又坐船到上海，然后又辗转到长沙。到了长沙以后，他到武汉去汇报工作，我留在长沙。可惜他到武汉的当天晚上就被捕了。

徐楚光从长沙走的时候跟我说，他到解放区最多一个月就回来，我等了好几个月他都没回来，开始我没有疑心，因为他经常出去。后来时间久了，我想他怎么还不回来。后来张冰的女朋友（徐又新）给我写信说：“你要好好的带好孩子，自己照顾好自己”。我从长沙到武汉，问张冰到底怎么回事，他告诉我徐楚光被捕这件事了。徐楚光被捕以后，我们住的地方搬了好几次，后来张冰派人把我们从长沙接到了武汉，张冰一直照顾我们的生活。

徐楚光被捕以后，找人带话出来，让我快回娘家去。国民党特务在武汉到处抓我，幸亏走的早，我是 3 月份离开武汉到解放区，罗讷在 4 月份就叛变了，他供出了许多人。我要是在武汉的话，我可能也被他抓住了，我不是当叛徒就是死了，就这两条路。

◎ 徐楚光烈士为什么选择在隐蔽战线上工作，您认为是什么原因促使他有坚定的信仰？

徐楚光的身世很苦，他出生在湖北浠水乡下的一户雇农家庭，他从小父母就去世了。他的父辈兄弟五个，他是老大家的独生子，徐楚光还有一个妹妹徐杏花，从小就给人家当童养媳。他从小给地主放牛、干杂活，经常吃不饱饭。徐楚光是他父辈五房的一个独生子，他们家里头当然要把他当宝贝了，希望他将来能够出人头地，供他上学，没有钱，借高利贷让他上学。徐楚光确实很好学，学的也很好，他的老师也都喜欢他，有的时候免交学费供他上学。中学毕业以后，地方上一个绅士看到徐楚光很有出息，绅士愿意花钱让他去报考军校，他以优异的成绩考上了黄埔军校武汉分校，从此改变了他的命运。他在武汉分校的时候，很多讲课的教官都是共产党人，所以他接受了很多新的思想，他出生很贫苦，接受肯定是不一样的。当时正赶上四一二反革命政变，国民党反动派屠杀了许多共产党员，徐楚光看清了蒋介石的反动独裁。他觉得只有跟着共产党，国家才有救，穷苦人才能翻身得解放。当时共产党处境非常困难，但徐楚光正是在 1927 年那一年参加了共产党。

（黄进　采访、整理）

父亲留下的日记一直激励着我

——吴亚平回忆父亲周镐烈士

采访背景

时　间：2016 年 3 月 18 日

地　点：雨花台烈士纪念馆

口述人：吴亚平（周镐烈士之子）

烈士简历

周镐（1910–1949），又名周治平，湖北罗田人，中共党员。1927 年考入黄埔军校武汉分校步兵科。1934 年任国民政府军事委员会调查统计局武汉站站员。1938 年任国民党军队少校谍报队长。1943 年任军统局南京站少将站长（公开身份是汪伪军事委员会军事处第六科少将科长）。1946 年加入中国共产党，任中共中央华中分局京沪徐杭特派员，负责国民党军队的策反及情报工作。1949 年 1 月在淮海战役中策反刘汝明部起义时被捕，解来南京，不久牺牲。

口述人简介

吴亚平，周镐烈士之子。1945 年 11 月出生于上海。1968 年毕业于北京师范大学生物系生物化学专业。1983 年获得浙江医科大学医学生物化学硕士学位。1988 年应邀访问法国法兰西学院细胞生物化学系，师从法国巴斯德研究所名誉所长欧共体科学顾问格罗院士。1991 年至退休在荷兰乌德勒支大学医学中心血液系止血与凝血研究室及乌德勒支大学生物膜研究院工作并获得荷兰乌德勒支大学医学生物学博士学位。

◎ 在您的记忆中，您父亲给您留下了哪些深刻的印象？

我是1945年出生的，父亲是1949年牺牲的。父亲牺牲时，我还很小，我们相处的时间也很短。对于和父亲一起随部队行动、行军的记忆以及解放区艰苦的生活环境，我都依稀有一些模糊的印象。在我的印象中，他总是行色匆匆，印象最多的就是他骑着马急行军的样子。当时家属随军，我记得我的小妹妹刚刚出生的时候就是坐在篮子里被挑着行军的。

我的很多关于父亲的认识，都是母亲告诉我的。父亲出生在湖北罗田的一个贫农家庭里，从小读书学习很勤奋。据母亲说，父亲从小就有叛逆的性格，敢于和封建势力对抗。父亲的第一个妻子，就是罗田的那个妻子，他们的这段婚姻也是属于那种家庭反对的婚姻。父亲和她生了三个女儿，其中大姐还特地来上海看过我。她当时来上海的目的是了解父亲的回忆录、日记，所以她抄了很多，手写了很多资料。大姐亲口告诉我，父亲是骑着马把我母亲从家里带出来在外面结婚的。东海舰队防空兵有一个王政委，他很了解我父亲，他一见面就说我很像我父亲，但是我父亲皮肤非常白，我大妹妹跟父亲一样，皮肤也很白。

周镐烈士之子　吴亚平

◎ 您认为您父亲从一名军统少将成长为一名中共特别党员的原因是什么？

父亲从一开始就嫉恶如仇，所以他很早就参加十九路军的反蒋工作，这就预示着他一定会跟蒋介石决裂。对他影响比较大的一个是十九路军的事件，当时蔡廷锴也是因为看到国民党内的腐败，以及他反感蒋介石本人的一些做法，所以他反蒋，这是很重要的，与蔡廷锴的接触对父亲的影响很大。第二，父亲从事汪伪卧底工作的时候，他作为戴笠跟周佛海的联系人目睹了军统的腐败，对军统内部结党营私的行为深恶痛绝。第三，中共地下党员徐祖芳（即徐楚光）接触到我父亲，他们是湖北罗田老乡，也是黄埔军校的同学，所以对我父亲也产生了潜移默化的影响，最终让他无私无畏地走进中国共产党的行列当中。

1946 年，父亲加入中国共产党，成为中共特别党员，负责对国民党军队的策反及情报工作。他曾对母亲说，徐祖芳是个才华横溢的革命家，为他指出了新生的道路。他在日记中写的话非常清楚地解释了他为什么加入共产党："我的当共产党的确为不良政治所驱使，余妻当有同感，乃商议做解放工作，正好徐祖芳同志函约相晤，恰到好处而成功。""生命仅一线之安，此后余生当誓为党国人民尽忠，拼命消灭蒋贼政权，余生有幸，必达此目的也。"母亲虽然知道父亲这个选择面临的风险，但坚信这个决定是对的。

◎ 您母亲和您说过您父亲牺牲的经过吗?

父亲的牺牲对于母亲来说是一段伤心的回忆，所以她很少谈论，也很少对我们提起，很多关于父亲的事迹我是通过阅读父亲的日记还有一些回忆录的材料知晓的。1948 年 11 月 6 日，淮海战役拉开战幕。11 月 11 日，父亲执行上级命令，带领祝元福等同志，前往国民党第 107 军孙良诚部争取其起义。在王清瀚的配合下，孙良诚于 13 日投诚，近 6000 名官兵放下武器。19 日，父亲又接受新的命令，策动国民党第八兵团司令官刘汝明起义。

1948 年 12 月 23 日，父亲在日记里写道自己做了一个梦：“天际破晓，梦见巨棺三具，还有许多人，血水淋漓，一路哭走送丧模样。”这多少反映了父亲当时的心理状态，此行凶险，而他义无反顾，甚至抱着必死的决心。1949 年 1 月 5 日，父亲带领王清瀚、祝元福、孙良诚等 7 人前往蚌埠策反刘汝明起义。当天下午，父亲等人行至淮河边，白马突然原地打圈不肯前行，父亲心里一阵惊愕，想起几天前的梦境，顿感不祥。他回头对年轻的勤务兵说：“这次你就不要去了。如果我 3 天还没回来，就把我的日记本交给夫人，照顾好我的家。”说完，他头也不回随船而去。直到第 7 天，父亲都没回来。勤务兵只好独自一人回到解放区，把日记本交给了我母亲。当时母亲一人带着 3 个孩子，我只有 4 岁，我的小妹妹才 3 个月。因为孙良诚的反水，父亲和王清瀚、祝元福等人进入刘汝明防区时，被特务扣押，解来南京。1949 年 1 月，父亲被秘密杀害。

父亲当时有一个很坚定的信念，策反刘汝明部队是中共中央和毛主席亲自下的命令，而且是一项非常重要的策反工作，为此他不顾个人生命安全。母亲跟我说她一直劝我父亲不要往运河以东，运河以东是国统区，非常危险，运河以西是解放区。他从解放区去策反以后一直没有回来，当时我们甚至一直不相信他已经牺牲了，一直相信他还活着，希望有一天能够找到他。

从解放区去策反以后，父亲一直没有回来，后来就是按照这样的推断认为他已经牺牲了，所以认定他是烈士，当时公安局也承认他是烈士，而这个烈士的身份一直没有确定。当时很奇怪，其实刘汝明在回忆录非常清楚地写着，包括“上海周镐烈士”，当时一直没有弄清楚父亲的身份。1965年11月，中共上海市委办公厅向中共中央组织部报告，“对周治平（周镐）的情况，曹荻秋同志（时任中共上海市委书记处书记、上海市市长）比较了解……周镐在1949年1月遭蒋匪军保密局杀害。根据上述情况，经我们研究，追认周治平为革命烈士，其家属享受烈属待遇。”次月，中共中央组织部批复同意。在这之前我们一直不相信他死了，一直希望他活着，恐怕还是通过追认烈士以后才正式地相信，父亲确实被蒋介石下令杀害了。

◎ 您父亲为革命献出了宝贵的生命，他的事迹对您的家庭产生了哪些影响？

父亲牺牲后，母亲一直将他的日记珍藏在身边。母亲一直说，父亲是一个很清廉的人。他不是为了升官发财，尽管这样的机会有很多。参加共产党时他知道很危险，但他仍是义无反顾。他牺牲时没有留下什么财物，家里可谓一贫如洗。后来家里一直非常贫困，主要靠母亲在公安局的收入来养活3个孩子，日子过的很清苦。

我小时候受到的教育多数来源于我母亲，我和父亲相处的时间实在太短太少，因为从事潜伏工作，他一直很忙碌。母亲教导我要听党的话，为新中国的建设出一份力。父亲是一位军人，为了信仰舍生忘死。我母亲也有着许多坎坷曲折的经历，但依然坚强，这一方面对我的影响很大，给了我源源不断的精神力量，所以想到他们的优良品格，我在艰苦的条件下仍然能够坚持。当时家里条件差，但是我一定要上大学，当时北京师范大学有全额奖学金，所以我就上了这所学校。

我读过父亲留下的日记，见过他在1948年10月24日时摘抄下了鲁迅的两句诗“横眉冷对千夫指，俯首甘为孺子牛”，并注明，“千夫”指敌人，“孺子”指共产阶级人民大众。还有1948年12月14日的日记，里面提到了我母亲，父亲感慨道，“昨又梦被捕，我要求与雪亚一面，也得不到凶徒的允准。号啕痛哭失声而醒。十死余生，当竭尽全力以为人民事业奋斗。”父亲遗物中我印象深刻的还有曹荻秋给他写的一封信，他用毛笔在质量很好的宣纸上写的一封亲笔信，而且下面用他红颜色的私章盖了章，属于非常正式的一封信。曹荻秋在这封信里指出第六工作委员会要进行一项重要的工作就是要策反刘汝明。从父亲的日记中我汲取了很多宝贵的精神财富，可以说它一直激励着我。

1968年大学毕业后，我被分到新疆工作，后来又考上了浙江医科大学研究生。硕士毕业后，我远赴荷兰深造，在乌德勒支大学取得了博士学位。随后，我留在当地的医院从事学术研究，一直到退休。最近几年，我也经常回国进行学术交流，并被山东一所大学聘为专家顾问。只要有空，我都要来雨花台祭拜父亲。年纪大了后，这种“落叶归根”的感觉特别强烈。我和老伴儿商量了，我想长期留在国内，用我的毕生所学，为国家和人民尽一点力量。

◎ 您在荷兰定居，您的孩子们了解您父亲的事迹吗？他们会以怎样的方式来纪念他们的爷爷呢？

我的几个孩子都是在国外长大的，小一辈也是。他们对于祖国的历史，对于我父亲的这些故事了解的很少，也很难理解。但是我的大女儿了解的多一些，她会主动获取这方面的信息。她以烈士后代为荣，也感受到了一种责任感和使命感。我大女儿的同学受她所托，专门过来雨花台烈士纪念馆拍我父亲那里展陈的照片给她看。我今年已经 71 岁了，尽管长期定居国外，但每次回国，只要时间允许，我都会和妻子带上鲜花，到雨花台来祭拜父亲。

（徐惠　采访、整理）

从军统少将到隐蔽战线的特别党员

——周慧利回忆父亲周镐烈士

采访背景

时　间：2019 年 5 月 23 日

地　点：湖北省黄冈市英山县周慧利家中

口述人：周慧利（周镐烈士之女）

烈士简历

周镐（1910–1949），又名周治平，湖北罗田人，中共党员。1927 年考入黄埔军校武汉分校步兵科。1934 年任国民政府军事委员会调查统计局武汉站站员。1938 年任国民党军队少校谍报队长。1943 年任军统局南京站少将站长（公开身份是汪伪军事委员会军事处第六科少将科长）。1946 年加入中国共产党，任中共中央华中分局京沪徐杭特派员，负责国民党军队的策反及情报工作。1949 年 1 月在淮海战役中策反刘汝明部起义时被捕，解来南京，不久牺牲。

口述人简介

周慧利，周镐烈士之女。1956 年 2 月在湖北省新洲县供销合作社工作，同年 8 月在黄冈地区财贸干校工作。1957 年 4 月在黄冈专员公署服务局工作。1958 年 5 月调往英山县文教局任教，同年 7 月起在英山县粮食系统工作。1986 年 7 月加入中国共产党。曾任英山县十一届人大常委会委员。现已退休。

◎ 您父亲出生于怎样的一个家庭?

我父亲出生于一个农民家庭，家里很穷，我爷爷是佃户，主要靠租种地主的土地为生。父亲兄弟姐妹七个，四男三女，他在家排行老三。爷爷说，这么多孩子老是受人欺负，必须要有一个人上学读书，走出去才有前途。后来爷爷召开了家庭会议，选中了我大伯，可是大伯上了三天的学，回来就把书包一丢说不读书了，认为自己不是读书的料。此时，父亲自告奋勇说："我读！"就这样，他去读书了。刚开始时他读的私塾，读了几年后，私塾的老师对我爷爷说："你家继文（周镐烈士读私塾时曾用名）我教不了了，他经常在课堂上给我提一些莫名其妙的问题，我答不出来，他现在可以当我的老师了，你还是把他转走吧，叫他明天不要到学校里来了。"

父亲从小看到了社会上很多贫富不公的现象，很小就立志改变这种现象，所以他要追求真理，哪里有真理，他就要到哪里。他小时候说过："我的一生就是为了追求真理，为什么穷人这么穷？富人那么富？"读了几年私塾以后，他又转到县城的洋学堂读书。小学毕业后，爷爷对他说："家里有这么多姊妹要养活，你读几年书能维持基本生计就行了，就不要再读下去了。"但是父亲不愿意，他说他还没有找到真理，没

周镐烈士之女　周慧利

有找到为穷人说话的地方。爷爷拿他没办法，让他自己想办法去上学。我大伯到山上去挖笋子，然后把这些笋子拿去卖，我父亲就是拿着卖笋子的钱作为去武汉上学的路费。他到武汉以后考取了中学，中学毕业后，在17岁的时候考取了黄埔军校。他在学校读书的时候，爱好很多，他喜欢哼小调、吹吹笛子，性格也很活泼，能说会道。他在黄埔军校时，每年假期，只要一有时间，他都回到家乡进行演讲。他崇拜孙中山先生，他有满满一铁箱孙中山先生的书籍，后来我母亲走到哪里就把铁箱带到哪里，那是她的宝贝。

◎ 您父亲与母亲是怎样相识的?

父亲在县里的洋学堂读书时认识了我舅舅。舅舅经常把他带到自己家里，他认识了我母亲。后来，他每到一处演讲，我母亲总是跟着一起去。母亲也读过私塾，不是传统意义上的封建女性，在与父亲交往过程中，她也表现出了对我父亲的倾慕之情。

我有个姨留日，她在日本写信回来，让家里所有的女性都不要裹小脚，我外婆也没有裹脚。我父母亲产生感情以后，外公觉得我父亲家里很穷，不愿意把自己女儿嫁过去受苦，赶紧给我母亲说了一个婆家，是罗田的一户姓马大地主家。我母亲不愿意，坚决不同意。她和我父亲最后走到一起可谓是里应外合，父亲在黄埔军校读书时还没毕业就“抢婚”了，那个时代“抢婚”在农村很少见，他们这段婚姻真的是方圆几十里都知道，成了当地的笑话。

◎ 您母亲一直跟着您父亲在一起生活吗？

母亲到我家后日子过的很苦，她被我父亲“抢婚”之后，外公和她就断绝关系了，再也没有来往了。母亲还捡过西瓜皮，父亲后来就把她接到武汉去了。但是父亲在武汉也没有多少钱，养不活我母亲。为了生计，她和别人一起帮人洗衣服、缝衣服、做手工，就这样维持着生活。父亲在黄埔毕业后，她跟着我父亲离开了武汉，一路东奔西跑。我是在贵阳出生的，我姐姐是在武汉生的，妹妹是在广东出生的。

他们分开的时候，母亲不确定父亲当时的身份，事实上，父亲不可能将他的真实情况告诉家属。他一直从事秘密工作，不能随便对外说，哪怕是自己的妻子都不行。母亲很聪明，他们在一起生活的这些日子里，她虽然不知道父亲具体做什么的，但她心里能感觉出来。

◎ 您父母亲分开之后，您母亲带着你们回到了老家吗？

没有，抗战期间我们撤到了重庆。在这两年期间，我们没有和父亲联系，当时的原因我不是很清楚，好像是邮政的问题。我母亲也不知道他的具体地址，他从事的是秘密工作，他的姓名、地址、生活习性都说不清楚，而且也不能说。直到 1946 年，母亲带着我们才回到了南京，我们的亲身经历是很苦的。当时，母亲离开我父亲从贵阳到重庆，她一个人不仅带着我们三个小孩，还带着我父亲最小的一个妹妹，也就是我的姑姑。因为我姑姑不肯嫁人，她就一直跟着我们。姑姑曾经说过一个婆家，男方要求尽快结婚，我奶奶没有同意，这个姑爷一气之下就去当兵，当青年军，结果被打死了。姑姑觉得自己命不好，不想连累别人，从此不想嫁人，所以她就一直在我母亲身边。

◎ 您了解父亲在隐蔽战线的一些事迹么？

我与父亲最后一次见面是1946年，1946年我们回到武汉之后，就一直在这里生活。母亲每年都会去南京见我父亲，我们几个小孩没有去，我们要去上学读书。

我不清楚他是怎么样被徐楚光伯伯策反成为中共地下党员的详细过程。徐伯伯经常来武汉，他住的地方和我们只隔三个大门，离得很近。所以徐伯伯被捕的时候，是母亲给我父亲发的电报，母亲当时和我还有姐姐说：“我要去邮局发个电报。”至于发什么电报我们当时都不知道，后来她告诉我们，当时那么紧急匆忙，是要发电报给我父亲，告诉他徐伯伯被捕了。徐伯伯前一天晚上到我们家里来过，第二天就被捕了。徐伯伯刚被捕，我母亲就知道消息了，她匆忙去邮局发电报，电报上没有写徐伯伯的名字，写的是：“余人身患重病，已经住院！”电报上就发这几个字，当时徐伯伯来我们家，母亲说他是余伯伯，没有说出他的真姓。

◎ 您认为您父亲最后为什么选择跟着共产党走这条道路？

我分析，以我父亲为人处世的风格，他是不会跟着蒋介石的，他总是说蒋介石不行，总有一天会倒台的，他看不惯蒋介石手下的贪官，尤其是日本投降后他受到了不公正的待遇，还坐了牢。他出狱后就和我母亲说要改行，不愿意再搞政治了，说国民党太黑了。在黄埔军校读书时，父亲的文章里面就有反蒋言论，还受到了处分。所以，我觉得即使没有徐伯伯的出现，父亲也不会跟着蒋介石后面干，我母亲也是这么认为的，恰巧这个时候，徐伯伯出现了。

◎ 您父亲对你们整个家庭产生了哪些影响？

他对我们影响很大，我觉得他是一个非常好的人。他一有时间就回来，总是鞭策我姐姐和我写作业，要求我们提高自己的文化水平。他喜欢帮助别人，有一个朋友曾经在广东时是我们的邻居，当时就是一个邻居关系，父亲和这个邻居也成为了朋友，父亲给他找事做，让他维持家里的生计。那个邻居有三个儿子一个女儿，他的儿子因为家庭困难读书读不下去了，我父亲就给他钱帮助他们。新中国成立后，我们回到罗田老家，这位邻居一直在寻找我们，一直到 2017 年，他的女儿在网上看到了我父亲的名字时，通过雨花台找到了我们，我们现在还有微信联系。

父亲在家里叫周继文，读书时叫周治平，到了南京又叫周道隆，他在上海的三个孩子名字里有隆、平、文，就是他曾经用过的名字里的字。我们姐妹三人的名字也有意义，但是我记的不太清楚了。我姐姐叫周慧冰，可能父亲当时的工作环境、思想变化冷冰，当时在心态上对未来没有信心。我姐姐 2002 年走了，比我大两岁，我妹妹比我小两岁，她的女儿在深圳，她就随她女儿住深圳了，但是她在武汉还有住处。

父亲的朋友特别多，他的同学都愿意和他来往，他在黄埔期间还救了一个共产党员。当时这个共产党员被警察抓了，他的家人找到了我父亲，因为黄埔军校的学生还是挺有权威的，父亲就写了一份东西，找了一个人，把这个共产党员救出来了。直到现在，他们一家包括后代都还和我们老家有来往，他们就是为了报恩。

（张语　采访、整理）

父亲是勇敢的共产党员

——谢玉如回忆父亲谢庆云烈士

采访背景

时　间：2016 年 4 月 17 日

地　点：北京市西城区谢玉如家中

口述人：谢玉如（谢庆云烈士之女）

烈士简历

谢庆云（1900—1949），山东巨野人，中共特别党员。1921 年在冯玉祥部第十六旅第一团孙良诚营任职。1944 年被吸收为中共特别党员。抗战胜利后，任中共中央华中分局第六工作委员会委员，公开身份为国民党第一〇七军副军长兼该军驻南京办事处少将处长。1948 年 12 月在淮海战役中策反刘汝明部起义时被捕，解来南京，不久牺牲。

口述人简介

谢玉如，谢庆云烈士之女。1930 年出生。北京大学医学部药学系毕业。中科院植物所研究员。现已退休。

◎ 您父亲于1944年加入党组织，他是如何与党组织取得联系的？与党组织取得联系之后又具体做了哪些工作？

父亲早在1929年到1932年期间曾与共产党员宣侠父共事过两次，第一次是部队驻河南省陕州一带时，父亲任冯玉祥部讨逆军第二路汽车管理局长，第二路总指挥是孙良诚，政治顾问是宣侠父。第二次是1932年父亲在梁冠英部任参议，梁冠英任25路军总指挥，宣侠父任国民党中央军事委员会省少将参议，并派驻梁冠英的部队，宣侠父是公开的共产党员，负责共产党在国民党军队中的兵运工作。这两次的共事虽然只有几个月，但父亲与他们的接触交往很频繁，使得父亲对共产党的思想信仰、政治主张有了一定的了解。

在1942年，孙良诚决定带着他的部队投靠汪伪，父亲当时非常苦恼，就给宣侠父写了一封信，表示自己打算脱离孙良诚的部队，要跟着共产党一起参加抗日。但父亲一直没有收到宣侠父的回信，后来父亲才知道宣侠父已在1938年任八路军驻西安办事处高级参议时被特务暗杀于西安。不过父亲收到了共产党方面反馈回来的参政意见："脱离团体，势单力微，不如留下，团结进步力量，

谢庆云烈士之女　谢玉如

伺机发挥作用……”正处在无奈之中的父亲无意间在大街上遇见了他过去在罗田县政界活动时在应酬场合多次见面的一个熟人，这个熟人就是徐楚光，他来到了父亲的办事处，二人进行了深入交谈，徐楚光在知晓了父亲的思想状况后，他就决定带领父亲从事一些革命工作，一年后也就是1944年，徐楚光发展父亲为中共特别党员。大约到了1946年左右，我已读高中，对父亲的事情也知道了一些，我记得他经常穿着整齐的军装，带着随从副官乘坐自家汽车，神情严肃的去国防部办事，也常常到军长孙良诚处工作，有时从外面回来时还从车里搬出几箱装着步枪的木箱，有一次还有一挺机关枪等，都是悄悄地搬到楼上的小储藏室或楼梯下面的小屋里，有时偶尔听到母亲低声说：“给那边的？”这样每隔几个月总会有一次，在夜间12点钟左右，一辆带棚的卡车停在我家楼下，车上的人把这些武器运走。现在回想起来当时所说的“那边”就是指的解放区、共产党。父亲的公开职务是国民党第一〇七军驻南京办事处少将处长，是所属部队在南京办理一切有关事务的办事机构，办事处在一栋二层小楼，坐落在南京市云南路，上下两层各有四室，我们全家住楼下一层。家里平时接待一些来往人员是极为平常的事，所以可以掩护一些为逃避特务抓捕的革命同志。当时，我们谁也没有理会那些住在客厅里的人都是谁，还是在70年代后期知晓了父亲的事迹之后，才知道栗群就曾为躲避特务抓捕住过我家。

◎ 您父亲所从事的关于策反孙良诚起义的工作您是否清楚？

我们原本是一点都不知道，后来也是在上世纪70年代后期通过公安部门的调查才了解了这些情况，策反孙良诚起义的工作是在党中央的领导下，父亲和其他革命同志共同完成的。父亲在1945年的时候策反国民党新编第二路军第一军赵云祥军长率领一万余人在苏北盐城起义，使得苏北、苏中两个革命根据地连成了一片，对抗日战争胜利之后苏皖的革命形势具有重要意义。在1948年11月，淮海战役还处于第一阶段时，父亲又策反国民党第一绥靖区副司令兼一〇七军军长孙良诚在睢宁附近率领官兵近6000人及大批武器装备向解放军投诚，使得战略要地徐州的东南门户洞开，为淮海战役的胜利创造了有利条件，毛泽东同志在《敦促杜聿明投降书》中曾加以赞扬。

◎ 您父亲被捕的过程您是否清楚？

1948年12月，父亲把我们姐妹和弟弟送到上海亚尔培路（今陕西南路）一幢楼房里后，自己又返回南京去了，他在12月25日晚上被捕时，我们在上海。父亲被捕几天后，办事处的一个工作人员于深夜避开特务的监视从窗户逃出，跑到上海找到我们，并告知了这个不幸的消息：12月25日晚，一群特务闯入大门声称找谢先生，开门的勤务兵看到这个情况不好，当即说“谢先生不在家，出门办事还没有回来。”特务们说：“我们看到他刚刚进门。”接着就叫出所有的人站在院里成一排，进行盘问，另外几个人径直上楼和父亲对话，并进行搜查，后来一起下楼，父亲叫勤务兵上楼收拾行李，然后父亲就带着行李上了汽车。临行前，他对家里的人说："不要害怕，我过几天就回来。"车开走后，留下了两个特务在我家蹲守了两个星期，期间只允许一个只有 7 岁的堂弟出门买菜，其他人一律不许出门半步。

父亲被捕后，我们多方打听，没有任何消息。直到 1949 年 2 月，我们收到了父亲从上海的特务机构中托人送出的信，信是在两张草纸上用铅笔写的，还有一套父亲的血衣血裤，那是母亲用自己织的布给父亲做的。信上父亲交代我们找他的几个朋友帮忙。有了这个消息，家里一方面筹措资金，另一方面找父亲的贴身副官和常住在我家照料的大表哥一起外面活动找关系，最后找到一个叫梁耕三的特务，他开口就要二百两黄金，但苦于当时没有凑够，后来凑够了再去找他时，他告诉我们，父亲已经被装入麻袋扔进了黄浦江。在这个时候，我们全家只有对那些敌人的仇恨和痛苦的哭泣。

◎ 您父亲被追认为革命烈士经历了怎样一个过程？

父亲向解放区运送武器及在办事处掩护革命人士的事情母亲是知道的，但苦于没有证据。父亲为革命牺牲的不清不楚，孩子们也在受着不公正的待遇，母亲更在受着折磨，经常暗自落泪。一个当初跟我父亲一起加入冯玉祥西北军部队的郭楚材，他们因为同期入伍，所以关系比较亲密。他经常来我们家唠嗑，跟我们聊他与我父亲的过往，但当时郭楚材的境遇也不太好，在山区放羊，他建议我们，给中央写信说明我父亲的情况，把这件事儿弄清楚。我们受到了他的启发，给中央写信要求调查，中央就开始对我父亲的情况进行调查核实。因为母亲是北京市民，但父亲从事革命工作在南京，属于南京军区，又涉及到地下工作，所以总参、南京军区与北京市公安局三个部门讨论之后，决定由北京市公安局负责调查，公安局的调查人员走访大半个中国，到了很多部门，查阅了大量有关档案，还提审了不少在国民党中任过职的犯人，访问了时任的有关领导，历时两年才初步调查清楚。调查工作结束后，公安局有关领导来到我们家，向母亲和我们全家正式宣布了调查经过和调查结果，并说明了父亲之前从事了哪些革命活动，明确表示政府已经追认父亲为革命烈士。并且告诉我们：父亲被捕后，坚贞不屈，敌人什么也没有得到。没过多久，我们就拿到了政府发放的《革命烈士证明书》。

◎ 您父亲哪些生活场景让您至今仍记忆深刻？

记得我六七岁的时候，有一次他在家里午睡，我们几个孩子嘻嘻哈哈的玩闹，把他给吵醒了，他把我们几个都叫过来，问我们几个功课的情况，要考一考我们。我们几个回答得都很好，为了奖励我们，父亲就带我们出门玩，给我买了一顶漂亮的帽子，给弟弟买了衣服。我非常喜欢这个帽子，上学去总是戴着它。

父亲平时非常重视我们每个人的书法练习，对我们说字如其人，字是给别人最初的印象，是一个人的门面，所以一定要把字写好，只要他在家住时，我们每天早上都要交给他一篇大字，三行小字，都是毛笔字，他看完后把写得好的字用红圆珠笔圈出来以资鼓励。父亲让我们练习书法的同时，他自己也抓紧时间练习书法，他练的是魏碑。父亲连中学都没上过，但他当兵之后努力学习文化知识，经常在熄灯后还在被窝里用手电照着看书学习。

父亲除了关心我们的学习之外，还会每过一两个月把我们叫到一起，特别是叫家里的男孩子进行一次“忆苦”似的教育课，他会跟我们说他以前当兵时经历了哪些艰难困苦，脚被磨破了还要继续行军打仗，以此来教育我们要珍惜现在的舒适生活，要努力学习，男孩子要学工，女孩子要学医，一定要有一技之长，掌握一门吃饭的本领，要能吃苦，不能一直躺在家里衣来伸手饭来张口地让家里人养着自己。后来父亲和一位刚从山东解放区回来躲避抓捕住在我家客厅的革命同志说起解放区大搞生产的情况后，他筹款买了一架织布机放在汽车库房里，还请了一位老师教会操作方法，我们都看过我母亲织布,我们也学过一段时间,织出的布是那种粗布，不像现在的布那么细，拿到外地小县城去卖，但销路不太好，当时织出的那些布也被做成了我们的衬衣，剩了一些我们带回了北京。

那时候家里平时吃青菜、菠菜的时候连根也要吃掉，不能浪费。当时我们家和姨父王清瀚家两家之间隔了一个池塘，我们家就在池塘边开了一块地出来，自己种菜，种的是白菜和油菜，但毕竟家里人多，不可能只靠着自己家种的菜就能吃饱，父亲主要还是想让我们体验劳动的不易，珍惜粮食。父亲当时也是觉得劳动人民当家做主之后还是要靠每个人的劳动才能建设好新中国，所以他要培养我们的劳动意识，也是要让我们知道，衣来伸手饭来张口的生活不可能长久，还是要通过自己的劳动才能吃饭。

◎ 您觉得您父亲是一个什么样的人?

我们跟父亲一开始挺生疏的，因为他经常在外面工作不回家，我们是母亲和奶奶在北京带大的，所以我们当初从北京的老家到南京我父亲办事处的路上我们都在想，父亲认不认识我们？能不能分清我们姊妹四个？在父亲把我们送到上海避难之前，他还带着我们在南京玩了一圈，还开玩笑地抱怨道自己又当爹又当妈，晚上睡觉的时候还给我们盖被子，那也是我印象中唯一一次父亲对我们很慈祥。父亲工作太忙，我们很少跟父亲在一起，像人家现在有的孩子跟爸爸妈妈很熟的，爸爸妈妈抱抱什么的，我们没有这个。但父亲一有空，闲下来了，就会带我们出去给我们买买衣服，买买玩具。

我觉得父亲非常能干，长得很精神，别人都夸他年轻时很帅，我的姑姑们也都说父亲虽然个子不是太高但很精干，皮肤白。父亲在照相馆拍照时，他的照片都会被摆在照相馆的橱窗里做展示。但他为人低调，看到之后就让照相馆收起来了。我们不清楚他的事，我们只是崇拜他，虽然父亲年纪大了之后加上工作很累，有脱发的困扰，但说话有条理，能说会道。孙良诚手下虽然人很多，但他很依赖父亲，父亲说的话孙良诚也听，很多事情都让我父亲去做，引得很多人嫉妒他，所以我们觉得父亲特别能干。

父亲有着一种很朴素的同情心，经常帮助穷苦人。父亲老家在山东，当时山东地区经常有天灾，特别是鲁西地区，黄河经常发大水，几乎每年都有，当地治理工作也没有跟上。

我家的邻居也是山东人，经常有山东的难民来北京投靠我们，有的是我们家的亲戚，有的只是同乡，但我们家都会接济他们，给他们提供食宿，大多时候会直接给他们钱，给他们回去的路费，有时候还要给他们找工作，最多的时候家里会有三四十口人，给他们提供食宿，虽然不是大鱼大肉的，但也是一大笔开销。我们在南京的家因为是办事处，不能随便住人，叔叔家、姑姑家还有姨父家这些亲戚家的孩子住在我家，而且他们愿意去上学的话费用也是我父亲出，因为我父亲没上过什么学，当了兵在社会工作之后觉得不念书会吃很多亏。平时我们家也是吃青菜比较多，要把省下来的钱用来帮助难民和亲戚。家里也没有请过佣人，有时候就把难民留下来当佣人，我们给他提供食宿。我们原来在北京的家有 20 多间房子，都没有出租，全让这些难民住了。

父亲精明能干，正直稳重，乐于助人，当日军侵华、祖国陷于生死存亡时刻，他要求抗日并参加了共产党，在解放战争中他憧憬建设新中国，处在极为危险处境中仍勇敢的坚持工作，他是一个勇敢的共产党员。

◎ 您父亲的事迹对您的生活和工作有什么影响？

在北京市公安局向我们全家宣布我父亲的事迹后，这件事给我们每个人的生活都注入了新的动力，特别是对母亲的心情改变最大，她脸上有了多年不见的笑容，我们家的六个兄弟姐妹也都在各自的工作岗位上更加努力的工作着。最早我在西安市药品检验所工作，每年我都是先进工作者。后来到中科院植物研究所做研究员之后，忙于科研，老老实实的工作。在生活上、工作上有过不去的难关的时候，我会想起父亲，想起他们那一辈人吃了那么多的苦，父亲把生命都奉献出去了，我觉得我父亲那么优秀，我不能丢他的人。科研工作不是马上就会出成果的，经常要加班加点，夜以继日。在中科院的实验室里，我经常一个人做药学的实验，没有完成的实验一旦停止就会前功尽弃，要重新再来，所以经常加班一整夜，第二天早上回家休息，这是工作的常态。但我觉得这是应该做的，这样我才能对得起这个工作。而且每一个科研工作者的工作都是这样，抓紧一点一滴的时间搞科研工作，不好好做的话、做不出成果的话也说不过去，这是科研工作的常态。

我的两个儿子，在他们十几岁的时候我才跟他们讲我父亲的事情。两个孩子也都受到了影响，他们觉得家里有了这样一个榜样，自己要好好工作。我的妹妹在北京工业大学努力教学，被提升为副教授。现在我们兄弟姐妹六人中已有四人因各种疾病的困扰而离世，我和妹妹也均已退休，过着安乐的退休生活。

（孙月红　采访；陈凯伦　整理）

他是正义的人

——程常青回忆父亲程履绎烈士

采访背景

时　间：2018 年 4 月 5 日

地　点：雨花台烈士纪念馆

口述人：程常青（程履绎烈士之子）

烈士简历

程履绎（1922—1949），湖北应城人。1943 年考入中央大学。1949 年 4 月 1 日参加学生游行示威，被特务殴打，身受重伤，4 月 2 日牺牲。

口述人简介

程常青，程履绎烈士之子，中共党员。1948 年出生。1967 年至 1985 年先后在应城县双墩中学、东马坊中学任教。1986 年至 1987 年担任东马坊党委组织干事、党委组织委员。1987 年至 1995 年担任应城市委组织员组组长。1995 年至 1996 年在应城市财贸办公室任副主任。1997 年至 2001 年任应城市教育委员会副主任。2008 年退休。工作期间多次获先进工作者称号，曾获应城县教师标兵称号，受到县委、县政府表彰，并获湖北省先进教师称号。

◎ 在您的记忆里，这是您第几次到雨花台烈士纪念馆凭吊您的父亲？

这应该是我第五次到雨花台烈士纪念馆。最初的一次是1966年的时候，离现在最近的一次是1999年，那一次是参加东南大学、南京大学和雨花台烈士陵园管理局等单位举行纪念“四一”惨案发生五十周年座谈会。为什么1966年第一次到雨花台来？因为我很小的时候，我听母亲说，父亲是在南京牺牲的，是一名革命烈士，从此在我幼小的心灵里就存在一种“光荣感”。但是当时我们与南京有关部门没有联系，一些事情也不清楚。所以父亲的烈士身份在当地没有得到承认，没有得到认可，这一直是我心中的疑团。我苦苦地思索着，随着年龄增长，渐渐对这个事情的来龙去脉有一些了解。1964年的时候，我找当时应城县民政局负责烈士认证的同志，把父亲的情况进行了介绍。这位同志很重视这件事情，并表示很快与南京相关部门联系。大概过了个把月，我再去问时，这位同志跟我讲这个事情问题不大，让我等消息。我感觉很有希望，心里一阵高兴。果然没过多久，县民政局就通知我办理烈士证。这时候我才知道在南京雨花台有我父亲的坟墓，我一直想来看一看。所以1966年我高中毕业的时候，我与南京民政部门联系，要求来扫墓，并很快得到批准，这一

程履绎烈士之子　程常青

年 6 月份我终于来到雨花台，完成了给父亲扫墓的心愿。雨花台烈士陵园的有关同志确确实实对我们烈士后代十分关心，接待我也十分热情、周到，使我十分感动，直到现在还记忆犹新。后来又陆续地来过三次。第二次是 1981 年夏季，这一次我母亲、爱人和两个儿子一行五人来雨花台，进行了扫墓。到了 1983 年的时候，雨花台为了把烈士墓都迁到一块，通知我来迁移烈士墓。我就和我爱人一起过来了，把烈士墓迁到现在这个地方。第四次是 1999 年“四一”惨案发生 50 周年纪念座谈会，东南大学、南京大学和雨花台烈士陵园管理局联合邀请我母亲和我过来参加纪念活动，所以我就又和我母亲一起过来了。当时东南大学、南京大学和雨花台有关的领导都参加了这个活动，并出面接待。再以后有十几年的时间，就没有来了。

这一次我接到你们的通知，我很高兴，谢谢你们这些年一直关心着烈士的后代。去年，南京市党史办和雨花台烈士陵园管理局联合进行烈士传记方面的信息采集，南京的一位同志不辞劳苦找到我，了解我父亲生前学习、生活以及工作相关情况，为撰写烈士传记搜集历史资料。我十分感谢党中央、江苏省委、省政府对革命烈士的敬仰。父亲的传记已经出版，我看完这本传记后，解决了我的很多疑团。因为父亲牺牲的时候我很小，不到一周岁，所以有关父亲的事情，我是听到母亲断断续续、零零碎碎说出来的。我母亲和父亲结婚以后，一起生活的时间很短。所以对父亲的经历、工作、学习以及从事革命活动等各方面，我也不是很清楚。我对我祖父同样是没有一点印象，只知道祖父一直在外从事革命工作。这一次因为要了解父亲生前工作及学习的情况，在查阅历史档案的过程中，把祖父生前的一些情况也弄清楚了。如果不是党中央对烈士重视、对烈士后代关心，这些问题是我无法解决的，我由衷地感谢党。

◎ 您跟您母亲生活过程中或多或少听到她讲述父亲的一些事情，您印象较深的是哪些事?

父亲牺牲的时候我11个月大，对父亲不可能有什么印象。尽管如此，由于母亲经常跟我讲述父亲，我感觉到父亲仍然生活在身边。母亲提及父亲时，我印象最深的是感觉母亲数十年来对父亲是一往情深的，是十分信任和依赖的，他们之间的感情是不可用语言来表达的。为什么这样说呢？从我懂事开始，我就看到一份东西，今天我在纪念馆也看到了，是四一纪念画集《凶手，你逃不了》。父亲牺牲以后，家庭环境发生了很大的变化，不论是在经济上还是在精神上她都受到了极大的打击。家里十分困难，也丢失了很多东西。但无论怎样困难，她都把我父亲的照片、牺牲时有纪念性质的画报和有关资料一直视作珍宝保存着，时不时地拿出来跟我讲。后来我发现母亲对四一运动的情况也不是很了解，之后也证实母亲讲的事情有一些是误传的。现在我已经把事情都搞清楚了。这一次通过阅读父亲的传记，我知道了父亲更多的事情。他在那么艰苦的条件下，还刻苦努力地学习，积极参加革命运动。他为了保护一道请愿的同学，不惜牺牲自己的生命，为后世树立了榜样。

母亲一直教育我：“你的父亲是一位烈士，你今后要继承你父亲的遗志。”我知道母亲希望我能好好学习，好好做人。父亲很有正义感，这是母亲对我讲的。他读书的时候家庭很困难。1943 年他考到了中央大学，为什么到 1949 年还没毕业呢？因为这中间五六年，他学习一段时间，然后出去打工，积攒一点钱又回到学校读书，就这样不断地辍学、回校，最后才把这个学业维持下来。他对劳动人民很同情。我们家里还有一点土地，由曾祖父在家经营着，租给佃农，每年收租维持生计。1944 年的时候我们家乡大旱，当时佃农种地没有收成。当年父亲为了交学费，回来想收点租金维持学业，结果一看农民生活在水深火热之中。他就跟曾祖父商量说佃农本身都没有钱，没有活路，哪里来的租金给我们？今年能不能不收佃农的租金？曾祖父同意了他的建议，把佃农当年的租金都免去了。父亲的义举当时被传为佳话。所以说他这个人有正义感，有同情心。同时，他也是一个很慈祥的父亲。母亲不只一次的讲过，小时候我很爱哭，这是小孩子必经的一个过程。母亲有时候烦不过，如果打我又怕被父亲发现，母亲就揪我，这样我哭得更厉害。后来还是被我父亲发现了，他彻夜不眠地抱着我，且不断地活动，这样子我就不哭了。事后父亲对母亲说："常青性情不同于常儿，长大必有造就。"母亲对我讲的话在我印象里是很深的，可见父亲对我寄予无限的希望，他是一位慈祥可亲的好父亲。

◎ 当时您父亲被打得头破血流，母亲看到了吗？父亲的后事是她处理的吗？

没有，这是她最大的遗憾。1949 年 4 月份的时候，我只有 11 个月大，南京这边的环境很不安定，如果把我单独放在家，来南京处理后事她不放心我，所以父亲的后事是由祖父到南京处理的。父亲牺牲当年并没有安葬，只是把遗体放在殡仪馆保存，到1950年才安葬。安葬时，南京市民怀着对烈士的崇敬之情，包括父亲的同学都自发参加送葬，据说送葬当天万人空巷。当时父亲的遗体埋葬在雨花台北大门左面山坡上，现在的墓都统一移到知名烈士墓了。

父亲和母亲感情很好，母亲一生都在怀念父亲，任何时候她只要提起父亲，总是十分忧伤。我感觉他是个很称职的丈夫，也是个很称职的父亲。生前他与母亲写信说，马上毕业了，他要担当起丈夫和父亲的责任。父亲原来有心留学，想继续深造，但是因为家庭放弃了。他牺牲后，母亲决心不另嫁，要独自把我抚养成人，但是受当时环境逼迫，是不允许她这样的。因为当时我们家庭成分是地主，烈士身份在当地还没有被认可，所以不少别有用心的人逼迫母亲改嫁，母亲誓死不从。母亲曾经试图带着我投水，当时我才3岁，我哭着对母亲讲："妈你不能丢下我"，这是母亲后来讲给我听的。听了我的话，母亲舍不得丢下我一个人，最后有好心人关心我们，母亲终于改嫁了。虽然改嫁，但是她一生都心系我父亲，正因为这样，母亲改嫁后我也没有改姓。母亲于1981年和1999年两次来过雨花台，那个时候她已经高龄了，这也算是完成了她对父亲思念的一个心愿。2010年我母亲88岁了，临终前她还心心念念着我父亲。

◎ 您父亲还有个妹妹，您跟她来往多吗？您听过她讲述您父亲的事吗？

我们这个家庭里，我父亲他们姊妹5个。父亲是最大的，老二是我大姑母，90 多岁了，已经老年痴呆了。上次南京党史专家来搜集相关信息时，因为她没有记忆和表达能力了，所以就没有采访大姑母。老三在弟兄里排行第二，我叫他二叔，名叫程整绎，从事教育工作。老四就是刚才你们所说的这个姑姑，叫程凭余，她在哈尔滨。她与我姑父是在抗美援朝中结识的，因为姑父是黑龙江人，姑父转业后，他们就搬到哈尔滨居住。几十年来长期离居，我们相互联系得不多，也没怎么听说我父亲的事情。以前是信件往来，现在就是电话往来了。只是节日的时候，我们相互慰问一下。老五叫程健绎，我们从未联系过。

◎ 您可以分享一下您的学习和工作经历吗？您父亲的精神对您家人产生哪些重要影响？

母亲健在的时候，每个月都有一定的生活费，地方政府对我们各方面都很照顾，我非常感谢党和政府。父亲是一位烈士，母亲对我从小就进行正面教育，所以我在学习上面都还是很用功很刻苦的。从小学到高中，我的学习成绩还是比较优秀的。高中毕业的时候取消了高考，我在村（当时称大队）小学担任了民办教师，除此之外还从事了一些其它方面的事情。1971 年底我转为公办教师，其间我从未放松学习，为以后有机会参加高考打好基础。同时在工作上面我牢记父母亲对我的期望，力求做到让人们在印象当中觉得烈士的后代还是不同于常人的。所以这个时候，我工作很投入，年年在学校里都被评为“先进工作者”。1975 年，我被评为全市教育战线标兵。1983 年的时候，我通过考试被录取到湖北大学教育管理专业学习。在这之前，我已在武汉师范学院取得数学专业的本科毕业证书。1986 年我在乡镇任党委组织委员，然后被调任到应城市委组织部，后到市财办任副主任，后来又调到教委任副主任。2001 年我退居二线。

我经常和我的子女讲述他们祖父的事迹，他们也感到很光荣。这次他们特地远道而来，就是为了参加这次活动。我 7 岁的孙女听了太爷爷的故事后感慨地说："我真光荣啊！"我的两个儿子也是比较优秀的。几十年来，我在个人道德行为方面秉承着"上不欺天，下不欺地，外不欺人，内不欺己"的道德观，在生活和学习上坚守"克勤、克俭、克己、刻苦"的家风。我平时对子女也是这样要求的，所以他们对我们也很尊敬，对爷爷更是铭记在心。现在大儿子在深圳工作，生活也美满幸福。小儿子在北京，高考以全市第一名的成绩考入中国人民公安大学，后又攻读博士，博士毕业后，在北京市公安局工作，表现也很优秀。我们要一代一代传承烈士的优秀品质，不愧烈士后代的光荣称号。

（杨海龄　采访、整理）

牺牲在黎明之前，他是我们全家的旗帜和骄傲

——成文回忆叔叔成贻宾烈士

采访背景

时　间：2018 年 8 月 16 日

地　点：江苏省镇江市京口区成文家中

口述人：成文（成贻宾烈士侄子）

烈士简历

成贻宾（1927—1949），江苏宝应人。1947 年考入中央大学。1949 年 4 月 1 日参加学生游行示威，被特务殴打，身受重伤，4 月 19 日牺牲。

口述人简介

成文，成贻宾烈士侄子。1947 年出生。1966 年在江苏镇江一中高中毕业。1968 年知青下放，1979 年调入镇江市商业制冷设备总厂。2007 年退休。

◎ 您叔叔小的时候家里的情况是怎样的？他有几个兄弟姐妹？

从我们现在整理的资料来看，成贻宾的父亲，也就是我的爷爷，他是一个独子，他有三个儿子一个女儿，一共四个孩子。成贻宾是我的叔叔。我爷爷按照他母亲的愿望后来走上了读书这条路，不是以种地为生，而是以教育、做老师为生活来源。叔叔的大哥是上海交通大学毕业的，他的二哥，也就是我爸爸是中央大学毕业的，他的姐姐是上海复旦大学毕业的，他自己也是中央大学的，所以整个家族是书香门第，这对叔叔影响是巨大的。他小时候很聪明，很受大家喜欢，天资也很高。他是1927年出生，1949年牺牲的，这个时间段正好是我们国家面临灾难的时候。叔叔一生中受战争的影响很大。虽然他天资很聪明，但是到处漂泊，他在家乡宝应氾水镇读的小学，后来跟我爷爷到如皋去读书，接着又回到了宝应上县中，之后又跟着我爸爸到南京，1937年日本鬼子打过来，后来他又回到宝应，到处颠沛流离。他的家庭教育世家的背景和战乱对于他一生的影响是很大的。

成贻宾烈士侄子　成文

◎ 您刚才说了他的家庭情况是书香门第，那家庭条件呢？

爷爷当时的家庭条件本来是很好的。爷爷是独子，独子按照当时封建的一个传统，他可以兼祧。兼祧什么意思呢？他父亲也就是我太爷爷所有财产都可以给他，他叔叔的财产也要给他，这和现在的规矩不一样，我们的家庭也有资产的。但是有个情况，太爷爷非常开明，爷爷 7 岁的时候太爷爷就去世了，他留下来一个遗言要我爷爷读书。爷爷在 1956 年解放的时候写了自传，当时政府要求每个人都要写自传。他在自传中写道：他 18 岁的时候家里就剩妈妈一个人了，生活困难，他不想读书了，他的妈妈不肯。他妈妈对他说，你爸爸有遗言一定要继承书香门第。后来我找到爷爷的自传，自传上面有。之后他就到两淮师范学院读书，后来又到镇江读书，最后当了老师。他不是收地租过日子，主要就是靠工资生活。后来我叔叔他们兄弟姊妹几个上大学了，学费是很高昂的。怎么负担呢？爷爷决定卖田读书。当时其实他是属于“败家子”，有这种说法。去年，宝应县党史办在写一本书，叫《成贻宾传》，后来稿子差不多了就邀请我过去参加审稿。我看了他们的稿子，互相交流谈到这段的时候，宝应县党史办的人当时就很感慨地讲，子女都去上大学，而且是以卖田这种方式，这种情况当时在氾水镇就是独一家，在宝应县都是唯一的。刚刚解放的时候，我爷爷在苏北，当时划成分，他是破落地主。因为他把田都卖掉了。破落怎么来的？他把地卖掉供孩子读书去了。

◎ 您叔叔当时同时考上中央大学、英士大学和清华大学三所大学，最后是什么原因没有选择清华大学？

我婶婶彭毓芬，也就是长沙周晓梅的妈妈，她和我叔叔订婚了但没有结婚，但我们一直把她看作我们的婶婶。她给你们写过一封叫作《永恒的怀念》的信，上面写的原因是没有路费。当时家里面主要靠我爷爷的收入来维持，但是后来我爷爷腿不好，得了糖尿病。当时医疗条件不发达，他不能走路，所以不能上班就没有收入来源了。之后他也搞了磨坊，但他是读书人，不善于经营，后来磨坊也倒闭了，家里没什么经济来源。我叔叔上学的时候也困难，我的材料上有他写给我爸爸的信，用我爸爸的工资拿出百分之十五来给他们两个人。他也负责彭毓芬的开销，彭毓芬虽然考的是公立学校，不要费用的，但毕竟还要生活费用，生活费用是我叔叔承担的。所以我叔叔请我爸爸拿出工资百分之十五，他还和我爷爷、我大伯要一部分。

◎ 您叔叔到南京上学以后是什么样一个情况？您了解多少？

叔叔到南京上学的时间不长，在南京上了一段时间又回到宝应县中，他主要在宝应县中读的中学，后来到南京一段时间后就辍学了，因为当时他找到工作了。这工作以前不太好讲，现在我可以把我了解的情况和你讲清楚。他工作的这个机关实际上是美军的一个机关，美国当时支持蒋介石，在南京设有一些美军的机构。叔叔就在其中一个机构上班挣钱，他是有工作服的，从他给我爸爸的信中可以看出，工作服是青年军的军装或者是美军的军装。后来他上大学的时候，在学校里面也没什么衣服，他把这个服装穿去了，班上同学不和他来往，说他是青年军的，实际上应该是美军的。我看到叔叔遗物里面有一个不锈钢调羹，上面有一个牌子标着“USA”，是美军的，另外他还有条军毯，军毯没给雨花台，军装捐给雨花台了。他实际上就是为了生活挣钱，没有什么其他背景。以前比较忌讳说这个事情，所以我们没有提这段。由于他并不是国民党的人，他很坦然。所以他在信里面讲了，我爷爷给他多少钱，他是怎么用的，他都报账的。这些都是有凭有据的，我都找到了一些凭据就留存下来了，有些凭据被彭毓芬毁掉了。雨花台曾经委托彭毓芬的一个南京的同学到长沙去找这些资料，当时找到了一部分。还有部分资料是我爸爸和我姑父给我爷爷料理完后事带回来的，当时我爷爷的身体已经不太行了，所以就是他们两位去料理的后事，这些资料后来就我接手了。我在上中学的时候跟雨花台就有联系了，我们把大部分的资料给了雨花台，还有一些彭毓芬跟我叔叔的笔记本，给了宝应党史办，毕竟是家乡人，还是要留点资料给他们。

◎ 您叔叔在南京读书的时候写了《新生十大信条》，您了解多少？

这个应该是彭毓芬给你们的，我没看过这个东西。后来是在网上看到的，所以我们也是后来才知道的，说是发表在江西的一个党史资料上，后来我们知道《新生十大信条》原件在雨花台。他们两个人确定关系很早，好像是在 1942 年。1942 年是什么概念呢？我爸爸妈妈当时还没结婚，叔叔就订婚了。后来我们考证过，彭毓芬的一个表姐和我们家是邻居，这位表姐现在差不多 100 岁了，现在就居住在镇江。当时彭毓芬的妈妈带着她投靠表姐，她和我叔叔两个人相当于是邻居了。彭毓芬小时候很苦，她妈妈是靠洗衣服过日子，她家原来是宝应县城的，后来因为生活困难搬到了氾水镇。当时我叔叔正在那儿上学，也就是说两个人是青梅竹马，是自由恋爱，后来我爷爷奶奶就做主订婚了。

◎ 当时在这么多种思潮之下，您叔叔为什么选择走上革命的道路？

我想有两个原因：一个原因我们整个家族以读书为荣，他的思想是比较开明；另一个原因就是我的大伯，也就是他的大哥是共产党员，他应该受大哥影响。大伯成贻典大概是 1925 年加入中国共产党的。

大伯要比叔叔大十多岁，我叔叔 1927 年才出生，而大伯在 1925 年已经是共产党员了。谁发展大伯入党的呢？是恽代英。当时国共正处于合作时期，恽代英到扬州去，大伯正好在扬州中学上学，所以他在那个时候就被吸收入党了。这个史实是宝应县党史办到扬州市党史办去查的，这是有史料证明的。后来大伯去上海上大学，反动军阀孙传芳通缉他，他跑掉了。他跑掉了以后就失去了与组织的联系，就脱党了，在当时来看也是没有办法了，敌人在追捕他。事情平息以后他被分配到了南京浦镇机厂，他学的是交通。因为我们家族有革命的传统，所以说我叔叔应该是受到这个影响的。他出生的年代是我们国家最动乱的时候，苏北不仅有日本人、国民党，还有新四军的根据地。1945 年日本投降以后，宝应县很快就被新四军解放了。宝应县党史办当时给我介绍的历史背景是，我叔叔在宝应县中读书的时候，也就是新四军、国民党和日本人互相博弈的时候。国民党的力量不是很强，主要是新四军和日本人的力量比较强。日本鬼子 1939 年占领宝应以后，宝应县中迁到乡下了，而乡下正好是新四军的地盘，叔叔亲历了新四军组织的一些活动，所以他对共产党有一定的了解。他对共产党的了解不是书上得来的，是亲眼所见的。

◎ 1949 年四一惨案发生的时候，当时的情况您知道吗？

当时我在镇江，而且我才 2 岁，所以我并不知道四一惨案相关情况。后来爸爸将我叔叔的遗物拿回来了，我的年龄也在不断增长，通过接触一些回忆文章、大会上的讲话照片，我对四一惨案逐渐了解，这些资料在雨花台都有。四一运动是南京地下党组织领导的，包括我叔叔在内的南京大中专学生也参与了。叔叔不是共青团员，他是地下党组织领导的一个外围组织里面的青年团队的积极分子。

◎ 您叔叔牺牲以后对于家庭有哪些影响？

应该说叔叔牺牲对家庭影响很大。从小事来讲，他牺牲以后我爷爷奶奶还在，他是 1949 年牺牲的，我爷爷奶奶是 1959 年去世的。我跟他们生活在一起的时候，每逢过年过节，他们都会在院子摆一些桌子，上面摆一些祭品供奉，奶奶叫我们给叔叔磕头。第一件事叫我们给“三爷”（三爷是苏北地区对三叔的称谓）磕头，这给我留下深刻印象。我叔叔牺牲以后国民党还没走，叔叔是 1949 年 4 月 19 号牺牲的，4 月 23 号南京就解放了。当时还有一笔抚恤金，我看到是一个小金块。大概 1959 年困难的时候，我奶奶带我去银行里面兑换成人民币了，这等于是我奶奶的命根子，不到万不得已是不肯拿出来。我经常看到我奶奶在哭，说我叔叔很讨人喜欢。我妈妈经常和我们讲，家里面最会说话的人就是我叔叔，有人一句话把人说得能笑起来，有人一句话把人说得能跳起来，叔叔就是把人说得笑起来的一种人。他跟彭毓芬很早就谈恋爱了，感情非常深。

前一段时间我们和彭毓芬女儿周晓梅约好了来寻根，我陪她到苏北。周晓梅说她爸爸妈妈吵架，她妈妈挂在嘴边的一句话就是成贻宾最会体贴人了，所有人都来劝彭毓芬别老在丈夫面前说成贻宾怎么样怎么样，但她还是忍不住。彭毓芬写了一份东西，说她的手不好，有疾病，不适合洗衣服，是我叔叔给她洗，但是我叔叔从来不讲，跟她说是去外面洗。后来还是在叔叔的日记里面看到是他自己洗的，说明他真得很体贴人，这个是少见的。从年龄上来讲，我叔叔比彭毓芬小，但是他一直称呼彭毓芬为芬妹，我们也一直以为是我叔叔大，前几年才搞清楚叔叔要比她小，说明他们感情很深。他们虽然没有结婚，但是在彭毓芬的心里，她称呼我们家人为爸爸妈妈哥哥姐姐的。彭毓芬在 2008 年左右去世的，我在 2000 年左右在长沙去见过她，我找到她的时候，她已经坐轮椅，看到我兴奋得不得了。

◎ 您和彭毓芬的女儿周晓梅女士平时有联系吗?

有联系,她妈妈平时对我爸爸妈妈都是以二哥二嫂称呼。在我们心目中，彭毓芬就是我们的婶婶。周晓梅来的时候，我对她说，你是来寻根认亲的，你就是我们的妹妹。我们虽然没有血缘关系，但我们还是经常沟通的。彭毓芬的单位本来给她介绍了一个她不肯，后来就介绍了周叔叔，周叔叔是长沙人，一开始是南京的空军部队地勤兵，后来去了徐州，之后又去了保定，最后到了长沙。周叔叔和彭毓芬是在南京结的婚，后来他们儿子周晓宁还没出生的时候，她到镇江和我奶奶道别，去了徐州。

◎ 您现在与四一惨案中牺牲的程履绎和陈祝三两位烈士后人有联系吗?

目前还没有联系，但是我们很想联系。我们每一次到雨花台去，都要给程履绎带一份祭品的，把他看做自己的伯伯。陈祝三的家属后来把坟迁回了海门。所以在雨花台没有他的墓了。他们是八几年迁的坟，我大伯与我爸爸妈妈一起去的，当时程履绎的亲属也去了，他是湖北人，太远了，但是很想联系。我们都把程履绎烈士看成自己家的亲人。

◎ 您叔叔给你们家族产生哪些重要影响?

叔叔是我们家族的旗帜和骄傲。我儿子定亲的时候，我们唯一的要求就是让小两口去雨花台祭拜。我们是在叔叔事迹影响下成长起来的，一直洁身自好。我们家人都是勤勤恳恳工作，我的姐夫、妹夫、嫂嫂、弟媳妇，我们每个人都是这样。

（张语　采访、整理）